Care and Social Welfare

케어복지론

조추용 구재관 이채식 장우심 정미경 공저

YANGSEOWON
양서원

머리말

우리나라에서 노인장기요양보험제도가 2008년 시작되어 벌써 25년이 경과하고 있다. 복지 영역에서 장기요양관련 시설과 인력이 크게 증가하였음에도 불구하고, 사회복지 영역에서는 새로운 영역에 대한 무관심과 준비 부족으로 오히려 간호 등 타 영역에 노인복지의 새로운 일자리를 내어주고 있는 현실이다. 케어(돌봄, 수발, 요양, 지원, 간병 등 구분 없이 사용)는 누구나 마음만 있으면 할 수 있는 과거의 비전문적인 가족수발의 개념이 아니다. 직업으로서, 전문직으로서 사회복지 영역에서 새롭게 개척해야 할 분야이며, 우리 노년의 삶의 질을 확보하기 위해서는 복지가 중심이 되어 다른 영역과 함께 활동해야 할 분야이다.

노인장기요양의 케어복지 영역은 스스로 일상생활이 어렵고, 치매로 인해 도움을 필요로 하는 노인들에게 병의 원인을 규명하고 치료하고자 하는 서비스가 아니다. 타인의 도움 없이는 일상생활을 영위할 수 없는 상태에서 남은 생애를 인간적이고 행복하게, 그리고 남은 기능을 최대한 유지하고 발휘하면서 인간답게 삶을 영위하도록 돕는 서비스이다. 아무런 지식과 기술 없이 마음만으로 도울 수 있는 단순한 서비스가 아님을 인식해야 한다. 우리보다 앞서 노인케어보험을 도입한 독일이나 일본의 경우 노인수발사(AltenpflegerInnen), 개호복지사(介護福祉士) 등 케어전문인력을 양성하고 있으며, 상당히 많은 시간의 교육과 훈련으로 케어의 전문성을 확인할 수 있다.

또한 장애인복지 영역에서도 지금까지 자원봉사자 등을 이용한 소극적인 돌봄활동을 이어오다가 활동보조인 지원, 의무고용제, 나아가 개별예산제를 도입하여 보다 적극적인 정책을 전개하려고 하고 있다.

케어복지의 대상은 신체적 문제로 인해 정신 · 심리적, 생활 · 사회적 문제를 가진 대상으로 신체적 측면을 무시하고 심리사회적 문제만을 사회복지사가 다룰 수는 없다. 따라서 이 영역에서 복지의 전문성을 살리기 위해선 신체에 대한 지식, 즉 노인성 질환이나 기초 간호 지식 등 케어에 대한 기초 지식을 배워야 하며, 안락하고 안전한 신체적 수발 기술이나 치매노인들을 돌보는 케어방법 등을 알아야 한다. 특히 케어의 대상은 복지 외에 간호, 재활, 영양, 의료 욕구를 복합적으로 가진 대상이므로 이들 전문직과 상호 연계가 필수적이다. 따라서 사회복지사도 간호, 의료 등의 기초 지식을 갖추어야 효율적인 상호 연계가 가능하며 사회복지사가 팀케어(team care)를 리드할 수 있다. 케어복지론 과목을 통해 이러한 부분에 관한 기초 지식과 기술을 보충하고, 케어의 문제를 가진 대상자들과 가족들의 문제를 종합적으로 정확히 사정하고 다양한 서비스를 매니지먼트할 수 있는 전문케어사회복지사를 양성해야 한다.

복지 영역의 새로운 전문 영역이라 할 수 있는 케어 분야의 사회복지사의 역량 확대를 위해 케어복지교육의 체계적 도입을 서둘러야 하며, 앞으로의 과제라고 할 수 있는 사회복지사의 케어복지에 대한 인식 제고, 전문케어사회복지사제도의 도입, 실천 중심의 케어교육이 무엇보다 중요하다.

우리나라의 케어복지교육은 이제 시작이다. 비록 늦었지만 사회복지학계에서 케어복지교육의 필요성을 인식하고, 사회복지사들이 케어의 지식과 기술을 갖추어 케어복지 영역의 전문사회복지사로서 그 역할을 할 수 있도록 교육기회를 제공해야 한다. 이제는 사회복지 학계가 나서야 할 시기이며, 우선 케어복지론 교육과정을 도입하여 사회복지사가 전문적인 케어복지교육을 받을 수 있도록 사회복지사 교육체계를 정비해 나가야 할 것이다.

전국에 퍼져 있는 집필진을 5명으로 구성하여 진행하다 보니 직장 내에서 일과 집필이 동시에 아무 탈 없이 진행되기는 쉽지 않은 일정이었다. 그래도 잘 호응하여 주시어 무사히 책을 펴낼 수 있게 되어 감사드린다. 이 책이 주로 대학의 교재로 사용하기 위하여 집필되었지만 현장에 계시는 분들도 많은 참고가 될 것으로 생각한다.

이 자리를 빌려 어려운 가운데 기꺼이 출판을 맡아주신 양서원에 감사드리며, 수차례의 교정과 최고의 책으로 만들어 주셔서 감사드린다.

2023년 봄

집필진 일동

차례

제2장 케어복지의 대상과 현장

제3장 노인장기요양보험과 관련 제도

제5장 주거환경과 복지용구

제6장 기록과 보고

Chapter 01

제1장

케어복지의 개요

01 케어복지의 개요

1. 케어복지의 개념

케어서비스는 어떠한 이유로 신체적 혹은 정신적 장애로 인하여 자립적인 생활을 할 수 없는 사람에 대해서 생활에 불편이 없도록 지원하는 것이다. 이러한 대상은 노인, 장애인, 아동 등 누구라도 하루라도 즐겁게, 인간답게 살아갈 수 있게 하는 것, 한마디로 살아가는 의미와 보람을 느끼며 생활하도록 하는 것이다. 케어라는 것은 노인이나 장애인에 대해서 생활상의 원조를 제공함과 동시에 심신의 활성화를 도모하는 것이다.

케어의 사전적 의미는 돌봄, 수발, 보호, 간병 등으로 해석될 수 있다. 그러나 본래 케어가 지닌 의미나 현재 케어 분야에서 사용되는 내용과 의미를 포괄하는 데는 적합하지 않다. 또 일본에서 사용하고 있는 개호(介護)도 이와 유사하게 사용되고 있으나, 우리 사회에 익숙하지 않다. 일본에서 개호를 사용하기 시작한 것은 1963년에 제정된 「노인복지법」에서이다. 일본에서 개호는 대략 사회복지와 밀접하게 연관지어 사용하는 경우가 많고, 대체로 사회복지관계 사전이나 전문서에서 이를 풀이하고 있는 경향이다.

실천적이고 좁은 의미로 일본 사회복지사전(1974)에는 개호를 "질병, 상해 등으로 일상생활에 지장이 있는 경우 개조(介助: 거동하기 어려운 자에게 식사, 배설 등의 수발)하는 것과 신변의 원조(취사, 장보기, 세탁, 청소 등을 포함)를 하는 것"이라고 하였다. 1990년에 발행된 『사회복지실천 기본용어사전』에서는 개호를 "혼자서 행동할 수 없으며, 일상생활에 지장을 초래하는 사람에게 제공하는 서비스로 구체적으로는 식사, 배설, 청소, 세탁 등이다. 이러한 서비스는 가정봉사원 등에 의해 재가에서 제공되는 경우와 요양보호사 등이 주체가 되어 시설에서 제공되는 경우가 있다"고 하였다.

케어가 중요한 역할을 수행하기 위하여 케어서비스는 노인이나 장애인의 심신상 문제점의 개요를 이해하고, 보건 · 의료 · 복지의 제도나 정책을 학습하고, 폭넓은 사회적 상식을 배우는 것이 중요하다. 또한 기술로서 가사원조의 방법, 신체케어의 방법, 상담원조의 방법 등에 대해서 고도의 습득을 필요로 한다. 뿐만 아니라 케어제공자는 의료서비스의 절차, 다른 전문직과의 연계, 사례보고회의 발표방법 등도 숙지하고, 지역에서 팀케어의 일원으로서 활동할 수 있도록 하여야 한다.

넓은 의미의 케어는 다양한 문제에 직면한 사람들을 도와서 문제를 해결하고, 인간다운 생활을 영위하게 하는 모든 활동을 포괄적으로 말하는 것이다. 여기에는 문제의 속성에 따라서 수많은 전문직이 케어를 제공하게 된다. 즉, 케어라는 용어가 다른 용어와 함께 사용되면서 보다 넓은 의미를 가진다. 예를 들면, 메디컬케어(medical care), 너싱케어(nursing care), 헬스케어(health care), 커뮤니티케어(community care), 시설케어(institutional care), 재가케어(home care), 데이케어(day care), 영적 케어(spiritual care) 등이 그것이다. 이처럼 케어가 다른 전문직이나 환경(setting)의 맥락에서 대인서비스(personal service) 활동의 하나로서 사용되는 경우는 넓은 의미의 케어로 사용되는 것으로 이해된다.

실제로 미국의 케어 관련 문헌을 보면, 케어전문직(care professionals)은 열거된 것만 해도 18개나 된다. 이들 케어전문직은 주로 보건, 의료, 복지기관에 위치하면서 다양한 케어서비스를 제공하는 것으로 설명되고 있다(VAAA, 1997). 물론 일본과 같이 제한적인 의미의 케어활동도 있다.

2. 케어의 기본 문제

케어문제의 발생 배경은 여러 가지 측면에서 고찰할 수가 있다. 첫째는 노인인구의 급격한 변화이다. 전체 국민에 대한 노인인구 비율은 절대적 요인과 상대적 요인이 있다. 절대적 요인은 국민소득의 증가, 사회보장제도의 발전, 의료기술의 발달과 보급, 보건위생 및 생활환경의 개선, 식생활의 풍요 등으로 인하여 전체 국민의 평균수명이 늘어나는 것이다. 상대적 요인은 저출산으로 종형이라고 하는 인구구조로 변화하여 전체인구에 대해서 상대적으로 노인인구의 비율이 높아지는 것이다. 즉, 고도산업사회로의 발전은 세금과 사회보장비의 부담이 늘어나는데 이로 인하여 개인의 가처분소득이 감소하며, 여성인구의 사회진출을 촉진하는 계기가 된다. 여성의 사회진출은 연쇄적으로 출산인구를 줄어들게 하여, 전체 인구에 대한 노인인구의 비율이 상대적으로 높아지게 된다. 이 두 가지 요인이 동시에 발생하기 때문에 노인인구의 급격한 증가가 나타난다.

둘째는 가족관계와의 관련이다. 노인인구가 늘어나고 사회환경이 변화하게 되는데, 특히 그중에서도 복지문제와 가족관계는 매우 중요한 요소이다. 가족의 존재 유무와 역할, 기능, 구성 등에 따라서 노인의 처우나 정책이 상당히 달라지게 된다. 유럽이나 미국과 비교하면 우리나라는 아직도 부모와 자녀의 동거율이 대단히 높은데, 이는 재가노인복지를 추진하는 데 있어 중요한 요인이다. 구미에서도 노후의 경제적 보장이 공적연금 등에 의해서 보장된다고 하더라도 노인의 정서적 부양에 대해서는 가족의 기대가 높은 것이 사실이다. 그러나 현실적으로는 노인케어의 중요한 담당자인 여성의 사회 진출과 협소한 주택 사정, 노인부양의식의 저하 등 사회적 환경 변화는 부모와의 동거부양을 더욱 곤란하게 하고 있다.

셋째는 여성노인인구의 증가이다. 노인인구 증가는 곧 여성노인의 증가를 의미할 정도로 여성노인이 노인인구의 다수를 차지하고 있다. 2022년 고령인구 성별 비중은 여자가 19.7%, 남자가 15.3%로 여성노인인구 비중이 남자보다 4.4% 높았고, 여성노인인구 100명당 남성노인인구는 77.5명을 차지하였다. 여성노인의 증가는 개인적 · 사회적 부담은 더욱 크다. 일반적으로 장수하는 여성노인은 가사노동에는 어느 정도 참여할 수 있으나, 전반적으로 노후소득보장에서 남성노인에 비하여 열악한 경우가 대부분이므로 노후소득보장을 위한 개인적 · 사회적 대책이 더욱 필요한 것에서 사회적 · 국가적 부담이 상대적으로 크다고 볼 수 있다.

3. 부양부담

부양부담(caregiving burden)은 일반적으로 부양 스트레스(caregiving stress), 고통(distress),

부양의 영향이나 결과, 일상적 부양과업 수행상의 애로(hassle), 긴장(strain) 등과 혼용 사용되고 있다. 구체적인 부양부담에 관한 정의는 노인성 치매환자를 돌보는 가족이 경험하는 전반적인 고통이라는 개념과 부양에 따르는 정서적 비용으로 보는 경우로부터 생활리듬의 변화와 같은 부양인의 일상생활의 구체적 변화까지 포함하는 등 매우 다양하다.

일반적으로 부양부담이란 노인을 돌보는 가족(배우자 또는 성인자녀)이 겪는 육체적, 정신적, 사회적, 경제적 문제들을 뜻한다고 정의할 수 있다. 즉, 부양의 결과로서 나타나는 신체적, 심리적, 정서적, 사회적 측면 및 노인의 행동이나 기능변화와 같은 상황과 사건과 관련하여 가족이 경험하게 되는 정서적 안녕, 신체적 건강, 사회생활측면에서의 어려움이나 불편함의 정도와 개인 · 사회활동의 제한, 자아존중감의 상실, 노인과의 관계상의 스트레스라고 할 수 있다.

이러한 부양부담은 부양자의 개인생활 및 집단이나 가족사정에 있어서의 부정적인 변화 정도를 의미하는 객관적 부담(objective burden)과 부양자가 신체적 · 사회적 대인관계, 재정문제 등에서 경험하는 어려움에 대한 태도난 정서적 · 감정적 반응인 주관적 부담(subjective burden)으로 나눠볼 수 있다.

부양은 그 원천과 방법에 따라 공적부양과 사적부양으로 나눌 수 있다. 우선 공적부양은 국가나 사회에서 해결해주는 것으로, 사회보장제도나 공공부조에 의한 사회적 수준에서의 부양을 의미한다. 사적부양은 노인을 가족이나 친족, 친지나 이웃이 개인적 차원 내지는 가족적 차원에서 부양하는 것을 말하며 이는 다시 가족부양과 자기부양으로 나누어진다. 가족부양은 자녀들에 의해서 부양 받는 것을 말하며, 자기부양은 청장년 시기에 적금, 주식투자, 보험, 부동산투자 등으로 사전준비를 하거나 노년기의 생계문제를 스스로 해결해 나가는 것을 뜻한다. 한편 노인부양 형태의 기본적인 틀은 경제적(물질적) 부양, 정서적(심리적) 부양, 서비스(개호 · 신체적) 부양이다(本村汎, 高橋重宏, 1989).

첫째, 경제적 부양은 노인이 필요로 하는 금전이나 물질은 제공하는 것을 말한다. 노인들이 가정이나 사회의 일원으로서 인간답게 여생을 살아가기 위해서는 경제적 자립이 바람직하다. 경제적 부양에 관해서 부모와 동거하면서 부양할 것인지 혹은 별거하면서 부양할 것인지에 의해서 그 기능과 내용이 다르다.

둘째, 정서적 부양은 심리적으로 변화된 노인의 고독과 불안감을 해소하고, 인격적·정서적 욕구의 충족을 제공하는 부양을 의미한다. 노년기의 부모-자녀 관계에서 노인이 생활만족도에 영향을 미치는 요인은 경제적 부양보다 정서적 부양 및 동반자 의식이며, 노부모와 성인 자녀 간의 상호작용에 긍정적 영향을 주는 요인도 그들 간의 정서적 유대감인 것으로 나타나고 있어 정서적 부양의 중요성은 매우 크다.

셋째, 서비스 부양은 노인의 일상생활에 있어서 신체적 거동 및 가사 운영에 필요한 케어, 부축, 간호, 심부름, 청소, 세탁, 요리, 식사, 목욕, 보살핌과 시중을 제공하는 부양을 의미한다. 노화의 과정으로 나타나는 신체적 기능의 저하와 질병에 대한 저항력의 저하로 인하여 건강상의 욕구는 점차 증가하는 반면에 욕구충족에 필요한 자원을 획득할 수 있는 수단과 기회는 제한되고 있다. 따라서 이러한 노인의 건강상 욕구와 욕구충족에 필요한 자원 간의 불균형상태를 완화 또는 제거하기 위해서는 노인 자신뿐만 아니라 가족, 지역사회, 국가 등을 포함한 노인부양체계의 공동노력이 요구된다.

02 케어복지의 이념

1. 케어복지의 기본이념

1) 케어복지의 법적 이념

케어서비스 이용자에 대하여 다양한 케어서비스가 제공되고 있지만, 케어서비스의 실천은 기본적으로 공통된 이념을 바탕으로 하고 있다. 무엇보다도 케어의 대상자는 주로 노인·장애인으로서 자력으로 일상생활에 어려움이 있어 전문가에 의한 직·간접적인 지원을 필요로 하고 있다. 케어는 이들의 일상생활을 돕는 것이기 때문에 케어의 실천과정은 대상자의 생명의 존엄성과 생활권을 지켜야 하는 것이 기본이다. 실제로 「대한민국 헌법」, 「노인복지법」, 「장애인복지법」, 「사회복지사업법」에는 대상자의 권리 및 기본적 이념에 대한 조항이 있으며, 이 이념들은 케어복지에서도 기본적으로 존중되어야 한다.

「대한민국 헌법」 제34조 제1항

① 모든 국민은 인간다운 생활을 할 권리를 가진다.

「노인복지법」 제2조(기본이념)

① 노인은 후손의 양육과 국가 및 사회의 발전에 기여하여 온 자로서 존경받으며 건전하고 안정된 생활을 보장받는다.
② 노인은 그 능력에 따라 적당한 일에 종사하고 사회적 활동에 참여할 기회를 보장받는다.
③ 노인은 노령에 따르는 심신의 변화를 자각하여 항상 심신의 건강을 유지하고 그 지식과 경험을 활용하여 사회의 발전에 기여하도록 노력하여야 한다.

「장애인복지법」 제3조(기본이념)

장애인의 기본이념은 장애인의 완전한 사회참여와 평등을 통하여 사회통합을 이루는 데에 있다.

「장애인복지법」 제4조(장애인의 권리)

① 장애인은 인간으로서 존엄과 가치를 존중받으며, 그에 걸맞은 대우를 받는다.
② 장애인은 국가·사회의 구성원으로서 정치·경제·사회·문화, 그 밖의 모든 분야의 활동에 참여할 권리를 가진다.
③ 장애인은 장애인 관련 정책결정과정에 우선적으로 참여할 권리가 있다.

「사회복지사업법」 제2조(기본이념)

③ 사회복지사업을 시행하는 데 있어서 사회복지를 제공하는 자는 사회복지를 필요로 하는 사람의 인권을 보장하여야 한다.

「사회복지사업법」 제4조(복지와 인권증진의 책임)

① 국가와 지방자치단체는 사회복지서비스를 증진하고, 서비스를 이용하는 사람에 대하여 인권침해를 예방하고 차별을 금지하며 인권을 옹호할 책임을 진다.

이러한 노인, 장애인 등 관련법에서 볼 수 있는 권리와 이념에 근거하여 케어실천에 있어 항상 염두에 두어야 할 케어복지의 기본이념을 요약하면 아래와 같다(西村洋子, 2002).

2) 기본적 인권의 존중

이용자의 인권, 특히 인격권에 대한 분명한 인식을 갖고 이용자에 대해 존엄을 지닌 인간으로서 항상 존경의 태도를 잃지 말아야 할 인권(人權, human rights)이 있다.

인권은 인간이 인간답게 존재하기 위한 보편적이고 절대적인 인간의 권리 및 지위와 자격을 의미하는 개념이다. 즉, 인권은 사람은 사람답게 살 수 있는 권리가 있다는 생각이며, 법의 관할 지역이나 민족이나 국적 등 지역적인 변수나, 나이에 관계없이 적용되는 것으로 정의된다.

인권은 사회복지 활동의 정당성을 구현하고 동기를 강화한다. 인권은 사회복지의 이론과 가치, 윤리, 실천과 분리될 수 없으며, 인권은 반드시 옹호·촉진되어야 하며 인권의 옹호는 사회복지의 중요한 부분이 되어야 한다. 먼저 충족되어야 할 욕구가 인간의 권리보다는 구체적인 사항들이기 때문에 인간의 욕구해결을 중심으로 하는 실천 원칙이 인권중심의 실천 원칙보다 불가피하게 먼저 발전되어 왔다.

노인은 일생동안 사회 및 가정생활을 위해 헌신해 온 자로서 존경받아야 하며, 지금까지의 풍부한 경험에 근거한 지혜와 지식, 기술 등을 사회를 위해 활용할 수 있는 능력을 갖고 있다. 그러나 노화에 의해 일상생활을 영위할 능력이 저하되고 외출, 조리, 목욕, 인지 등이 곤란하게 되어, 타인의 원조를 받게 되었지만 존엄한 인간으로서 케어되어야 하며 케어과정에서 노인의 자존심, 수치심 등의 감정을 충분히 이해하는 원조가 되어야 한다.

의사소통이 곤란한 치매성 노인이나 정신, 정신지체 장애인 등에 대해 일방적으로 행동을 구속하거나, 신체적·정신적 학대가 일어나는 경우가 있는데, 이는 이용자의 인간다운 존엄 및 인권을 무시한 행위로서 케어종사자로서는 해서는 안 되는 일이다. 이와 같은 경우 상대방의 입장에 서서 검토하고 케어방법을 강구해야 한다. 케어자는 신체적 · 정신적 장애 때문에 생활자로서 약자의 입장에 있는 사람을 수용하고 좋은 대인원조관계를 유지할 수 있는 전문적 능력이 필요하다.

「헌법」 제10조에서 "모든 국민은 인간으로서의 존엄과 가치를 가지며, 행복을 추구할 권리를 가진다"라고 하였듯이, 케어실천 과정에서 인간으로서의 존엄, 기본적 인권이 반드시 지켜져야 하며, 결코 차별되어서는 안 된다. 케어서비스의 이용자는 존엄과 인권이 무시당하기 쉬운 약자이기 때문에 항상 주의를 기울여야 한다.

인간의 욕구충족을 위한 구체적인 사회복지 원칙은 욕구와 동등하게 중요한 인간의 권리 보장을 위한 사회복지실천 원칙으로 나아가야 하며, 국가는 이러한 인권을 보장할 수 있는 제도를 발전시켜야 한다. 사회복지전문직들은 인권의 완전한 보장은 국가, 국제사회의 효과적인 경제 · 사회개발정책이 마련되어야 한다고 믿으며 사회복지활동가들이 접근하는 사회의 취약계층 및 상황에 대한 직접적 지식은 사회복지정책 형성의 중요한 바탕이 된다(황미경, 2013).

3) 자립생활의 지원

인간은 스스로가 개별성을 가진 존재로서 다른 사람과 다른 각자의 개성을 갖고 살아가고 있다. 개개인마다 고유의 개성을 갖고 있으며, 욕구나 생각도 다르고 생활양식도 다르다. 즉, 인간은 일상의 습관이나, 생활방식, 복장, 취미 등 그 사람 나름의 삶의 방식을 갖고 있으며 자유롭게 자신다운 삶을 살 수 있을 때에 만족감을 갖게 된다.

케어의 대상인 노인 및 장애인은 각자의 개별성을 갖고 생활을 영위하길 원하며, 이것을 지원하는 것이 자립생활의 지원이다.

자립생활운동은 장애인, 특히 일상생활에 케어를 필요로 하는 중증 장애인이 지역사회에서 생활주체자로서 일상생활을 향유할 수 있는 기반을 만드는 것을 목적으로 하는 운동으로, 미국에서는 1970년 초부터 시작하여 크게 발전하였다. 자립생활에 대해서는 다음과 같이 정의하고 있다. "의사결정이나 일상생활에 있어 타인의 의존을 최소한으로 하고, 스스로의 선택에 기초한 자신의 생활을 조정하는 것이며, 자신의 일을 스스로 해결하는 것이며, 일상적인 지역사회 생활에 참가하는 것이며, 일정한 범위에서 사회적 역할을 수행하는 것이고, 스스로 의사결정하는 데 있어 타인에의 심리적 혹은 신체적 의존을 최소한으로 하기 위해 결의하는 것 등을 포함한다. 여기서 자립이라고 하는 것은 한 사람 한 사람마다 개별적으로 정의하지 않으면 안 되는 상대적 개념이다."라고 하였다.

즉, 자립이란 일상생활을 자력으로 영위하는 것만이 아니라, 심리적으로 타인에게 의존하는 것에서 벗어나, 스스로 의사결정을 하고 가능한 한 사회에서 어떠한 역할을 갖고 활동하는 것을 말한다.

이용자는 신체적 혹은 정신적 장애를 갖고 있기 때문에, 일상생활이나 사회생활을 장애가 없는 사람과 똑같이 수행하기는 어려우며, 가족, 가정봉사원, 자원봉사자들의 원조를 필요로 하는 경우가 많다. 이 경우 자기의 주체적 결정에 의해 타인으로부터 원조를 받는 것이 자기결정이며, 사회서비스에 접근할 수 있는 능력과 수단이 있다면, 계약에 의해 서비스를 이용하는 것이 가능하고 자립한 생활을 영위할 수 있다.

이용자의 장애상태에 따라 자립생활에의 원조방법이 다르기 때문에 케어종사자는 이용자의 일상생활의 상태를 정확히 파악하고 동시에 이용자의 자기결정을 존중한 케어를 해야 한다. 사회적 서비스의 접근이 가능하도록 적절한 정보를 제공하고 경우에 따라서는 케어종사자가 이용자를 대신하여 계약을 돕거나, 이용자의 자기표현을 돕는 것도 매우 중요하다.

자립생활에는 타인의 원조도 필요하지만, 주택을 개조하거나, 리프트나 휠체어 등 생활용구를 이용하는 것 등 환경의 변화를 통해서도 스스로 생활을 영위할 수 있다.

4) 정상화

정상화(Normalization)의 원리는 다른 개념보다 이념적인 요소가 강하다. 이 개념은 1950년대 덴마크, 1960년대 스웨덴에서 정신지체인의 생활을 가능한 한 정상적인 생활에 가깝게 추구하기 위해 대두된 원리로서 1970년대 이후에는 미국과 캐나다로 파급되었고, 1981년 "완전참여와 평등"이라는 국제 장애인의 해를 기점으로 확산된 개념으로 특별한 장애나 욕구를 가진 사람이라고 해서 지역사회와 분리된 곳, 즉 시설이나 병원 등에서 살아가는 것은 인간다운 삶이 아니므로, 가능한 한 일반인이 살아가는 보통의 삶과 유사한 생활을 누리며 살아갈 수 있도록 하는 것을 의미한다. 여기에는 특별한 욕구를 가진 사람을 모두 일반인으로 만든다는 의미가 아니라 장애로 인한 불편을 최소화하기 위한 사회적 노력이 필요하다는 것이다.

정상화는 지역사회와의 통합을 강조한다. 따라서 물리적으로는 지역사회와의 교통, 계층, 시설 등에 있어서 격차를 줄이고 지역주민들의 접근 용이성을 높여야 한다. 사회적 맥락에서는 주민과의 교류 프로그램을 실시하고, 시설보호의 수준을 지역사회 주민들 수준으로 향상시키는 등의 노력을 해야 한다. 시설 생활자는 시설에 거주할 뿐만 아니라 지역사회에 소속되어야 한다. 1960년대 스웨덴의 니르제(Nirje)는 정상화란 "정신지체장애인에게 사회주류-혹은 주류사회의 규범과 양식에 최대한 근접하는 일상생활의 형태와 여건을 마련해 주는 것이다."라고 하였고, 정상화 이념의 구체적 생활요소로서 다음과 같은 점을 지적하였다.

① 보통의 하루 리듬

② 보통의 한주간 리듬

③ 보통의 일년간 리듬

④ 일생을 통한 보통의 체험

⑤ 당연한 존엄

⑥ 그 문화에 있어 보통의 성적 관계

⑦ 그 사회에 있어 보통의 경제 수준

⑧ 그 지역에 있어 보통의 환경 수준

즉, 정상화의 실현은 보통의 인간이 살아가는 것처럼 장애인에게 익숙한 지역, 가정에서 보통의 생활을 보장하는 것을 의미하고 있다.

아직도 노인시설이나 장애인시설 등에 있어서 케어직원에 의한 케어, 보호 등이 정해진 스케줄에 근거하여 일어나는 경우가 많다. 그러나 정상화 이념의 도입으로 이와 같은 획일적인 원조에서 개별성을 존중한 원조로 변화하고 있으며, 침상에서의 생활만이 아니라 인간으로서 누구라도 하고 싶은 보통 생활로의 변화, 즉 '침실에서 벗어나기', '식사와 침실의 분리', '지역의 사람들과 교류', '사회적·문화적 생활에의 배려' 등이 검토되고 있다(이해영, 2004). 이용자에게 있어 시설은 '수용의 장'이 아니라 '생활의 장'으로서 가정생활과 같이 생각되어야 한다. 특히, 오늘날에는 고령인구의 증가에 의한 사회적 입소가 문제되고 있고, 시설 중심의 정책에서 지역복지, 재가복지정책으로 전화되고 있어 정상화 이념은 케어복지에 있어서도 중요한 이념이 되고 있다.

따라서 정상화는 시설의 사회화, 탈시설화, 지역사회보호 모두에 대하여 이념적인 방향을 제시한다. 또한 시설 생활자의 시설 거주를 인정하고 동시에 지역사회와의 관계 발전을 통하여 지역사회의 일원으로 정당하게 포함할 것을 주장한다는 점에서 시설사회화와 매우 가까운 개념으로 판단된다. 다만 시설사회화가 시설의 관리 운영 측면에서 논의되는 측면이 상대적으로 강하다면 정상화는 시설생활자의 입장에서 논의되는 측면이 상대적으로 강하다(감정기·진재문, 1999).

5) 자기실현에의 원조

인간은 누구나 건강하게 살고 싶고, 친구들과도 잘 어울리고 싶고, 일에서도 성공하고 싶은 욕구 등을 갖고 살고 있으며, '훌륭한 사람', '존경받는 인간'이 되고 싶다는 고차원적인 욕구로서 자기실현을 추구하고 있다. 이는 자기발전을 위한 기회를 구하고, 자기실현을 해가는 것이지만 개개인의 생활방식, 가치관, 능력 및 생활환경 등에 따라 다르기 때문에 이용자를 충분히 이해하는 것이 필요하다.

일반적으로 인간의 욕구에 대해 매슬로우(Maslow)는 5단계로 설명하였다. 즉, 인간의 기본적 욕구로서 ① 생리적 욕구, ② 안전과 안정의 욕구, ③ 애정, 집단 소속의 욕구, ④ 자존심, 존경받고 싶은 욕구가 있다. 그리고 성장을 위한 욕구로서 ⑤ 자기실현-진선미, 완전, 즐거움, 완성, 자기충실, 정의, 질서 등을 들고 있다.

매슬로우의 욕구 5단계설은 인간 행동의 기본이 되는 욕구충족을 하기 위한 동기에 관한 이론이며, 인간에게는 지금까지 실현되지 않은 능력, 가능성을 최대한으로 성취시키고 싶은 자기실현의 욕구를 갖고 있다는 것이다. 즉, 자신의 자질·능력을 충분히 발휘하는 것이 가능할 때 자기실현을 하고 있다고 말할 수 있다. 그러나 실제로 일상생활 가운데 이를 실현하기 위해서는 먼저 기본적 욕구가 충족되어야 하는 것이 필수적이다.

이용자는 장애의 정도가 다르고 일상생활능력, 과거의 생활경험이나 가치관 등이 다르기 때문에 이용자들의 생활양식은 다양하다. 타인의 권리를 침해하지 않는 범위에서 매일의 생활이 만족한 생활이 되도록 케어자는 이용자의 생활양식을 존중하여 신체적·문화적·사회적인 생활과 환경적 측면에서 보다 충실한 케어서비스를 제공해야 할 것이다.

2. 케어복지의 가치와 윤리

1) 케어복지의 가치

케어복지실천에 있어서 기본은 인권의 보장 및 정상화(Normalization) 이념과 비에스텍(Biestek, 1957)의 원조관계를 형성하는 케이스워크의 7원칙 등으로 대표되는 사회복지의 고유한 가치관에 바탕을 둔다(野村禮子, 1996). 왜냐하면 케어복지의 실천은 사회복지실천의 큰 틀 안에서 이루어지는 구체적이고 직접적인 대인 원조행위라는 점에서 케어의 실천윤리 또한 사회복지실천상의 이념이나 전문직이 가지는 윤리규범과 일치하기 때문이다.

사회복지실천의 가치체계에서 일반적으로 논의되는 사항은 인간의 존엄과 가치를 지지하고 클라이언트의 자기결정권과 다양성을 존중하며, 자기실현을 달성하기 위해 필요한 기회와 자원을 제공하고, 사회정의와 클라이언트의 임파워먼트(empowerment)를 촉진하며, 클라이언트의 비밀을 지키고, 동료를 존중하며 전문직으로서의 행동에 대한 책임을 인식하는 등의 개념이 강조되고 있다(MeGowan, 1995).

또한 모든 사회복지사는 클라이언트의 참여, 자기결정, 비밀보장 등을 기본적인 사회복지실천의 공통가치라고 보고 있으나, 가치관에 대한 우선순위와 목적 그리고 수단 등이 다르기 때문에 사회복지사는 일반화된 가치기준과는 다른 윤리적인 선택을 할 수 있으며, 사회복지의 가치체계 안에서도 가치상충을 경험할 수 있다(김성천, 2000).

케어복지에서 중요시되는 생활의 질(QOL)에 대한 실천이념은 이용자의 주관적인 행복관을 고려해야 하나 그에 못지않게 생명의 보전이나 위험으로부터 생활의 안전을 지키는 것 또한 케어종사자가 직업적인 관심을 두어야 하는 사항인 것이다. 그러므로 클라이언트의 자기결정의 존중과 위험으로부터의 안전성이 대립되는 사례에 직면한다면 어떤 가치에 우선순위를 두고 실천해가야 하는가라는 가치갈등이 생길 수 있다. 그렇기 때문에 원조자는 직업적 실천을 위한 적절한 규범으로서 도움이 되는 윤리적 지침에 대해 숙지하여 실천에 적용해야 한다. 그와 동시에 워커는 이용자는 물론이거니와 타 직종과의 사례에 대한 부단한 토의를 통해 실천의 의미와 목적을 명확히 해가며 업무에 임해야 할 것이다.

2) 케어복지의 윤리

(1) 인권존중

자신의 생활을 어떻게 진전시킬 것인가는 본인이 결정할 일이기 때문에 이용자의 의사결정이 이루어질 수 있도록 지원해 가는 자세가 필요하다. 비록 선의에 의한 것이지만 본인의 의향도 확인하지 않고 원조가 행해진다면 본인에게는 본인을 무시하는 태도로 여겨질 것이다. 실천과정 전반에 걸쳐 원조자는 이용자의 입장에 입각하여 본인의 의향, 의사를 확인해 가면서 원조해야만 한다.

자신의 의도대로 스스로의 생활을 영위하지 못할 때 타인의 의사에 지배당하는 생활을 보낼 수밖에 없는 처지가 될 수 있다. 인간의 존엄성은 자신의 가치관이나 생활습관에 따라 어떻게 생활을 영위하느냐에 의해 지켜진다. 당사자의 자기결정을 존중하며, 본인중심, 클라이언트 본위에 원조시점이 놓여질 때 비로소 인권존중도 실천적인 의미를 띨 것이다(장세철 외, 2002).

(2) 이용자의 이익 보호

케어자는 이용자와 가까이 있는 존재로서 이용자의 일차적인 생활을 지원하는 책무를 지기 때문에 이용자가 자신의 의사를 표명할 수 없는 경우라 할지라도 항상 상대방의 이익을 지키는 입장에 서서 행동하는 태도가 따라야 한다. 예를 들어 장애인이 주위에서 학대나 불이익을 당하는 사태를 확인했을 때는 인권을 지킬 수 있는 행동을 취하는 것이 필요하다. 말하자면 장애가 있는 사람이나 의사를 표명할 수 없는 사람을 대신하는 대변자로서의 실천이 요청된다. 케어자는 직업상 이용자의 기분이나 요구, 상황 등을 가장 잘 알고 있는 상황에 있다. 그럼으로써 이용자가 처해 있는 상황이 곤란해지거나 불이익을 받고 있다면 대변자로서의 역할을 다해야 한다.

(3) 전문적인 서비스제공

케어는 이용자의 생활의 자립을 촉진시키며 쾌적하게 지낼 수 있도록 실천해 가는 일이지만 그 과정에서 이용자에게 위험을 초래하는 가능성 또한 언제든지 내포되어 있다. 예를 들어 이동을 보조하다가 넘어지는 경우도 있을 것이며, 식사케어를 하다가 음식물이 잘못 넘어가 사래에 걸릴 수도 있다. 목욕을 도와주다가 화상을 입힐 수도 있는 것처럼 이용자를 도우려 했던 것이 역으로 손상을 입히는 과오를 범할 수 있는 것이다. 그러므로 안전에 유의하여 실천에 임하는 것은 케어 전문직으로서 꼭 필요한 태도이다. 따라서 전문직은 '정확한 지식과 기술'을 익힐 필요가 있다. 또한 업무에 집중할 수 있도록 평소에 자기 컨디션 유지에 신경을 쓰고 주의력을 집중시켜 보다 전문적인 서비스 제공을 위해 창조적인 자세로 업무에 임해야 한다.

(4) 프라이버시 존중

케어는 타인의 생활에 밀접하게 관여하는 직접적인 실천이기 때문에 이용자의 사생활이나 비밀을 알게 되기 쉽다. 예를 들어 그 집안의 동정, 경제상태, 가족의 건강상태, 직업, 과거의 경력, 신체의 특징 등 될 수 있으면 남에게 숨기고 싶은 사실조차도 원조를 받게 되는 과정에서 숨김없이 드러나게 되는 경우가 많다. 따라서 이용자의 알려지고 싶지 않은 비밀이나 사생활을 알게 될 기회도 많은 것이다. 이와 같이 업무상 알게 된 정보를 정당한 이유 없이 타인에게 노출시키는 일은 절대로 있어서는 안될 것이다.

사회복지사의 역할로서 비밀보호 의무는 윤리강령에도 명시되어 있다. 그리고 이것은 단순한 직업인의 윤리적인 문제로만 국한된 것이 아니라 그 비밀보호 의무를 위반했을 때 사안에 따라서는 법적 처벌을 받을 수 있는 중요한 사항이다.

(5) 이용자의 참여

최근 의료 현장에서 이루어지고 있는 치료 행위에 관한 정보를 환자, 가족에게 알려주고 환자와 가족이 그 정보를 이해하는 것의 중요성에 대한 '설명과 동의'(informed consent)가 주요 의료윤리로 등장하고 있다. 이것은 환자나 가족에게 단순히 병명이나 병상, 예후(豫後)뿐만 아니라 검사나 치료행위에 따라서 발생하는 생활상의 변화, 요양을 위한 이용 가능한 각종 보건·복지서비스에 대한 정보, 비용 등에 대해서 까지 설명하여 치료과정에서의 환자의 참여와 자기 결정을 촉진한다는 데 그 목적을 둔다(장세철 외, 2002).

이와 같이 케어종사자는 실천과정에서 이용자에게 행해질 개입과 지원 형태를 명확히 설명하고, 예상되는 효과나 위험까지도 설명하여 그의 동의를 구함으로써 케어과정에 이용자의 참여를 촉진해야 한다. 예를 들어 치매가 있는 고령자나 정신지체장애인 등과 같이 본인의 의향을 확인해 나가기 어려운 경우라도 상대방에게 설명하고 이해하도록 해서 동의를 얻도록 노력해야 한다. 그러기 위해서는 필요에 대응한 구체적인 선택지를 제시하는 능력과 문제의식이 필요하며 이용자와 케어자 간의 보다 원활한 커뮤니케이션을 형성시켜 가는 것이 필요하다.

03 케어복지의 실천원칙(이채식 외, 2015)

케어의 실천은 기본적으로 인권존중, 정상화, 재활, 자립지원, QOL의 향상을 목표로 하고 있다. 또한 케어실천에 있어서 지식과 기술을 숙지하고 가치와 이념을 준수하며 이용자에 대한 깊은 배려가 필요하다. 이용자에 있어서 케어는 기본적이고 절실한 문제인 만큼 당사자의 의사를 존중하면서 위험에 처하지 않게 하고 자립생활을 지원하며, 생활의 주체성을 확립해 나갈 수 있도록 원조해 나가야 한다. 이에 근거한 케어의 실천원칙은 다음과 같다.

1. 개인의 생활방식 존중 원칙

생활양식은 개인의 생활모습이며 사는 방법이다. 그것은 그 사람 고유의 사고와 가치관이 반영된다. 케어자는 이러한 가치관을 존중한 대응이 필요하고, 케어자 스스로의 가치기준과 가치관에 의해 이용자를 비판하거나 가치판단을 해서는 안 된다. 이용자가 왜 그와 같은 언행과 생각을 가지고, 왜 그와 같은 생활양식을 유지하려고 하는가를 이해하는 것이 중요하다.

인간의 삶의 방식과 행위는 태어나고 자라난 환경에서 익힌 문화나 습관의 영향을 받아 나타난다. 그렇기 때문에 생활상태나 방법은 제각기 다르게 나타나게 되는 것이다. 주위에서 봐서 불합리하다고 보여지는 것일지라도 본인에게 있어서는 지금까지의 생활습관으로 형성된 지극히 당연한 결과일 수도 있다. 자신의 가치관이나 가정환경, 생활습관 등에서 선택되어 온 일상의 방법을 케어복지사라고 하여 마음대로 변화시키려 한다면 이용자는 자신의 주체성이 무시되고 경시된다고 생각해 불쾌한 기분을 지울 수 없을 것이다. 아무리 그 상황에서 별다르게 저항이 없었다 할지라도 이용자는 케어자의 세심하지 못한 태도에 불신감을 갖게 되고 그것은 케어과정에 필요한 신뢰관계를 무너뜨리는 결과를 초래할 수 있다.

또한 인간은 기회에 있어서 공평해야 하며, 자신의 생활 조건, 종교, 인종, 지역적 연고, 학력, 재산, 가문, 기능, 질병 등에 관계없이 존중되어야 하며, 이 원칙은 케어서비스의 종료 때까지 준수되어야 한다. 특히 케어복지사는 항상 상대주의적인 사고를 가져야 하며, 다양성과 다원주의에 입각한 개방적인 자세와 의식을 가져야 한다.

2. 자기결정의 존중 원칙

사회복지전문직의 가장 확고한 신념 중에 하나는 인간은 선천적으로 자기결정을 할 수 있는 능력을 가지고 있다는 것이다. 케어자는 이용자의 원조과정에 참여하여 적절한 자기결정을 할 수 있도록 실천상의 책임을 가져야 한다.

사회복지실천에서 이용자의 자기결정을 존중하는 것은 ① 이용자가 자신의 문제나 욕구를 명확히 하는 것을 도우며, ② 이용 가능한 자원체계를 알려주며, ③ 자신의 잠재된 능력을 활성화시키고, ④ 원조관계를 이용자가 성장할 수 있는 발판으로 삼는 원조활동을 통해서이다(전영록, 2004).

이러한 사항들은 원조관계를 중요시하는 케어실천 과정에서도 마찬가지이다. 즉 이용자의 자기결정의 존중은 원조자는 이용자의 생활상 능력과 이용 가능한 자원체계를 고려하여 당사자의 의사나 희망사항을 확인하고 상담해 가면서 적절한 방법을 선택하는 절차를 밟아가는 과정을 통하여 이루어진다.

한편 이용자의 입장에서는 '자신을 위해서 궂은 일(ADL 지원 등)을 마다하지 않는다'는 인식을 가지게 된다. 그 때문에 상대방에 대해 미안함과 부담감을 가지게 된다. 이런 종류의 감정은 장애인에게 자기결정을 방해하고 자립생활을 저해하는 자유와 주체성의 상실을 초래한다. 그럼으로써 케어자의 실천에 이용자의 자기의사를 밝히지 못하게 하는 어떤 강제성이 내포되어 있지 않았는지 등을 점검하고 이용자가 자신의 의사나 욕구를 부담 없이 말할 수 있는 신뢰관계 만들기에 주력해야 할 것이다.

3. 생활환경 조성의 원칙

케어자는 늘 이용자의 생명의 안전을 확보하고 쾌적한 생활을 보장하는 케어기술을 숙달해야 한다. 케어서비스의 이용자는 기본적으로 건강상태가 안성되어 있는 사람이 많지만, 그 상태는 늘 급변한다. 따라서 케어자는 이용자의 건강상태, 혹은 질병의 상황을 정확히 파악하고 의료종사자와 제휴하면서 그 상황에 대처하는 것이 중요하다. 만성적 통증질환이 있는 이용자에 대해서는 그 통증을 완화하는 케어기술이 필요하다. 또한 감염을 비롯하여 다양한 질병예방을 의료종사자와 제휴하면서 행하는 것이 필요하다.

생명의 안정과 함께 생활의 쾌적성을 보장하기 위해 케어자는 이용자의 의식주생활 측면에서 원조 내용을 검토하는 것이 중요하다. 의생활의 경우 이용자의 장애를 고려해서 갈아입기 쉽고, 체온 조절이 적절한, 쾌적성 있는 의복을 연구할 필요가 있다. 또한 기능성뿐만 아니라 이용자의 선호를 고려한 의생활의 원조가 필요하다.

식생활은 이용자의 건강상태를 좌우하는 영양섭취 이외에 이용자의 만족도, 정서적 안정, 인간관계의 교류라고 하는 측면을 갖는다. 따라서 이용자의 식사 기호를 충분히 고려하여 건강을 유지할 수 있는 메뉴, 조리 방법 등을 강구해야 할 필요가 있다. 주거생활에서는 이용자 개인의 거주 장소를 확보하는 시점에서 다양한 배려가 필요하다. 수면과 휴식 등이 이루어지는 장소이고 프라이버시가 존중된 생활을 만끽할 수 있는 장소가 되어야 한다.

4. 권리와 책임의 원칙

이용자는 건강하고 안정된 생활을 할 수 있도록 국가와 사회로부터 권리를 보장받으며, 자신의 경험을 활용하여 가족이나 사회의 발전에 기여할 책임을 갖는다. 특히 노인은 자신들이 기여한 노력에 대해서 보람과 자부심을 느껴야 하지만 산업사회에 있어서 그러한 과거의 기여에 대한 보상과 인정은 풍족하지 않다. 물질적인 부분보다 심리적・사회적 냉대는 노인들을 '자괴감'과 '소외감' 속으로 몰아넣고 있다. 분명 노인 스스로 자신들의 권리를 주체적으로 찾아야 할 필요가 있다. 사회적 권리로서의 생존권적 기본권은 존중되어야 하며, 노인들이 이러한 것을 요구할 때 이를 수용할 수 있는 적극적이며 개방적인 사회적 분위기가 조성되어야 가능하다. 뿐만 아니라 사회발전의 선험자로서, 풍부한 경륜과 지혜를 바탕으로 사회의 건전한 발전과 유지를 위해 역할을 다해야 한다. 노인들의 권리가 지켜지고 존중받는 사회를 이룩하기 위해서는 노인들 스스로 삶의 수용자가 아닌 주체자로서의 지위를 획득할 때 가능하다.

5. 자립성 확대의 원칙

케어실천에 있어 가장 중요한 것은 이용자에 대한 일방적인 지원보다는 본인 스스로 실천할 수 있도록 원조해 나가는 일이다. 일상생활에서의 일방적인 지원은 결코 이용자를 위한 실천이라 볼 수 없으며, 그것은 언뜻 이용자를 위하는 것으로 비추어질 수 있으나 결국은 이용자의 자립성이나 잔존 능력마저도 접어버릴 수 있으므로 필요 이상의 케어는 당사자 입장에서 바람직한 케어가 되지 못한다.

재활(Rehabilitation)은 이용자가 스스로의 생활을 자신의 힘으로 해 가는 것을 목적으로 한다. 장애인, 노인은 언뜻 병약하게 보일 수 있지만 스스로 자립을 위한 잠재 능력과 잔존 능력이 있으며, 케어실천의 의의는 그 잠재된 능력을 개발하고 잔존 능력을 되살리는 데 있다. 다소 시간이 걸리는 어려운 일상생활동작이라 할지라도 케어자는 여유를 가지고 이용자 스스로 할 수 있도록 격려하고 위로하는 동기 부여와 측면 지원을 통해 자립성을 촉진할 수 있도록 지원하여야 한다. 그럼으로써 이용자는 자신의 삶에 대해 스스로의 자신감과 의욕을 가지고 더욱더 적극적인 자세로 임하게 된다.

이용자의 잠재 능력과 잔존 능력을 심도 있게 평가하고 분석하여 능력이 최대한으로 발휘될 수 있도록 방법을 선택하는 것이 중요하며, 할 수 없는 것보다는 할 수 있는 일에 초점을 두는 것이 중요하다.

6. 전체성의 원칙

이용자에 대한 케어를 전개함에 있어 이용자를 하나의 전체성(holistic)을 지닌 존재로 이해하고 받아들여야 한다. 즉 신체적, 정서적, 사회적, 심리적, 영적인 측면에 대한 총체적인 이해를 기반으로 하는 케어서비스가 제공되어야 한다. 전체적인 접근이 필요한 이유는 이용자가 당면하고 있는 생활상의 문제가 우선 복합적이고, 단편적인 문제뿐만이 아니라 이용자가 지닌 문제로 인하여 가족과 교우관계, 사회관계에서도 엄청난 영향을 미치기 때문이다. 따라서 어느 한 부분의 문제만을 보고서 케어에 임하게 된다면, 케어실천 과정에서 발생하게 되는 돌발적인 문제는 물론 자립과 생활의 질 향상에 있어서 많은 제약이 따르게 된다.

7. 전문성의 원칙

케어는 전문적인 교육과 훈련을 받은 전문가에 의해 실시되어야 하며, 전문적인 지식과 기술을 바탕으로 하는 서비스이다. 이용자의 특성을 이해하고, 이용자가 가지고 있는 문제점을 제대로 파악하여 실효성 있는 케어서비스가 전개될 수 있도록 하여야 한다.

케어자와 이용자의 관계는 일상생활 가운데 자연스럽게 형성되는 일반적인 관계가 아니다. 케어자는 극히 전문적인 기술을 갖고 이용자의 자립을 원조하는 역할을 담당하기 때문이다. 케어자는 원조의 목적과 방법을 이용자에게 전하고, 이용자는 스스로 자립이라는 목표를 향해 간다고 하는 쌍방의 역할이 확인되고, 계약관계가 맺어지면 처음으로 관계가 성립한다. 이 관계를 전문적 원조관계라고 하며, 신뢰관계를 기초로 한다.

케어복지사는 단순히 신변케어만을 전담하는 것이 아니라 사회복지사, 물리치료사, 작업치료사, 심리치료사, 영양사, 의사, 간호사 등의 전문직과 전문적인 관계설정을 통한 케어계획의 조정자(coordinator)라는 점을 상기해야 한다.

8. 타 직종과의 연계 원칙

이용자는 다양한 욕구를 가지고 있다. 따라서 케어자는 자신이 제공할 수 있는 서비스뿐만 아니라, 의사, 간호사, 물리치료사, 영양사 등의 관련 분야 전문가와의 업무를 제휴하고 대응하는 것이 필요하다. 제휴를 위해서는 신뢰관계가 충분히 형성되어야 하고, 의견 교환, 정보 제공이 충분히 이루어져야 한다. 또한, 상담과 조언을 구하는 관계가 충분히 형성되고 상호 협력하면서 문제를 해결하고, 상호 충분히 그 업무내용 등을 이해하는 것이 필요하다.

9. 지역사회자원의 활용 원칙

케어자는 이용자의 복합적이고 다양한 욕구에 대해 포괄적인 서비스를 제공하기 위해 다양한 지역사회자원을 활용하는 것을 검토하고, 새로운 사회제도를 개발하는 것이 필요하다. 예를 들면, 방문케어의 경우 새로운 욕구의 변화를 발견하는 경우가 있는데, 방문 케어자 단독으로 그 욕구를 처리하는 것보다는 어떠한 사회자원과 연결시키는 것이 좋은가를 판단하여 새로운 서비스의 이용과 연결시키는 것도 필요하다.

이용자의 사회적 생활 측면을 지원하는 경우는 지역사회자원의 활용이 필요하다. 사회와 접촉을 도모하는 원조를 행할 경우 구체적인 실체가 있어야 하며, 그 실체는 지역사회자원이라고 할 수 있다. 즉, 시설 · 기관, 직원, 프로그램 등으로 공식적 · 비공식적인 것 모두 포함한다. 기존의 사회자원만으로는 이용자의 니드가 충족될 수 없는 경우가 있는데, 이 경우에는 지역사회자원의 개발이나 사회제도를 만들어 가는 자세가 필요하다.

참고문헌 REFERENCES

감정기, 진재문(1999). "경남지역 사회복지시설의 사회화 연구". 경상남도사회복지협의회 연구보고서.

강용규(2003). **현대케어복지개론**. 교육과학사.

김성천 외(2000). 사회복지실천의 가치와 윤리, **사회복지실천의 이해**. 양서원.

이종복(1999). **노인 · 장애인을 위한 케어지도자훈련 지침서**.

이해영(1998). 일본의 고령자개호보장의 신구축. **노인복지연구**, 한국노인복지학회.

이해영(2004). **케어복지론**. 양서원.

장세철 외 역(2000). **개호복지론**. 대학출판사.

장세철 외(2002). **개호복지개론**. 대학출판사.

전영록 외(2004). **사회복지학개론**. 양서원.

전재일 외(1998). **사례관리의 기초**. 사회복지개발연구원.

현외성 외(2000). **한국노인복지학 강론**. 유풍출판사.

현외성 외(2001). **노인케어론**. 양서원.

황미경(2013). **사회복지법제론**. 청목출판사.

木下康仁(1995). **老人ケアの社會學**. 醫學書院.

本村汎, 高橋重宏 編(1989). **家族と福祉の未來**. 全國社會福祉協議會.

野村禮子 著, 古川孝順 他2名 編(1996). 介護福祉協助技術. 誠心書房.

仲村優一 外(1990). 現代社會福祉事典. 全國社會福祉協議會.

Edwards, L. R., Yankey, J. A.(1991). *Getting There and Staying There, in Skills for Effective Human Services Management*. Nasw Press, National Association of Social Workers, Washington.

McGowan, B. G.(1995). Values and ethics. Meyer, C. H. & Mattaini, M. A.(Eds), *The Foundations of Social Work Practice*. NASW Press.

Roach, M. S. 著, 鈴木智之 他 譯(1996). アクト オブ ケアリング―ケアする存在としての人間. ゆるみ出版.

VNAA(1998). *Caregiver's Handbook*. N.Y.: DK Publishing Book.

Chapter 02

제2장

케어복지의 대상과 현장

01 케어복지 대상자 이해

1. 노년기 건강 특성 및 건강상태

1) 노년기 건강의 특성

노년기에는 일반적으로 신체기능이 저하되고 질병 발병 확률이 증가함에 따라 신체적 건강이 삶의 질에 절대적으로 중요하다는 것을 느끼게 된다. 1948년 WHO(세계보건기구) 헌장 전문에는 노년기 건강에 대해 "신체적 · 정신적 · 사회적으로 완전한 안녕(安寧)의 상태"라고 정의하였다. 과거 신체적 측면에서 그 범위가 정신적 · 사회적 측면으로까지 확대된 것이다. 노년기에 나타나는 건강에 대한 개념을 다음과 같이 세 가지 측면에서 설명할 수 있다.

(1) 신체적 건강

신체적 건강이란 단순히 해부생리학적으로 신체의 외형, 구조, 기능의 정상과 이상을 판단하는 것은 아니다. 즉, 절대적인 수준이 있는 것은 아니며, 일상생활을 할 수 있는지 없는지가 문제가 된다.

(2) 정신적 건강

자신의 주위 환경과 잘 조화할 수 있다. 감정과 이성이 조화되어 인간관계가 잘 이루어지고 자신의 생활은 물론 사회생활을 잘 영위할 수 있다. 즉, 풍부한 감정과 함께 자신의 가치와 이성에 의한 판단과 행동이 가능하고 자기평가를 할 수 있다.

(3) 사회적 건강

사회의 일원으로서 가족, 지역사회, 학교, 직장 등에서 자신의 역할을 수행하는 것이다. 즉, 사회적 건강은 일상생활에서 이루어지는데, 인간의 성립요소인 정신적 · 신체적 조건이 생활이라는 장에서 잘 통합된 상태로써 유지되어 있는 상태가 건강하다고 할 수 있다. 이와 같이 건강이란 세 측면의 건강이 전체로써 조화되고 균형이 있는 것을 의미한다. 또한 건강이란 단순히 질병이 없는 상태라는 소극적인 의미가 아니라 인간이 생활하는 데 있어서 모든 측면에서의 안녕 상태를 의미하는 적극적인 건강의 개념으로 이해되고 있다.

2) 노인의 건강상태

노년기 질환의 특성을 통해 우리가 기억해야 할 것은, 노년기가 되면 신체를 구성하고 있는 세포조직의 재생능력이 퇴화되고 기능 저하로 인하여 신경계통 및 혈액순환, 호흡, 소화, 배설, 생식과 같은 다양한 면에서 기능적으로 저하 현상을 초래하며 수면의 질이나 양 등의 감소를 통하여 불면증을 동반하기도 한다. 이와 같이 노년기의 불안, 욕구불만, 스트레스 등은 심리적 차원에 영향을 주기도 하지만 노인의 행동과 적응력 등 신체적 · 사회적 차원에도 부정적인 영향을 미치게 되고 타인에 대한 의존도가 높아진다. 따라서 노년기에는 치료와 적절한 케어가 함께 이루어져야 한다.

노인의 건강상태를 이해하기 위해 2020년 전국노인생활실태조사의 자료를 기반으로 우리나라 노인의 건강실태를 이해하고자 한다.

(1) 건강상태

2020년 보건복지부에서 실시한 '전국노인생활실태조사' 결과를 참고하면 다음과 같다. 우리나라 노인 중 평소 자신의 건강상태가 '매우 건강하다'고 응답한 노인은 4.5%, '건강한 편이다' 44.8%, '그저 그렇다' 30.8%, '건강이 나쁜 편이다' 17.6%, '건강이 매우 나쁘다' 2.3%로 나타났다. 즉, 평소 자신의 건강상태가 좋다고 평가하는 노인은 49.3%이다. 이는 2017년 37.0%보다 증가하였음을 알 수 있다. 그리고 건강상태가 나쁜 것으로 평가하는 노인은 19.9%로 주관적 건강상태를 긍정적으로 평가하는 노인의 비율이 높게 나타남을 알 수 있다.

성별로는 남자노인(55.3%)이 여자노인(44.8%)보다 주관적 건강상태에 대해 긍정적으로 생각하는 응답률이 높게 나타났다. 연령별로 살펴보면, 대체적으로 연령이 낮을수록 자신의 건강상태에 대한 긍정적 응답률이 높게 나타났고, 반대로 연령이 높을수록 자신의 건강상태에 대한 부정적 응답률이 높게 나타났다. 배우자 유무에 따라서는 유배우자 노인(55%)이 무배우자(37.6%)보다 평소 건강상태를 긍정적으로 인식하는 비율이 높게 나타났다. 가구 형태별 주관적 건강상태 응답을 살펴보면, 노인부부 가구 55.2%, 자녀동거 가구 43.5%, 기타 가구 43.3%, 노인독거 가구 38.6%로 노인독거 가구보다 노인부부 가구와 자녀동거 가구가 평소의 건강상태를 좋다고 평가하는 경향이 높게 나타났다.

(2) 만성질병 실태

우리나라 노인의 객관적인 만성질병 실태를 파악하기 위해 2020년 보건복지부에서 실시한 '전국노인생활실태조사' 결과 전체노인 응답자의 84.3%가 1개 이상의 만성질병이 있다고 응답하였다. 이는 2008년 81.3%, 2017년 89.5%로 증가하다가 2020년 들어 84.3%로 감소하였다. 그리고 그중 만성질병 1개를 지니고 있는 노인이 29.2%, 만성질병 2개는 27.1%, 만성질병이 3개 이상인 노인은 27.8%로 나타났다. 만성질환 2개 이상 지니고 있는 중복질환자는 54.9%였으며, 평균 만성질병 수는 1.9개로 나타났다.

성별로는 여자노인의 만성질환 유병률(86.1%)이 남자노인(81.3%)보다 높게 나타났다. 연령별로는 연령이 높아질수록 만성질환 유병률도 증가하는 것으로 나타났다. 전기노인인 65~74세의 만성질환 유병률은 75.6~83.8%로 나타났고 75세 이상 후기노인의 유병률은 90% 이상으로 나타나 전기노인보다 후기노인의 만성질환 유병률이 높게 나타났다. 배우자 유무별로는 배우자가 없는 노인의 만성질환 유병률이 89%로 배우자가 있는 노인 81.6%보다 높았고 가구형태별로는 독거노인 만성질환 유병률이 87.9%로 가장 높게 나타났다. 자녀동거 가구의 노인 만성질환 유병률은

87.4%, 노인부부 가구는 81.9%, 기타 가구는 77.9%로 나타났다. 2개 이상의 복합 질환자는 독거노인 가구가 62.9%로 가장 높게 나타났고 자녀동거 가구는 60.9%, 기타 가구는 60.6%였으며, 노인부부 가구는 50%로 가장 낮게 나타났다.

만성질병 종류별 유병률은 고혈압이 56.8%로 가장 높았고 다음으로 당뇨병 24.2%, 고지혈증 17.1% 골관절염 또는 류머티즘 관절염 16.5%, 요통 및 좌골신경통 10.0%로 나타났다. 성별 만성질병률을 보면, 남자노인은 고혈압 57.0%, 당뇨병 23.9%, 고지혈증 13.5%, 전립성비대증 9.3% 등의 순이고 여자노인은 고혈압 56.6%, 당뇨병 24.4%, 골관절염 또는 류머티즘 관절염 23.3%, 고지혈증 19.9% 등의 순이다.

이와 같이 노인의 건강은 전 생애를 걸쳐 유전적 요인, 성장과정 · 생활습관, 직업 · 주거환경, 사회 · 경제적 상태 등 다양한 요인에 따라 다르게 나타날 수 있다는 것을 기억하고 이해해야 한다.

3) 노인의 건강 실태

(1) 흡연 실태

65세 이상 노인 중 11.9%가 현재 흡연하고 있으며, 88.1%는 흡연을 하지 않은 것으로 나타났다. 성별로는 남자노인의 흡연률이 24.7%로 여자노인 2.3%에 비해 월등히 높다. 연령이 낮을수록 흡연률이 높아지는 경향을 보인다. 배우자 유무별로는 유배우 노인의 흡연율이 14.3%로 무배우 노인의 6.9%에 비해 높다. 교육수준별로는 무학 군의 흡연율이 3.6%로 낮고 고등학교 군의 흡연율은 16.7%로 높다. 취업상태별로는 취업노인의 흡연율이 19,6%로 미취업 노인의 7.7%보다 높은 편이며, 가구소득별로는 대체적으로 소득이 높을수록 흡연율이 증가하는 경향이다. 기능상태별로는 기능제한이 없는 노인의 흡연율이 12.1%로 기능제한이 있는 노인의 흡연율 10.1%보다 높다.

(2) 음주 실태

지난 1년간 음주 실태를 보면, 61.4%가 최근 1년간 전혀 술을 마시지 않았고 38.6%는 술을 마셨다고 응답하였다. 음주한 노인 중 적정음주(1주일에 7잔 이하)는 32.2%이고 과음주(1주일에 7잔 초과)는 6.3%이다. 성별로는 남자노인의 음주율이 58.4%로 여자노인 음주율 23.6%에 비해 월등히 높다. 연령대별로는 대체적으로 연령이 높아질수록 음주율이 낮아지는 경향을 보이며, 과음주율도 연령이 높아질수록 낮아지는 경향을 보이고 있다. 배우자 유무별로는 유배우 노인의 음주율이 43.8%로, 무배우 노인의 27.9%에 비해 높고 과음주율도 유배우 노인이 높다.

(3) 운동 실천

평소 운동을 하는지에 대한 질문에 대해 53.7%는 운동을 실천하고 있으며, 43.6%는 운동을 하지 않는다고 응답하였다. 운동실천 노인 중 권장 수준(1주일에 150분 이상)에 미치는 운동을 하는 경우는 37.6%이고 16.1%는 권장 수준에 미달하는 운동을 하고 있다. 성별 운동 실천율은 남자노인(56.7%)이 여자노인(51.5%)보다 높고 연령별로는 연령이 높아질수록 운동 실천율이 낮아지는 경향을 보인다. 배우자 유무별로는 유배우 노인의 운동 실천율(56.6%)이 무배우 노인의 운동 실천율(47.8%)보다 높다. 가구형태별 운동 실천율은 노인부부가구가 56.1%로 독거노인가구 47.9%보다 높다.

(4) 영양관리

노인의 영양상태는 전체응답 노인의 72.2%는 양호한 수준이고, 19.0%는 영양관리 주의가 요구되며, 8.8%는 영양관리 개선이 필요한 것으로 파악되었다. 성별 영양관리 개선이 요구되는 비율은 여자노인이 10.6%로 남자노인 6.6%보다 높으며, 연령별로는 연령이 높아질수록 영양관리 개선이 요구되는 비율이 높아지는 경향을 보였다. 즉, 영양관리 개선 요구 비율이 65~69세 연령군은 5.4%인데 비해

85세 이상 연령군은 17.1%였다. 배우자 유무별로는 무배우 노인의 15.1%가 영양관리 개선이 요구되며, 유배우 노인은 5.8%의 영양관리 개선이 요구되었다. 무배우 노인은 유배우 노인보다 영양관리 개선이 약 3배 정도 높게 나타났다.

(5) 경로식당 이용률

지난 1년간 경로식당을 이용한 경험이 있는 비율은 전체 노인의 11.4%이고 이 중 거의 매일 이용하는 노인이 1.6%, 일주일에 2~3회 이용은 5.2%, 일주일에 1회는 2.4%, 한달에 1~2회는 0.7%로 나타났다. 성별 경로식당 이용률은 남자노인 8.2%, 여자노인 9.9%이다. 배우자 유무별로는 유배우 노인의 경로식당 이용률이 7.4%, 무배우 노인의 경로식당 이용률은 12.8%로 무배우 노인의 경로식당 이용률이 더 높다. 가구형태별로는 독거노인 경로식당 이용률이 13.9%로 가장 높고 노인부부 가구가 7.8%, 자녀동거가구가 8.9%. 기타 가구가 9.2%이다.

2. 노인의 기능 상태와 요양보호

1) 신체기능 상태

(1) 시력, 청력과 씹기 능력

전체 노인 중 시력보조기를 사용하는 비율은 54%이며, 이는 2017년(61%)에 비해 감소한 추세를 보인다. 성별로는 남성노인의 시력보조기 사용률이 56.5%로 여성노인의 사용률인 52.2%에 비해 다소 높게 나타났다. 연령에 따른 시력보조기 사용률은 65~69세 노인의 사용률이 가장 낮게 나타났으며 나이가 많을수록 높게 나타났다. 배우자 유무에 따른 시력보조기 사용률에서는 큰 차이가 없는 것으로 나타났으며, 가구 형태에서는 자녀와 동거하지 않는 노인단독 가구(50.1%)와 기타 가구(44.7%)에 비해 사용률이 높게 나타났다. 교육 수준별 시력보조기 사용률은 무학 군이 49.8%로 가장 낮고 전문대학 졸업 이상 군이 59.2%로 가장 높다. 기능 상태에 대해서는 기능 상태에 제한이 있는 노인(59.8%)의 시력보조기 사용률이 기능 제한이 없는 노인(52.2%)보다 높게 나타났다. 시력으로 인해 느끼는 일상생활의 불편함에 대해서는 65%의 노인이 불편함을 느끼지 못한다고 답하였으며, 32%는 불편한 편, 2.8%는 매우 불편하다고 답하였다.

청력으로 인해 일상생활에서 불편함을 느끼는 정도에 대해 살펴보면, 전체 노인 중 75.5%가 불편함을 느끼지 못하며, 22.1%는 불편한 편, 2.6%는 매우 불편하다고 응답하였다. 연령별로는 연령이 증가할수록 청력으로 인한 불편함을 느끼는 비율이 높아졌다. 또한 배우자가 없거나 독거노인인 경우, 학력 수준이 낮을수록 청력 저하로 인한 불편함을 느끼는 비율이 높게 나타났다. 기능 상태별로는 기능 제한이 있는 노인은 불편하다 44.6%, 매우 불편하다 11.2%로 응답하여 기능제한이 없는 노인보다 불편함을 느끼는 정도가 월등하게 높게 나타났다.

씹는 능력(저작기능)의 보조기 사용률은 36.9%이며, 이는 2017년도의 사용률(46.0%)에 비해 많이 감소한 것으로 나타났다. 이는 최근 치과 치료에서 임플란트를 통한 치료가 확대되었으나 씹는 능력을 위한 보조기 임플란트는 제외되고 틀니로 제한하여 조사하였기 때문이다. 남자노인보다는 여자노인이 그리고 고령 노인 군에서 씹기 능력 보조기 사용률이 높게 나타났다. 배우자 유무별로는 무배우 노인의 보조기 사용률은 44.9%로 유배우 노인(33.0%)에 비해 높고 가구형태별로는 노인독거 가구가, 취업형태별로는 미취업 노인의 보조기 사용률이 높았다. 교육 수준별로는 교육 수준이 낮을수록 높았으며, 기능 상태별로는 기능에 제한이 없는 노인의 35.4%가 씹기 능력에 불편함이 있는 것으로 나타난 반면, 기능 제한이 있는 노인은 72.8%가 불편함이 있다고 응답하였다.

(2) 근력

하지 근력 상태는 응답자가 의자에 앉았다가 일어나기를 5회 반복하는 것을 직접 수행하는 방법을 통해 파악했다. 조사결과 노인의 77.9%는 무리 없이 수행했으며, 18.8%는 시도는 했으나 수행하지 못했고 3.3%는 수행을 위한 시도조차 못하는 상태로 나타났다. 여성노인보다는 남성노인이 무리 없이 수행한 비율이 높게 나타났으며, 연령이 높을수록 하지 근력 상태가 낮아지는 것으로 나타났다. 유배우 노인보다 무배우 노인에서, 그리고 노인독거 가구의 하지 근력 상태가 낮은 것으로 이해할 수 있다.

교육 수준이 높을수록, 취업 중인 노인, 가구소득이 높을수록 하지 근력 상태가 양호한 것으로 나타났다. 기능 상태별로 보면, 기능 제한이 없는 경우 앉았다가 일어나기를 수행한 비율이 83.1%로 높게 나타난 반면, 기능 제한이 있는 경우는 40.6%만 수행했으며, 수행을 위한 시도조차 못한 상태는 19.5%로 매우 높게 나타났다.

(3) 일상생활수행능력(ADL)과 수단적 일상생활수행능력(IADL)

일상생활수행능력(ADL)은 옷 입기, 세수 · 양치질 · 머리감기, 목욕 또는 샤워기, 차려놓은 음식 먹기, 누웠다 일어나 방밖으로 나가기, 화장실 출입과 대소변 닦고 옷 입기, 대소변 조절하기 등 노인이 지립적인 생활을 수행하는 데 가장 기본적인 항목 7개로 구성하였다. 7개 항목은 완전자립(1), 부분 도움(2), 완전 도움(3)의 3점 척도로 측정하였다.

〈표 2-1〉 노인의 일상생활수행능력 항목별 분포 (단위: %, 명)

특성	완전자립	부분도움	완전도움	계(명)[1]	2017년 완전자립률
옷 입기(옷 꺼내기, 단추 · 지퍼, 벨트)	97.0	2.4	0.6	100.0(10,097)	96.8
세수, 양치질, 머리감기	96.9	2.4	0.6	100.0(10,097)	96.9
목욕 또는 샤워하기(욕조 드나들기, 때 밀기, 샤워)	95.0	3.7	1.3	100.0(10,097)	93.1
차려 놓은 음식 먹기	97.8	1.9	0.4	00.0(10,097)	98.5
누웠다 일어나 방 밖으로 나가기	97.4	2.1	0.5	100.0(10,097)	98.8
화장실 출입과 대소변 후 닦고 옷입기	97.8	1.8	0.5	100.0(10,097)	98.0
대소변 조절하기	98.1	1.3	0.7	100.0(10,097)	96.5

주 1) 전체응답자를 대상으로 한 분석결과임.

각 항목별 완전자립의 비율(표 2-1 참조)은 옷 입기 97%, 세수 · 양치질 · 머리감기 96.9%, 목욕 또는 샤워하기 95%, 차려 놓은 음식 먹기 97.8%, 누웠다 일어나 방 밖으로 나가기 97.4%, 화장실 출입과 대소변 후 닦고 옷 입기 97.8%, 대소변 조절하기 98.1%로 나타났다. 이는 2017년의 완전자립률과 비교했을 때 비슷한 수준이다.

수단적 일상생활수행능력(IADL)은 일상생활수행능력(ADL)과 마찬가지로 노인이 자립적으로 생활을 유지하기 위해 필요한 기능 상태를 평가하기 위한 문항이다. 문항은 10개 항목으로서 항목별 완전자립 비율을 살펴보면, 몸단장 96.6%, 집안일 93.1%, 식사준비 92.1%, 빨래 93.2%, 제시간에 정해진 양의 약 챙겨먹기 96.5%, 금전관리 93.6%, 근거리 외출하기 94.6%, 물건 구매 결정 · 돈 지불 · 거스름돈 받기 95.4%, 전화 걸고 받기 96.0%, 교통수단 이용하기 92.1%로 나타났다. 전체적으로 완전자립 비율이 높게 나타났으나, 집안일, 식사준비, 빨래, 교통수단 이동하기 등 신체적 체력을 요구하는 항목이 타 항목에 비해 다소 낮은 수준이지만, 2017년 결과에 비해 완전자립 비율이 증가한 경향이 나타났다.

2) 인지기능 상태

(1) 인지기능

인지기능을 측정하기 위하여 치매선별용 한국어판 간이정신건강상태검사(MMSE-DS)를 사용하였다. 이 도구로 측정함으로써 총 30점 중에서 성별과 연령, 교육 수준을 고려하여 계산된 일정 점수 미만일 경우에는 치매 의심의 '인지저하자'로 판정하고 치매 확정을 위한 진단검사의 대상이 된다. 따라서 해당점수 미만일 경우 '인지 저하자'로 볼 수 있다. 응답자의 MMSE-DS 진단검사 결과는 〈표 2-2〉와 같다.

전체 평균점수는 24.5점이며, 인지 저하자의 비율은 25.3%로 나타났다. 성별로 살펴보면 여성노인보다 남성노인의 평균점수가 다소 높은 반면, 인지저하 비율에서는 큰 차이를 보이지 않았다. 연령별로는 연령이 낮을수록 평균점수가 높고, 인지저하의 비율이 낮게 나타나는 경향을 보였다.

〈표 2-2〉 MMSE-DS 진단검사 결과 점수

연령	성별	교육연수			
		0~3년	4~6년	7~12년	13년 이상
60~69세	남	20	24	25	26
	여	19	23	25	26
70~74세	남	20	23	25	26
	여	18	21	25	26
75~79세	남	20	22	25	25
	여	17	21	24	26
80세 이상	남	18	22	24	25
	여	16	20	24	26(14년, 27)

출처: 보건복지부(2020). 2020년 치매정책사업안내.

(2) 장애등급

전체 응답자 중 4.6%가 장애 판정을 받았으며, 특성별 장애 판정률을 살펴보면, 지역, 성별, 배우자 유무, 소득 수준에서는 큰 차이가 나타나지 않는 반면, 연령에서는 노인의 나이가 높아질수록 장애 판정률이 증가하는 경향을 보였다. 가구 형태에서 노인부부 가구인 경우 장애 판정률이 3.9%였으며, 노인독거 가구가 4.7%, 자녀동거 가구 6.5%로 나타나 자녀동거 가구 집단의 장애 판정률이 타 가구 집단에 비해 다소 높게 나타났다. 교육 수준별로 보면 무학의 장애 판정률이 7.9%로 가장 높고 교육 수준이 낮을수록 장애 판정률이 높아지는 경향을 보였다.

장애 판정을 받은 응답자의 장애유형(표 2-3)을 살펴보면, 지체장애가 56.0%로 가장 높았으며 그 다음으로 청각장애(19.4%), 시각장애(9.8%), 뇌병변장애(5.2%) 순으로 나타났다.

〈표 2-3〉 장애판정 노인의 장애유형 분포 (단위: %)

장애유형	비율	장애유형	비율
전체*	100.0		
장애유형			
지체장애	56.0	신장장애	2.3
뇌병변장애	5.2	심장장애	1.6
시각장애	9.8	호흡기장애	0.8
청각장애	19.4	안면장애	0.7
언어장애	1.1	장루 · 요루장애	0.5
지적장애	1.0	뇌전증장애	0.1
정신장애	1.5		

* 전체응답자(대리응답자 포함) 10,097명 중 장애판정을 받았다고 응답한 464명을 대상으로 조사함.

3. 요양보호 실태

1) 보호 실태

노인의 돌봄 수급 여부와 돌봄 제공자에 대한 문항은 전체 응답자 중 ADL과 ILDA의 총 17개 항목 중 1개 이상 도움이 필요하다고 응답한 대상자에 대해 조사하였다. 그 결과 전체 응답자 중 ADL과 ILDA의 총 17개 항목 중 1개 이상 도움이 필요하다고 응답한 비율은 전체의 12.2%이다. 이들 중 가족, 친인척, 간병인 등 돌봄을 받고 있는 비율은 55.0%로 나타났다. 돌봄 제공자의 특성은 동거 가족원이 74.5%로 가장 높았으며, 그 다음으로 비동거 가족원(39.3%), 장기요양보험서비스 19.1%, 친척 · 이웃 · 친구 · 지인(15.3%), 노인돌봄서비스(10.7%), 개인 간병인 · 가사도우미(4.2%) 순으로 나타났다.

연령별로는 80~84세 집단의 돌봄 수급률이 56.9%, 85세 이상에서는 68.8%로 80세 이상부터 돌봄 수급률이 현저하게 증가하는 것으로 나타났다. 또한 연령이 증가할수록 동거가족원의 돌봄 수급률이 낮아지는 반면, 장기요양보험서비스와 노인돌봄서비스 비율이 증가하는 경향을 보인다. 특히 65~69세, 70~74세 집단에서는 장기요양보험서비스 이용률이 각각 10% 미만인 수준이지만, 75세 이상부터는 20% 이상으로 나타났다.

2) 가족 등 비공식 돌봄 제공자에 의한 보호 실태

가족, 친척, 이웃 등 비공식 돌봄 제공자로부터 보호를 받고 있는 경우, 도움 내용별 빈도를 살펴보면 〈표 2-4〉와 같다. 청소 · 빨래 · 시장보기에서 도움을 받은 비율이 91.8%, 외출동행은 83.4%, 식사준비는 90%, 목욕 등 신체기능 유지 지원은 67.1%가 비공식 돌봄 제공자의 도움을 받는 것으로 나타났다.

〈표 2-4〉 비공식 돌봄 제공자의 도움 빈도 (단위: %)

특성	도움 받지 않음	거의 매일	주 2~3회	1주 1회	격주 1회	월 1회 이하	계(명)*
청소, 빨래, 시장 보기	8.1	51.5	18.8	15.4	2.8	3.3	100.0(603)
외출동행	16.7	18.8	8.8	18.9	13.8	23.1	100.0(603)
식사준비	9.8	64.8	13.8	7.6	2.5	1.3	100.0(603)
목욕 등 신체기능 유지 지원	32.9	18.1	13.3	21.7	6.5	7.5	100.0(603)

* 돌봄 도움을 받는다고 응답한 678명 중 가족, 친척, 친구 · 이웃에게 도움을 받는다고 응답한 603명을 대상으로 함.

도움 내용별 비공식 제공자와 노인과의 관계(표 2-5)를 살펴보면, 모든 항목에서 도움 제공자가 배우자인 비율이 높았으며, 그 다음으로는 딸의 비중이 높게 나타났다. 다만, 외출동행의 경우, 장남이 19.7%로 딸의 비중(19.8%)과 비슷한 수준을 보였다. 목욕 등 신체기능 유지 지원에서는 사회복지관련 종사자의 비중이 19.9%로 비교적 높은 비중을 보였다.

〈표 2-5〉 비공식 돌봄 제공자의 주도움 제공자 (단위: %)

특성	배우자	장남	장남 배우자	차남 이하	차남 이하 배우자	딸	딸 배우자	친 인척	비혈연 동거인	친구 및 이웃	사회 복지 관련 종사자	기타	타인 도움 받지 않음	계(명)
청소, 빨래, 시장보기	41.3	9.9	10.7	3.6	1.8	18.8	0.0	2.6	0.1	0.9	8.2	2.0	0.0	100.0 (554)
외출 동행	33.4	19.7	6.7	6.6	1.4	19.8	0.8	1.5	0.1	1.2	6.8	1.9	0.0	100.0 (502)
식사 준비	42.4	8.5	11.7	3.5	1.7	17.6	0.1	2.7	0.1	0.8	8.4	2.5	0.0	100.0 (543)
목욕 등 신체기능 유지 지원	32.4	11.1	6.0	3.0	0.7	22.5	0.0	2.2	0.1	1.3	19.9	0.8	0.0	100.0 (404)

* 가족, 친척, 친구 · 이웃에게 도움을 받는다고 응답한 678명 중 개별 항목별 도움을 받았다고 응답한 자를 대상으로 함. 청소 · 빨래 · 시장보기(554명), 외출 동행(502명), 식사 준비(543명), 목욕 등 신체기능유지 지원(404명)

3) 장기요양보험 서비스 이용 현황

응답자의 장기요양보험등급 신청률은 4.3%이다. 그중 4등급과 등급외자가 21.3%와 37.7%로 가장 높고, 3등급, 5등급, 인지지원등급, 2등급, 1등급 순으로 나타났다. 참고로 2019년 노인장기요양보험 통계에 의하면 2019년 65세 이상 장기요양보험 누적 신청자는 1,113,093명(노인인구 대비 13.9%), 등급인정자는 772,200명(노인인구대비 9.6%)이다(국민건강보험공단, 2019). 성별로는 남자노인(3.2%)보다 여자노인(5.1%)의 등급 신청률이 높다. 연령이 높을수록 장기요양보험등급 신청률은 높아지는 경향을 보이며, 85세 이상 군의 신청률은 19.5%로 65~69세 군에 비해 월등히 높다. 배우자 유무별로는 유배우 노인(2.5%)보다 무배우 노인(7.9%)의 등급 신청률이 3배 높으며, 가구형태별로는 자녀동거가구의 등급 신청률이 7.7%로 가장 높고, 이어서 독거노인가구 6.5%이다. 교육 수준별로는 무학인 군에서 신청률이 가장 높게 나타났다.

02 대상자의 심리 · 사회적 특성 이해

1. 노인의 심리적 특성 이해

노인의 심리적 특성은 개인의 신체적 건강상태와 심리적 특성, 사회와의 관계에 따라 영향을 주고받으며 발달하는데, 윤진(1988)은 노인의 심리 성격에 대하여 다음과 같이 정리하였다.

1) 우울 경향의 증가

노년기 전반에 걸쳐 우울증의 경향이 증가하게 되는데 이는 신체적 질병, 배우자의 죽음, 경제 능력의 약화, 사회와 가족으로부터의 소외 및 고립, 일상생활에 대한 자기 통제력 저하, 지나온 삶에 대한 회한 등이 주 원인이 될 수 있다. 그 증상으로는 편집증, 초조함, 과거에의 집착, 죽음에 대한 생각, 자살 등이 있을 수 있다.

2) 내향성 및 수동성의 증가

노년기에는 자기 자신의 사고나 감정에 의해 사물을 판단하게 되는 경향이 많아지고 누군가의 도움을 받아 문제를 해결하려고 하는 수동적 경향이 증가한다. 또한 심리적 탐구 등에는 관심을 두지 않는 경향이 있다.

3) 경직성의 증가

노년기에는 자신에게 익숙한 습관적인 태도나 방법을 고수한다. 경직성이 증가하여 새로운 환경에 적응하기 어렵고 어떤 상황에 대한 판단이나 질문에 조심스러운 태도를 보이면서 결단력에 대한 자신감이 감퇴되어 확실성이 높다고 판단될 경우에만 반응을 보이기도 한다.

4) 의존성의 증가

노인은 신체적 기능의 약화와 경제적 능력의 쇠퇴 등으로 인하여 다양한 부분에 의존해야 하는 경우가 증가하게 된다. 또한 뇌기능 감퇴로 인한 정신적 의존성, 생활에서 의미 있는 중요한 사람들을 잃음으로써 생기는 사회적 의존성 등이 증가하는 경향이 있다.

5) 친근한 사물에 대한 애착심 증가

노인이 될수록 그동안 사용해온 물건에 대한 애착심이 증가한다. 집, 가재도구, 사진, 골동품 등 여러 가지 친근한 물건들은 노인에게 지나온 과거를 회상하고 마음의 안락과 만족을 느끼게 하며, 비록 세상과 세월은 변하였지만 자신과 자신의 주변은 변하지 않고 일정한 방향으로 유지되고 있다는 느낌을 주어 노인에게 안정감을 갖게 하는 좋은 역할을 한다.

6) 유산을 남기려는 경향 증가

심리적으로 건강한 노인의 경우, 사후에 자신의 발자취를 남기고자 하는 갈망이 있으며, 자신이 가치 있는 삶을 살았다는 것을 인정받고자 한다. 이는 자손을 낳는 일, 문학, 예술작품, 기술, 지식, 토지 등 다양한 형태로 나타난다.

7) 성역할의 변화

노년기에 남성은 부드럽고 온화한 성품, 관계지향적, 동정심 등에서 여성적 특성의 증가를 보이는 반면, 여성은 공격성, 자아중심적 경향 그리고 권위주의적 동기 등 남성적 특성의 증가를 보인다.

2. 노인의 사회적 특성 이해

사회적 의미에서의 역할은 개인이 사회에 참여하고 이것을 통하여 개인의 사회적 가치가 인정되고 또한 자아정체성을 유지하는 기반이 되는 것으로, 사회적 측면의 가장 핵심적 요소이다. 그러나 노화에 따른 사회적 변화는 노년기의 역할 변화와 관련되는 것으로 그동안 자신이 해오던 역할과 기능을 갑작스럽게 상실한 경우, 역할 변화에 따른 다양한 위기가 발생할 수 있다. 따라서 이를 사전에 예측하고 통제하여 역할상실을 쉽게 받아들이고 준비할 수 있도록 도와야 한다.

노년기에 나타나는 사회적 특성을 다음과 같이 두 가지로 설명할 수 있다(이태희 외, 2013).

1) 직업상실과 경제적 빈곤

퇴직을 통하여 소득의 상실뿐만 아니라 대인관계 축소로 인한 유대감 상실 등은 소득뿐만 아니라 사회적 신분과 지위도 잃어버림으로써 경제적 빈곤과 상실감에 시달리게 된다. 특히 퇴직 이후에 겪게 되는 부부간의 역할과 지위의 변화는 생활만족도와 행복에 영향을 주는 요인으로 극단적인 경우, 퇴직 이후 자살 위험 요인이 되기도 한다.

2) 배우자와 친족의 상실, 자녀의 결혼

대부분의 우리나라 여성노인은 본인보다 나이든 남성과 결혼하는 경향이 있으며, 여성이 남성에 비해 평균 수명이 길기 때문에 여성이 먼저 독신이 되기 쉽고 긴 시간동안 홀로 남겨진 삶을 산다. 배우자와의 사별은 일상생활을 함에 있어 가장 큰 스트레스 요인으로 나타나고 있다. 특히 막연히 느끼던 죽음이 현실화되면서 허무함, 절망감, 고독감 등을 갖게 된다. 더불어 남성노인의 경우, 가장의 자리를 아들에게 인계함에 따라 고독감이 증가하고, 여성의 경우는 자녀의 결혼으로 인하여 '빈 둥지 증후군'을 느끼게 되면서 노후에 대한 초조와 불안감이 증폭될 수 있다.

3. 도움을 필요로 하는 대상자의 일반적 특성

일반적으로 케어복지서비스가 필요한 대상자의 특성을 다섯 가지로 나눌 수 있다(이해영, 2015). 이 다섯 가지의 특성을 기반으로 서비스를 제공해야 하는 대상자는 다음의 다섯 가지 중 몇 가지에 해당하는지를 관찰하여 케어계획을 수립하고 서비스를 제공해야 한다.

1) 일상생활에 지장이 있다

이용자의 특징 중 하나는 장애로 인하여 혼자서 일상생활을 하기가 곤란하다는 점이다. 즉, '일상생활을 혼자서 영위하는 데 지장이 있는 자'이다. 그러나 신체장애가 있다고 해서 꼭 일상생활에 지장이 있는 것만은 아니다. 신체에 장애가 있어도 그것을 극복하고 자립적 생활을 영위하는 사람도 많다.

케어복지서비스를 이용하는 대상자 가운데는 고령자가 많은데 모든 '고령자'가 '케어서비스 대상자'는 아니다. 고령에 의해 일상생활이 불편하기는 해도 자립생활이 가능한 자는 제외된다. 따라서 케어복지 대상자는 일상생활에 지장이 있어 생활에 어려움을 겪고 있는 대상자로 한정한다는 것을 기억해야 한다.

2) 고유한 생활사를 갖고 있다

노인은 오랫동안 삶을 살아왔고 활동해온 사람들이다. 따라서 당연히 그들 나름대로의 고유한 삶의 경력이 있으며, 지금까지의 생활에서 나름대로의 생활습관과 삶의 방식, 사고방식을 갖고 있다. 도시의 소음 속에서 자란 사람과 시골에서 자연과 함께 살아온 사람은 환경에 대한 생각이나 반응, 적응 정도가 다를 것이다. 그리고 같은 환경에서 동 시대에 생활했다 할지라도 20대와 80대는 생활문화의 시대적 배경이 크게 다르다. 일반적으로 노인들은 공통적인 습관도 있을 수 있고 개인적인 습관도 있다. 그 습관이 합리적이지 않거나 문제가 되고 있어도 정작 본인은 오랜 시간 동안 그렇게 살아왔기 때문에 괜찮다고 생각하고 있거나, 어떤 경우는 습관이 되어 고칠 수도 없는 경우도 있다는 것을 이해해야 한다.

3) 개별성이 강하다

대상자는 각자의 생활사와 서로 다른 배경(연령, 학력, 장애 정도, 가족, 경제상태, 고향, 문화, 종교 등)을 갖고 있으며 과거의 경험과 지식 정도도 다르다. 이러한 것들에 의해 대상자는 나름의 개성과 성격이 무의식적으로 형성된다는 것을 기억해야 한다. 대상자에 따라서는 많이 호소하는 사람, 참을성이 많은 사람, 온화한 사람, 화를 잘 내는 사람, 마음대로 하는 사람, 무책임한 사람, 시끄러운 사람, 의심이 많은 사람, 폭력적인 사람, 고집이 센 사람, 반응이 없는 사람 등 한 사람 한 사람의 개별성을 이해한 후 도움을 제공할 필요가 있다.

4) 정신적으로 불안하다

어느 날 장애가 생겨 그동안 해오던 것을 못하게 되면, 사람은 정신적으로 불안해진다. 사람마다 개인차는 있지만 나이가 들면 누구나 심신의 기능이 저하되고 상실되는 것에 대한 불안감을 갖게 된다. 특히 와상상태여서 신체를 자유롭게 움직일 수 없는 대상자의 경우는 식사나 배설도 마음과 같이 실행하기가 어려워 불안하고 초초하게 된다. 이러한 불안을 제거하는 좋은 방법 중 하나는 대상자가 생각하고 있는 것을 주변에 표출할 수 있는 환경을 만들어줘야 한다. 대상자는 누군가에게 도움을 받아야 하는 미안함 때문에 주변 케어제공자에게 말과 행동을 기피하는 경우가 있다. 따라서 어떠한 경우에라도 케어제공자는 원만한 인간관계와 미소, 부드러운 말을 통해 대상자가 안심하고 요청하거나 도움을 표현할 수 있도록 해야 한다.

5) 생명을 스스로 지키기가 어렵다

대상자는 심신의 장애로 건강의 자기관리나 위험을 피하기가 어렵고 질병이나 사고가 일어나기 쉽다. 통목욕의 경우, 위험성이 높고 자립이 어려워 케어의 필요성이 높다. 입욕이나 몸을 닦는 경우에 타인 앞에 신체를 드러냄으로써 수치심을 느끼는 대상자도 있으며, 스스로 하려고 해도 깨끗이 닦기가 어려워 쉽게 각종 감염에 노출될 수도 있다는 것을 고려해야 한다. 언어장애가 있는 경우에는 자신의 몸 상태에 대해 정확한 설명을 할 수 없기 때문에 목욕을 실시할 때는 이러한 부분에 대해서도 신경을 쓰고 관찰 및 대처를 적절히 해야 사전에 사고를 예방할 수 있다.

03 케어복지 현장의 이해

케어복지 현장을 이해하기 위해서 대상자 중심에서 2가지로 나누어 생각을 해볼 수 있다. 먼저 자신이 살아보던 가정에서 생활을 하면서 필요에 따라 케어서비스를 이용하거나 또는 가정에서 생활을 하면서 지역사회에 있는 서비스를 이용하는 경우를 말한다. 본 장에서는 이러한 경우를 '재가케어'라고 표현한다. 다른 하나의 경우는, 자신이 살아오던 가정을 떠나서 생활(입소)시설에 들어가서 케어복지서비스를 받는 경우를 말한다. 이러한 경우를 본 장에서는 '시설케어'라고 표현한다.

재가케어와 시설케어에서 지켜야 할 원칙에 대하여 이해영(2021)과 이태희 외(2016)는 다음과 같이 강조한다.

1. 재가 케어의 기본 원칙

1) 대상자의 생활습관, 문화, 가치관 존중

인간의 생활행위는 오랜 시간 동안 문화나 습관 등의 영향을 받으며 살아온 과정에서 축적되고 전수된다. 이 방법이 케어자 입장에서는 불합리해 보여도 가족과 대상자에게 있어서는 지금까지 습관적으로 형성된 합리적 방법일 수 있다. 만약에 케어자가 자신이 추구하는 방법으로 대상자를 원조한다면, 대상자가 지금까지 생활해왔던 생활방법이 무시되고 경시되어, 케어자에 대한 신뢰감을 상실하게 된다. 따라서 재가(가정)케어의 종사자는 각 가정의 독자적인 생활방식과 가치관을 존중하여 서비스를 제공해야 한다.

2) 자기결정의 존중

인간은 본래 자신의 행동은 자신의 의사에 의해 선택하고 결정되기를 원한다. 대상자는 장애가 있다할지라도 자신의 행동은 자신이 결정하고 싶어한다. 무엇을 먹을지, 어떻게 먹을지, 어떤 옷을 어떻게 입을지, 힘들더라도 변기를 사용할지, 기저귀를 착용할지, 이 외에도 방의 구조, 가구의 배치, 조명과 액자의 위치, 더 나아가 어디서 어떻게 죽음을 맞이할지 등에 대해 자신의 생활방식을 기반으로 결정하고 싶은 것이다. 그 선택권은 대상자에게 있는 것이다. 그러므로 케어자는 대상자의 의사와 욕구를 확인하고 존중해야 하며, 평소에도 그 의사와 희망을 말할 수 있는 환경을 만들어줘야 한다. 이를 위해서는 이용자가 자신의 의사를 말하기 쉽도록 신뢰관계를 만들고, 표현하기 쉬운 환경을 만드는 것이 무엇보다 중요하다.

3) 자립의 동기부여

일상생활 행위를 원조하는 경우 무엇이든 다 돕는 것이 대상자를 위한 것은 아니다. 무엇이든 돕는 것이 친절해 보여도 결국은 대상자의 자립성과 잔존 능력까지 빼앗는 결과가 된다. 케어의 원칙은 자립을 향해 잠재된 능력을 끌어내어 교육하는 것이다. 이를 위해서는 먼저 어느 부분까지 대상자가 스스로의 힘으로 할 수 있는가를 확인하고, 대상자가 갖고 있는 잔존 능력을 정확히 파악하여 최대한 활성화시켜야 한다. 케어의 방향은 대상자가 자신이 행한 것에 기쁨을 갖고 보람을 느끼게 하는 원조가 필요하다. 자립은 어느 정도의 의존욕구가 만족됨에 의해 자립욕구가 생기게 되기 때문에 의존과 자립의 균형을 고려한 원조가 필요하다. 따라서 대상자의 작은 노력에 대해서도 인정하고 칭찬하는 것이 중요하다. 예를 들면, 식사케어의 경우 식사의 자립을 추구한다는 목적으로 숟가락 활용이 서툰 상태로 음식을 흘려가며 먹는 모습을 옆에서 지켜만 보는 경우가 있다. 이 경우에 케어제공자는 숟가락이 입 근처까지 가져가는 것을 돕고, 입에 들어가는 동작은 대상자가 스스로 하도록 격려해야 한다. 이와 같은 적절한 지원과 지지를 통해 신뢰관계가 만들어지게 되면, 대상자는 식사 시간이 즐겁고 식욕에도 긍정적인 영향을 미치게 될 것이다.

4) 대상자 가족과의 신뢰관계 구축

노인이나 장애인의 생활행동과 사회생활의 자립 정도는 신체 기능의 상태에 의존하지만, 많은 부분은 가족과의 관계에서도 영향을 받는다. 케어의 목적인 고령자와 장애인의 생활에서의 장애를 개선하고 생활의 질을 높이기 위해서는 가족과의 협력이 필수적이다. 따라서 케어의 결정은 대상자 본인과 좋은 관계를 만들고 동시에 가족과의 좋은 관계를 구축할 수 있는가에 따라 달라진다. 가족은 대상자를 위한 장기간의 케어에 의해 건강을 잃게 되고 정신적으로도 불안정한 경우가 많다. 따라서 가족의 상황을 바르게 파악하여 가족의 케어 부담의 경감을 도모하고 가족이 재가케어를 계속할 수 있겠다는 의지를 갖게 도와야 한다.

5) 안전의 확보

재가(가정)케어는 보통은 주부양자(케어자) 중심으로 케어를 하는 경우가 많기 때문에 안전에의 대응을 다각적으로 생각해야 한다. 도움제공자 제약, 장소의 제약, 공간의 제약, 도구의 제약, 움직임 · 이동의 제약 등 다양한 부분에서 제약된 상태에서 케어를 한다는 것은 인력과 환경이 갖추어져 있는 시설케어에 비교하면 위험성이 크다. 직업인으로서 케어의 책임과 가족의 책임은 그 무게가 다르다는 것을 명심해야 한다. 케어종사자의 책임은 사회적 책임이며, 따라서 각 원조기술과 상황에 따른 적절한 대처 능력 등에 따른 전문성이 요구된다.

6) 사회생활의 확대

와상 및 치매 노인들을 돌보고 있는 가족들은 지역사회에서 고립되기 쉽고 케어를 제공해야 하는 부담감으로 정신상태가 불안정하기 쉽다. 따라서 대상자와 동시에 부양가족의 건강한 사회성을 유지하고 확대하기 위한 지원 방안이 필요하다.

7) 안락한 죽음에의 원조

많은 사람들은 지금까지 생활해 온 가정에서 가족에게 케어를 받으면서 최후를 맞이하고 싶어한다. 그러나 현실은 가정에서 보다 병원에서 죽는 경우가 많다. 죽음을 피할 수 없는 상태라면 케어제공자는 대상자에 남은 시간을 어떻게 보내고, 어떻게 죽음을 맞이하도록 할 것인가에 대해 대상자의 생각과 가족의 희망을 존중하여 존엄한 죽음을 맞도록 원조해야 한다. 이를 위해 대상자의 질병상태에 주의를 기울이고 안락한 상태의 환경이 되도록 주변을 정비해야 한다. 또한, 대상자의 내면적인 심리 상태를 통찰하여 따뜻하면서도 냉정하게 곁에서 지지해야 한다.

가족에 대해서는 가족이 사후에 후회가 없도록 돕는 것이 무엇보다도 중요하다. 이를 위해서는 가족이 결정한 판단을 지지하고, 가족의 케어를 인정하여 케어 부담을 경감하고 격려하는 것이 중요하다. 더구나 친척이나 이웃에 대해 가족들이 최선을 다해 케어했음을 알리는 것도 중요한 케어종사자의 역할이다.

2. 시설 케어의 기본 원칙

1) 건강하고 쾌적한 생활 장소 제공

대상자의 대부분은 심신장애나 기능 저하가 있으며, 상시 케어를 필요로 하고 있다. 따라서 24시간 대상자의 생활을 지키고 작은 신체상의 변화도 놓치지 말고 적절하게 의료서비스와도 연결해야 한다. 이를 위해서는 오감을 통한 관찰력이 필요하며, 질 높은 생활환경을 조성하여 생명을 연장하기 위해 노력해야 한다.

2) 개인의 프라이버시와 생활습관, 가치관 존중

대상자는 그들이 살아온 환경과 지위, 부양가족의 유・무, 건강상태 정도 등이 어떠하든지 간에 인간으로서 존중되어야 한다. 대상자의 시설 입소 이유는 다양하며 입소까지의 생활 환경과 가치관, 성장의 문화, 심신의 상태도 다르다. 그러나 집단에 의한 공동체 생활을 운영해야 하는 운영자, 제공자 입장에서 공평성, 평등성을 내세워 개인의 욕구보다는 집단의 보편적 욕구를 중심으로 케어와 관리를 진행하는 경우가 많다. 또한 개개인의 프라이버시를 지키는 일도 곤란한 경우가 많다. 단체가 입소하여 생활하고 운영되는 시설에 있기 때문에 자신의 기분을 통제하고 대상자가 지금까지 지내왔던 생활습관과 가치관에 변화가 필요한 경우가 있을지도 모른다.

이러한 경우 가정을 떠나 시설에 입소해있는 대상자에게는 너무나 큰 고통을 주게 된다. 따라서 안심하고 자신답게 살고 싶은 욕구에 대응하기 위해 시설의 정해진 일과에 참여하도록 하는 것을 강요하지 말고 자유롭게 선택할 수 있도록 보장하고, 또한 프라이버시를 지킬 수 있도록 배려해야 한다.

3) 대상자의 자립성 확대

대상자의 ADL 수준과 심신의 상태에 대응하여 자립성을 유지·확대해 가는 것이 중요하다. 모든 것을 케어해 주는 것이 좋은 것은 아니다. 왜냐하면 무조건 적인 케어는 대상자가 가지고 있는 자립의 의욕까지 잃어버릴 수 있기 때문이다. 따라서 케어제공자는 대상자가 무엇이 가능하고, 무엇이 가능하지 않은지를 정확히 파악하여, 목표 수준을 세우고 시설 내의 다양한 직종과 제휴하여 케어 계획을 세워가는 것이 필요하다. 평소에 대상자에게 의도적으로 말을 걸거나 적절한 스킨십을 통해 대상자의 남아 있는 기능(잠재력)을 발휘하게 하여, 인간으로서 긍지를 갖고 살아가도록 원조하는 것이 필요하다. 또한 안전하고 편리한 의·식·주 생활을 위한 환경을 정비하고 자립능력을 확대하기 위해 대상자에게 적절한 케어 도구를 활용하는 것도 필요하다.

4) 원활한 동료 관계를 통한 생활의 질 확보

집단생활의 장점을 최대한으로 살려 동료 간의 관계 속에서 기쁨과 자극을 갖게 한다. 단조로운 시설생활에 변화를 주기 위해 레크리에이션 등을 통하여 생활의 긴장과 리듬을 만드는 것이 필요하다. 동아리 활동이나 행사참여 등을 통해, 활기차고 즐거운 분위기를 만들어 동료와 즐길 수 있도록 배려한다. 또한 교양강좌 등을 개최하여 학습 의욕을 갖게 하는 것도 필요하다. 자원봉사자의 활동, 이웃과 학교, 유치원과의 제휴를 통해 생활의 폭을 넓혀 주어야 한다.

5) 가정과 같은 편안한 분위 조성

대상자는 시설의 생활규칙에 자신을 적응시키려 노력하거나 부적응 등으로 인해, 자신의 기분이나 욕구를 솔직히 표현하지 않고 억제하는 경우가 많다. 케어제공자는 자신의 기분이나 욕구를 자유롭게 표현하면서 생활할 수 있도록 대상자의 말에 경청하는 등 관찰이 필요하고 이를 위해, 정기적으로 대상자와 가족의 의견을 수렴하는 시간을 갖는 것이 필요하다. 필요에 따라서는 개인의 물품을 시설에 입소할 때 가지고 들어와 활용할 수 있도록 하는 것도 좋다. 이 외에도 가족과의 교류를 넓히기 위해 가족의 방문을 장려하고 '가족모임', '통신', '행사참가'를 통해 대상자의 생활모습을 공유하여, 가족과 대상자가 격리되거나 고립되지 않도록 하는 것이 중요하다. 무엇보다 시설운영자와 케어종사자 스스로가 마음을 열어 대상자와 가족에게 신뢰를 주기 위해 노력해야 한다.

6) 편안한 죽음에의 원조

많은 노인들은 가족이 있는 가운데 가정에서 생을 마치고 싶어 한다. 그러나 현실은 대부분의 시설 이용자는 병원이나 시설에서 임종을 맞이하는 경우가 늘어나고 있다. 따라서 임종을 앞둔 대상자의 심리적 · 신체적 고통을 완화하고 최후까지 인간으로서의 존엄성을 갖고 생을 마치도록 하는 전문적인 임종 케어, 호스피스 케어가 필요하다. 이를 위해 시설에서는 편안하고 안정된 환경에서 임종을 맞이할 수 있는 별도의 공간을 마련하고 있다. 그리고 가족에게는 생존에 대상자가 시설생활에서의 긍정적인 면과 그동안 가족의 노력에 대해 지지와 격려를 통해 마음의 상처를 도와주어야 한다.

3. 재가서비스와 시설서비스에 대한 이해

1) 케어의 장소에 따른 특징 비교

〈표 2-6〉 케어의 장소에 따른 특성 비교

구분	재가(가정)서비스 이용	시설 생활
장소	자신의 집 또는 생활하던 지역사회센터	가족과 떨어져 생활해야 하는 입소시설
제공 인력	가족 중심의 서비스 제공 필요에 따라 재가서비스 이용 가능(방문 요양보호사 · 간호사, 사회복지사)	시설 내 상근 전문가에 의한 팀 접근(사회복지사, 간호사, 요양보호사, 영양사, 물리치료사, 촉탁의사, 연계병원 등)
프로그램	부정기적(가정에 따라 편차 큼) (대상자 중심의 프로그램 운영 가능)	정기적, 다양성에 의한 선택 이용 가능(개개인보다는 다수를 위한 프로그램 운영)
특징	• 대상자 집에서 가족과 생활하는 시간 연장 • 가정 · 지역에서 필요한 서비스 선택적 이용 • 저비용으로 대상자 중심의 욕구를 반영한 서비스 이용 가능 • 대상자 중심의 자유로운 생활패턴 유지 • 대상자의 경제력 등 주거 상태 등에 의한 생활환경의 편차 큼(개인의 사생활) • 대상자의 건강상태와 욕구 수준에 따른 24시간 케어가 개인 사정에 따라 편차 큼 • 가족 중심의 케어로 인해, 대상자에 대한 지속적인 관찰을 통한 서비스 연계는 한계가 있음 • 대상자의 상태에 따라 필요한 도구 · 장비 활용에 제한적임	• 생활해왔던 집을 떠나 시설에 입소하여 생활 • 가족과 주변인들과의 분리된 생활 • 고 비용에 의한 단체 중심의 프로그램 이용 • 시설의 운영 규칙에 근거한 단체생활에 적응 • 안전하고 쾌적한 생활환경을 갖춤(정부가 평가 및 관리) • 24시간 전문가에 의한 돌봄 체계 구축 • 전문가에 의해 대상자의 상태를 지속적으로 관찰과 기록을 통한 평가가 이루어지고 케어에 반영됨 • 시설 내 확보되어 있는 다양한 도구 · 장비 활용이 용이함
보완 사상	• 케어자의 전문성과 서비스의 연속성 그리고 24시간 돌봄체계 구축이 필요 • 대상자 욕구 중심의 케어로 인해 케어의 목표 달성에 변화가 생길 수 있음	• 가정과 같은 케어환경 구축과 대상자 개개인의 욕구를 반영한 서비스 제공의 확대가 필요 • 대상자의 사생활과 인권을 존중하기 위한 노력과 가족과 연계를 통한 서비스 계획수립 시 반영을 위한 노력 등이 필요

2) 재가노인복지시설에 대한 이해

「노인복지법」 제31조에 의한 노인복지시설의 종류는 노인주거복지시설, 노인의료복지시설, 노인여가복지시설, 재가노인복지시설, 노인보호전문기관, 노인일자리 전문기관, 학대에 따른 피해노인 전용쉼터로 구분된다. 본 장에서는 대상노인이 생활해오던 가정에 살면서 필요로 하는 케어복지서비스를 이용할 수 있는 재가노인복지시설은 〈표 2-7〉과 같다.

〈표 2-7〉 재가노인복지시설

시설종류	서비스 내용
방문요양	가정에서 일상생활을 영위하고 있는 노인 중에서 신체적 · 정신적 · 장애로 어려움을 겪고 있는 노인에게 필요한 각종 편의를 제공하여 지역사회 안에서 건전하고 안정된 노후를 영위하도록 하는 서비스
주 · 야간보호	부득이한 사유로 가족의 보호를 받을 수 없는 심신허약 노인과 장애노인을 주간 또는 야간동안 보호시설에 입소시켜 필요한 각종 편의를 제공하여 이들의 생활 안정과 심신기능의 유지 · 향상을 도모하고 그 가족의 신체적 · 정신적 부담을 덜어주기 위한 서비스
단기보호	부득이한 사유로 가족의 보호를 받을 수 없어 일시적으로 보호가 필요한 심신이 허약한 노인과 장애인노인을 보호시설에 단기간 입소시켜 보호함으로써 노인 및 노인가정의 복지 증진을 위한 서비스
방문목욕	목욕 장비를 갖추고 재가노인을 방문하여 목욕을 제공하는 서비스
그 밖의 서비스	그 밖에 재가 노인에게 제공하는 서비스로서 보건복지부령이 정하는 서비스

출처: 「노인복지법」 제38조(법률 일부개정 2020.12.29)

3) 노인생활시설에 대한 이해

「노인복지법」 제31조에 의한 노인복지시설의 종류 중 대상노인이 생활해오던 가정을 떠나 노인생활시설에 입소하여 서비스를 받을 수 있는 노인주거복지시설과 노인의료복지시설은 〈표 2-8〉과 같다.

〈표 2-8〉 노인생활시설

시설		서비스 내용
유형	종류	
노인주거복지시설	양로시설	노인을 입소시켜 급식과 그 밖에 일상생활에 필요한 편의를 제공함을 목적으로 하는 시설
	노인공동생활가정	노인들에게 가정과 같은 주거 여건과 급식, 그 밖에 일상생활에 필요한 편의를 제공함을 목적으로 하는 시설
	노인복지주택	노인에게 주거시설을 임대하여 주거의 편의 · 생활지도 · 상담 및 안전관리 등 일상생활에 필요한 편의를 제공함을 목적으로 하는 시설
노인의료복지시설	노인요양시설	치매 · 중풍 등 노인성질환 등으로 심신에 상당한 장애가 발생하여 도움을 필요로 하는 노인을 입소시켜 급식 · 요양과 그 밖에 일상생활에 필요한 편의를 제공함을 목적으로 하는 시설
	노인공동생활가정	치매 · 중풍 등 노인성질환 등으로 심신에 상당한 장애가 발생하여 도움을 필요로 하는 노인에게 가정과 같은 주거 여건과 급식 · 요양, 그 밖에 일상생활에 필요한 편의를 제공함을 목적으로 하는 시설
	노인전문병원	「노인복지법」에서 규정하고 있는 법 조항으로 주로 노인을 대상으로 의료를 행하는 시설로 규정하고, 현재 대부분의 노인전문병원은 시립이나 도립 등의 형태로 운영

출처: 「노인복지법」 제32조, 제34조(법률 일부개정 2020.12.29)

참고문헌 REFERENCES

고재욱, 구재관, 김재경, 오정옥, 정명희, 정하선, 조현상(2018). **노인복지론**. 양서원.

김준환, 남미숙, 구재관, 신후경(2008). **케어복지의 이해와 실천기술**. 창지사.

노인복지법 제38조(법률 일부개정 2020년 12.29).

보건복지부(2014). 전국노인생활실태조사.

보건복지부(2020a). 노인실태조사.

보건복지부(2020b). 치매정책사업안내.

석말숙, 유영준, 송근창, 김행란, 박종균, 신준옥, 김승돈, 정금숙(2020). **장애인복지론**. 양서원.

윤 진(1988). **성인 · 노인심리학**. 중앙적성출판사.

이종복, 김성철, 김재열, 남희수, 박승자, 순덕기, 고미영, 이권일, 이금숙, 이유선, 홍성로, 이재선(2018). **노인복지론**. 양서원.

이태희, 오현숙(2021). **케어복지개론**. 공동체.

이태희, 오현숙, 이명원(2016). **케어복지개론**. 공동체.

이해영(2021). **케어복지개론**. 양서원.

Chapter 03

제3장

노인장기요양보험과 관련 제도

01 노인장기요양보험제도

1. 노인장기요양보험제도의 이해

21세기 전 세계의 화두는 인구고령화와 저출산이다. 우리나라는 이 두 문제를 다 갖고 있는 나라이다. 이 중 고령화는 세계에서도 유래 없이 빨리 진행되고 있다. 고령화에 따른 치매·중풍 등으로 인한 장기요양보호(long-term care) 문제는 노후생활의 최대 불안요인으로 매우 중요한 정책 과제가 되고 있다. OECD는 장기요양보호의 개념을 "만성질환 등으로 의존상태에 있거나 생활상의 장애를 지닌 노인에게 장기간(6개월 이상)에 걸쳐 일상생활수행능력을 도와주기 위해 제공되는 모든 형태의 보호서비스"로 정의하고 있다. 우리나라는 2007년 「노인장기요양보험법」이 법제화되면서 노인장기요양보험제도가 시행되었다.

'노인장기요양보험제도'란 사회보험방식으로 운영되며, 가족이나 이웃 같은 비공식적 체계에 의한 돌봄이 아니라, 국가의 책임으로 전문기관의 공식적 체계에서 서비스를 보장하는 것을 의미한다. 여기서 제공되는 급여(서비스)는 건강보호서비스(health care service)와 사회서비스(social service)를 포함한다.

1) 노인장기요양보험제도의 목적

고령이나 노인성 질병 등의 사유로 일상생활을 혼자서 수행하기 어려운 노인들에게 제공하는 신체활동 또는 가사활동 지원 등의 장기요양급여에 관한 사항을 규정하여, 노후의 건강증진 및 생활안정을 도모하고 그 가족의 부담을 덜어줌으로써 국민의 삶의 질 향상을 위한 것이다(노인장기요양보험법 제1조).

2) 노인장기요양보험제도 도입의 필요성

노인장기요양보험제도의 필요성을 [그림 3-1]과 같이 네 가지로 설명할 수 있다. ① 불필요한 입원으로 인한 의료비용 증가 ② 인구 고령화에 따른 수발 노인의 증가 ③ 가족 수발의 한계 ④ 과중한 수발 부담이 노인과 가정의 문제를 벗어나 사회문제로 확대되었기 때문이다.

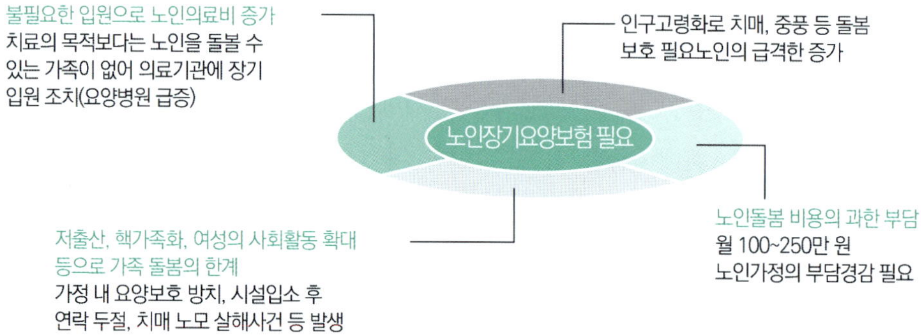

[그림 3-1] 노인장기요양보험제도의 필요성

3) 노인장기요양보험제도의 특징

장기요양보험제도를 이해하기 위해서는 기존의 국민건강보험제도와 노인복지서비스에 대한 이해가 필요하다. 국민건강보험은 치매와 중풍 등 질환의 진단, 입원 및 외래치료, 재활치료 등을 목적으로 주로 병·의원 및 약국에서 제공하는 서비

〈표 3-1〉 노인복지서비스와 장기요양보험제도의 차이점

구분	노인장기요양보험제도	기존 노인복지서비스 체계
관련법	노인장기요양보험법	노인복지법
급여 대상	• 보편적 제도 • 65세 이상 또는 65세 미만인 자로서 치매, 뇌혈관성질환 등 노인성질병을 가진 자	• 선별적 제도(특정 대상 한정) • 국민기초수급자를 포함한 저소득층 노인 중심
급여의 선택	수급자 및 부양가족의 선택에 의한 급여 제공	지방자치단체장의 판단(공급자 위주)
재원	장기요양보험료+국가 및 지방자치단체 부담+이용자 본인부담	정부 및 지방자치단체의 부담

출처: 국민건강보험공단(2019)

스를 급여대상으로 하는 반면, 노인장기요양보험은 치매, 중풍 등의 노화 및 노인성질환 등으로 인하여 혼자 힘으로 일상생활을 영위하기 어려운 대상자에게 요양시설이나 재가 장기요양기관을 통해 신체활동, 가사지원 등의 서비스를 제공하기 위한 제도이다. 이 외에도 기존의 「노인복지법」에 의거하여 저소득층 노인을 대상으로 제공하던 노인복지서비스와의 차이에 대한 이해가 필요하다.

4) 노인장기요양보험제도 운영

노인장기요양보험제도 운영은 보건복지부, 국민건강보험공단, 지방자치단체가 각각의 역할에 대해 관여한다.

보건복지부는 노인장기요양보험제도의 운영과 관리에 대한 총괄적인 책임과 권한을 가진다.

국민건강보험공단은 장기요양보험가입 및 그 피부양자와 의료급여 수급권자의 자격관리, 장기요양보험료의 부과 · 징수, 장기요양 신청인에 대한 조사, 등급판정위원회 운영 및 장기요양등급 판정, 장기요양인정서의 작성 및 표준장기이용계획서의 제공, 장기요양급여의 관리 및 평가, 수급자 및 그 가족에 대한 정보제공 · 안내 · 상담 등 장기요양급여 관련 이용자에 대한 지원에 관한 사항, 재가 및 시설 급여비용의 심사 및 지급과 특별현금급여의 지급, 장기요양급여 제공 내용 확인, 장기요양사업에 관한 조사 · 연구 및 홍보, 노인성질환 예방사업, 이 법에 따른 부당 이득금의 부과 · 징수 등, 장기요양급여의 제공 기준을 개발하고 장기요양급여의 적정성을 검토하기 위한 장기요양기관의 설치 및 운영, 그 밖에 장기요양사업과 관련하여 보건복지부장관이 위탁한 업무 등을 수행한다.

지방자치단체는 장기요양기관 인프라 구축에 대한 책임 및 지도 · 감독, 지역단위 세부 실행계획의 수립, 의료급여수급권자의 요양급여 비용, 의사소견서 발급 비용, 방문간호지시서 발급비용과 관리운영비의 전액을 부담하여야 한다. 또한 노인성 질환 예방사업 실시, 장기요양등급판정위원회 위촉, 장기요양기관의 지정 및 취소 등을 수행하게 된다.

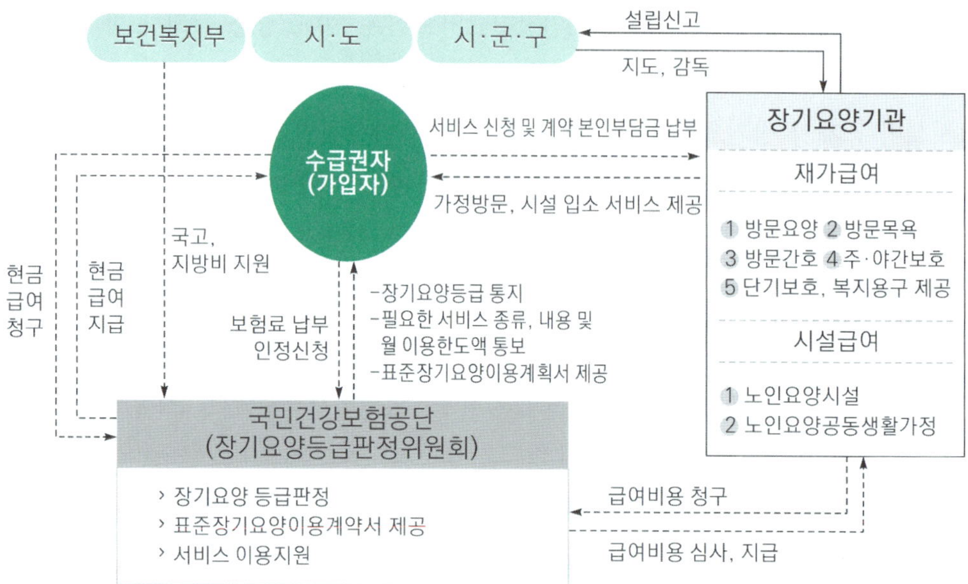

[그림 3-2] 노인장기요양보험 관리 · 운영체계

2. 노인장기요양급여의 이해

1) 노인장기요양급여의 종류

장기요양급여의 종류에는 시설급여와 재가급여로 나누며 구체적인 내용은 〈표 3-2〉와 같다.

〈표 3-2〉 시설급여와 재가급여

구분		내용
시설급여		치매, 중풍 등 노인성질환 등으로 심신에 상당한 장애가 발생하여 도움을 필요로 하는 자를 노인요양시설, 노인요양공동생활가정에 장기간 입소시켜 급식, 요양과 그밖에 일상생활에 필요한 편의를 제공하는 장기요양급여
재가급여	방문요양	수급자의 가정 등을 방문하여 신체활동 및 가사활동 등을 지원하는 장기요양급여
	인지활동형 방문요양	장기요양 5등급 수급자에게 인지자극활동 및 잔존기능 유지 향상을 위한 사회훈련을 제공하는 급여(빨래, 식사준비 등 가사지원 제외)

구분		내용
	방문목욕	목욕설비를 갖춘 장비를 이용하여 수급자의 가정 등을 방문하여 목욕을 제공하는 급여
	방문간호	의사 · 한의사 또는 치과의사의 방문간호 지시서에 따라 간호사, 간호조무사 또는 치위생사가 수급자의 가정 등을 방문하여 간호, 진료의 보조, 요양에 관한 상담 또는 구강위생 등을 제공하는 급여
	주 · 야간 보호	수급자를 하루 중 일정한 시간 동안 장기요양기관에 보호하여 신체활동 지원 등을 제공하는 급여
	단기보호	수급자를 월 15일 이내 기간 동안 장기요양기관에 보호하여 신체활동 지원 및 심신 기능의 유지, 향상을 위한 교육, 훈련 등을 제공하는 장기요양급여
	기타 재가급여	수급자의 일상생활 · 신체활동 지원에 필요한 용구로서 보건복지부장관이 정하여 고시하는 것을 제공하거나 대여하여 수급자의 편의를 도모하고자 지원하는 장기요양급여
특별현금급여		수급자가 섬 · 벽지에 거주하거나 천재지변, 신체 · 정신 · 성격 등의 사유로 장기요양급여를 지정된 시설에서 받지 못하고 그 가족 등으로부터 방문요양에 상당하는 장기요양급여를 받을 때 지급하는 현금급여

2) 장기요양기관

장기요양기관을 설치 · 운영하고자 하는 자는 소재지를 관할구역으로 하는 시장 · 군수 · 구청장으로부터 지정을 받아야 한다(「노인장기요양보험법」 제31조). 재가장기요양기관의 설치와 관련하여, 재가급여 중 어느 하나 이상에 해당하는 장기요양급여를 제공하고자 하는 자는 시설 및 인력을 갖추어 재가장기요양기관을 설치하고 시장 · 군수 · 구청장에게 이를 신고하여야 한다. 신고를 받은 시장 · 군수 · 구청장은 신고 명세를 공단에 통보하여야 한다.

의료기관이 아닌 자가 설치 · 운영하는 재가장기요양기관은 방문간호를 제공하는 경우, 방문간호의 관리책임자로서 간호사를 둔다(「노인장기요양보험법」 제32조). 이러한 절차를 거쳐 운영되고 있는 장기요양기관 현황은 2020년 6월 기준 24,893개가 운영되고 있으며, 이 중 시설급여기관 수 5,628개(22.6%), 재가급여기관 수 19,265개(77.4%)의 비율로 운영되고 있다. 건강보험공단 홈페이지에는 전국에 있는 장기요양기관 검색을 할 수 있게 되어 있으며, 검색 종류에는 지역, 급여의 종류,

시설의 유형, 장기요양기관 평가 결과, 장기요양시설 지정일자 등을 확인할 수 있도록 되어 있어 본인이 원하는 시설을 선택하는 데 많은 도움이 된다.

02 노인장기요양인정의 신청과 등급판정

1. 노인장기요양인정의 신청

노인장기요양인정 신청자격은 만 65세 이상 노인과 65세 미만이나 노인성질병을 가진 국민으로, 건강보험 적용자와 의료급여 수급권자이다. 노인장기요양인정 신청 장소는 전국 국민건강보험공단 지사(노인장기요양보험운영센터)에 접수한다. 신청은 본인 또는 대리인이 가능하며, 대리인은 가족, 친족 또는 이해관계인, 사회복지전담공무원, 시장, 군수, 구청장이 지정하는 사람이 신청할 수 있다.

1) 장기요양 신청 종류 및 조사

장기요양인정과 관련하여 신청의 종류는 〈표 3-3〉에서와 같이 5가지로 설명할 수 있으며, 사안에 따라 신청사유와 신청시기, 제출서류를 참고하면 된다.

〈표 3-3〉 장기요양인정 신청의 종류

종류	신청사유	신청시기	제출서류
인정신청	장기요양인정 신청을 처음 하는 경우	신청자격을 가지 자가 장기요양급여를 받고자 하는 경우	• 장기요양인정신청서 • 의사소견서
갱신신청	장기요양인정 유효 기간 만료가 예정된 경우	유효기간 만료 90일 전부터 30일 전	• 장기요양인정신청서 • 의사소견서
등급 변경신청	장기요양급여를 받고 있는 동안 신체적 · 정신적 상태의 변화가 있는 경우	변경사유 발생시	• 장기요양인정신청서 • 의사소견서

종류	신청사유	신청시기	제출서류
등급종류 내용 변경신청	급여종류 · 내용변경을 희망하는 경우	급여종류 · 내용변경 사유 발생 시	• 장기요양급여종류 • 장기요양인정신청서 • 의사소견서 내용변경신청서 • 사실확인서(필요시)
이의신청	통보받은 장기요양인정 등급에 이의가 있는 경우	처분이 있는 날로부터 90일 이내	• 장기요양인정신청서 • 의사소견서

출처: 국민건강보험공단(2021)

2) 노인장기요양인정 신청 및 조사

장기요양급여를 받기 위해서는 본인 또는 대리인이 국민건강보험공단(지사)에 장기요양인정신청서와 의사소견서를 제출하여야 한다. 국민건강보험공단은 장기요양인정신청서를 접수한 이후 소속직원(간호사, 사회복지사, 물리치료사 등)이 장기요양인정 신청자의 거주지를 직접 방문하여 '장기요양인정 조사표'에 따라 5개 영역 〈표 3-4〉와 같이 신체기능(12항목), 인지기능(7항목), 행동변화(14항목), 간호처치(9항목), 재활(10항목)을 조사하여 요양인정 점수를 산정한다.

〈표 3-4〉 장기요양인정 조사표

영역	항목		
신체기능 (12항목)	• 옷 벗고 입기 • 목욕하기 • 일어나 앉기 • 화장실 사용하기	• 세수하기 • 식사하기 • 옮겨 앉기 • 대변 조절하기	• 양치질하기 • 체위 변경하기 • 방 밖으로 나오기 • 소변 조절하기
인지기능 (7항목)	• 단기 기억장애 • 상황 판단력 감퇴 • 나이 · 생년월일 불인지	• 지시 불인지 • 장소 불인지	• 날짜 불인지 • 의사소통, 전달장애
행동변화 (14항목)	• 망상 • 환청, 환각 • 부적절한 옷 입기 • 밖으로 나가려 함 • 도움에 저항	• 물건 망가트리기 • 길을 잃음 • 폭언, 위협행동 • 대/소변 불결행위 • 의미 없거나 부적절한 행동	• 서성거림, 안절부절못함 • 돈/물건 감추기 • 슬픈 상태, 울기도 함 • 불규칙 수면, 주야혼돈

영역	항목
간호처치 (9항목)	• 기관지 절개관 간호 • 경관영양 • 도뇨관리 • 흡인 • 욕창간호 • 장루간호 • 산소요법 • 암성통증간호 • 투석간호
재활 (10항목)	운동장애(4항목) • 우측 상지 • 우측 하지 • 좌측 상지 • 좌측 하지 관절제한(6항목) • 어깨관절 • 팔꿈치관절 • 손목 및 수지관절 • 고관절 • 무릎관절 • 발목관절

2. 노인장기요양등급의 판정

1) 노인장기요양등급판정위원회

등급판정위원회는 6개월 이상 동안 일상생활을 혼자서 수행하기 어렵다고 인정되는 경우, 장기요양을 받을 자(수급자)로 결정하고 심신상태 및 장기요양이 필요한 정도에 따라 장기요양등급을 위해 심의 · 판정한다.

① 장기요양인정 및 장기요양등급 판정을 위한 심의기구
② 설치: 시 · 군 · 구 단위
③ 정수: 15인(위원장 포함, 시 · 군 · 구청장 7인 추천)
④ 자격: 의료법에 따른 의료인, 사회복지사, 장기요양에 관한 학식과 경험이 풍부한 자 등
⑤ 처리기간: 신청서 제출일로부터 30일 이내

2) 장기요양등급판정 절차

등급판정위원회는 신청인이 신청서를 제출한 날부터 30일 이내에 「노인장기요양보험법」 제15조에 따른 장기요양등급판정을 완료하여야 한다. 다만, 신청인에 대한 정밀조사가 필요한 경우 등 기간 이내에 등급판정을 완료할 수 없는 부득이한 사유가 있는 경우, 30일 이내의 범위에서 이를 연장할 수 있다.

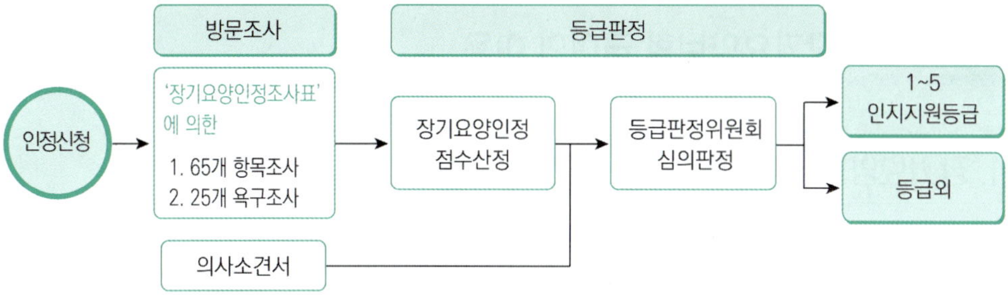

[그림 3-3] 장기요양등급판정 절차

3) 장기요양등급판정 기준

장기요양등급판정은 "건강이 매우 좋지 않다", "큰 병에 걸렸다" 등과 같은 주관적인 개념이 아닌 "심신의 기능 상태에 따라 일상생활을 하는 데 도움(장기요양)이 얼마나 필요한가?"를 지표화한 장기요양인정점수를 기준으로 등급을 판정한다. 현재 우리나라는 〈표 3-5〉와 같이 6개 등급으로 구분하여 등급판정을 한다.

〈표 3-5〉 등급판정 기준 및 기능 상태

장기요양등급	심신의 기능 상태
1등급	심신의 기능 상태 장애로 일상생활에서 전적으로 다른 사람의 도움이 필요한 자로서 장기요양인정 점수가 95점 이상인 자
2등급	심신의 기능 상태 장애로 일상생활에서 상당 부분 다른 사람의 도움이 필요한 자로서 장기요양인정 점수가 75점 이상 95점 미만인 자
3등급	심신의 기능 상태 장애로 일상생활에서 부분적으로 다른 사람의 도움이 필요한 자로서 장기요양인정 점수가 60점 이상 75점 미만인 자
4등급	심신의 기능 상태 장애로 일상생활에서 일정 부분 다른 사람의 도움이 필요한 자로서 장기요양인정 점수가 51점 이상 60점 미만인 자
5등급	치매환자로서(노인장기요양보험법 시행령 제2조에 따른 노인성 질병으로 한정) 장기요양인정 점수가 45점 이상 51점 미만인 자
인지지원등급	치매환자로서(노인장기요양보험법 시행령 제2조에 따른 노인성 질병으로 한정) 장기요양인정 점수가 45점 미만인 자

출처: 국민건강보험공단(2021)

03 노인장기요양보험 급여의 이용

1. 장기요양인정서 및 표준장기요양 이용계획서

1) 장기요양인정서

건강보험공단은 등급판정위원회가 장기요양인정 및 등급판정 심의를 완료한 경우, 장기요양인정자에게 장기요양등급과 유효기간[1] 등이 포함된 〈표 3-6〉과 같이 장기요양인정서를 작성하여 수급자에게 송부하여야 한다.

〈표 3-6〉 장기요양인정서 서식

장기요양인정서	
성 명	
생년월일	
장기요양인정번호	
장기요양등급	
유효기간	
장기요양급여의 종류 및 내용	
장기요양등급판정 위원회 의견	
국민건강보험공단 이사장 직인	
전화번호 : 주소 : 홈페이지 : www.longtermcare.or.kr	

발행일자:

수급자 안내사항
1. 수급자가 장기요양급여를 받기 위해서는 장기요양기관에 장기요양인정서를 제시하여야 합니다. 2. 법 제40조에 따라 「국민기초생활보장법」상 수급권자는 본인일부부담금이 면제되고, 「의료급여법」상 수급권자는 본인일부부담금이 50% 경감됩니다. 3. 장기요양급여 이용 시 월 한도액 범위 내에서 장기요양급여가 가능하며, 이를 초과하는 비용 및 비급여비용은 본인이 부담합니다. 4. 장기요양보험료를 3개월분 이상 체납한 경우 장기요양급여를 받을 수 없습니다. 5. 장기요양인정 등급판정 결과에 대해 이의가 있는 경우 통보를 받은 날로부터 90일 이내에 공단에 증명서류를 첨부하여 이의신청할 수 있습니다. 6. 장기요양인정의 갱신신청을 하고자 할 경우에는 유효기간이 만료되기 90일 이전부터 30일 이전까지 공단에 신청하여야 합니다.

1) 장기요양인정 유효기간은 최소 2년이며, 갱신 신청 결과 직전 등급과 같은 등급으로 판정된 경우, 1등급은 4년, 2~5등급은 3년으로 유효기간은 연장된다(2020년 7월 기준).

2) 표준장기요양 이용계획서

건강보험공단은 장기요양인정서(표 3-6)를 송부할 때 수급자가 월 한도액 범위 안에서 장기요양급여를 원활히 이용할 수 있도록 표준장기요양 이용계획서(표 3-7)를 작성하여 송부하여야 한다.

〈표 3-7〉 표준장기요양 이용계획서 서식

장기요양인정번호 L000000000- (이용계획서 번호)

표준장기요양 이용계획서

본 서식은 수급자가 장기요양급여를 원활히 이용할 수 있도록 발급하는 이용계획서로 장기요양기관과 급여계약 체결 시에 제시하시기 바랍니다.

<table>
<tr><td colspan="2">성명</td><td></td><td colspan="2">생년월일</td><td>. .</td></tr>
<tr><td colspan="2">장기요양등급</td><td>등급</td><td colspan="2">발 급 일</td><td>. .</td></tr>
<tr><td colspan="2">재가급여(월 한도액)</td><td>1월당 원</td><td rowspan="3">본인일부
부담금(율)</td><td>재가</td><td>%</td></tr>
<tr><td rowspan="2">시설
급여</td><td>노인요양시설</td><td>1일당 원</td><td rowspan="2">시설</td><td rowspan="2">%</td></tr>
<tr><td>노인요양공동생활가정</td><td>1일당 원</td></tr>
</table>

장기요양 필요 영역	장기요양 단기 목표	중장기 목표

장기요양 필요 내용	
유 의 사 항	
수급자 희망급여	

<table>
<tr><td colspan="4">표준장기요양 이용계획 및 비용</td></tr>
<tr><td>급여 종류</td><td>횟수</td><td>장기요양급여 비용</td><td>본인 부담금</td></tr>
<tr><td></td><td>주 회</td><td>원</td><td>원</td></tr>
<tr><td></td><td>월 회</td><td>원</td><td>원</td></tr>
<tr><td colspan="2">합 계</td><td>원</td><td>원</td></tr>
</table>

복지용구	

☎ - - 지사 담 당 자

국민건강보험공단 이사장 직인

2. 장기요양급여의 실시 및 종류

1) 장기요양급여의 실시

장기요양급여(서비스)의 제공시기는 장기요양인정서가 도달한 날부터 장기요양급여를 받을 수 있다. 장기요양급여 이용지원 대상은 1~5등급의 장기요양인정을 받은 자이다. 장기요양인정자는 장기요양기관과 자율적인 계약을 통하여 급여를 이용하며, 노인요양시설 또는 재가장기요양기관을 선택할 수 있다.

2) 장기요양급여의 종류

장기요양급여의 종류(표 3-8)는 「노인장기요양보험법」 제23조~26조에 규정되어 있으며, 현물급여와 특별현금급여로 나눈다. 현물급여는 재가급여와 시설급여로 구분하고 특별현금급여는 가족요양비, 특례요양비, 요양간병비 등으로 구분한다.

〈표 3-8〉 장기요양급여의 종류

<table>
<tr><th colspan="3">종류</th><th>내용</th></tr>
<tr><td rowspan="6">현물
급여</td><td rowspan="6">재가
급여</td><td>방문요양</td><td>장기요양원이 수급자의 가정 등을 방문하여 신체활동 및 가사활동 등을 지원하는 장기요양급여</td></tr>
<tr><td>방문목욕</td><td>장기요양원이 목욕설비를 갖춘 장비를 이용하여 수급자의 가정 등을 방문하여 목욕을 제공하는 장기요양급여</td></tr>
<tr><td>방문간호</td><td>장기요양원인 간호사 등이 의사, 한의사 또는 치과의사에 의한 방문간호 지시서에 따라 수급자의 가정 등을 방문하여 간호 진료의 보조, 요양에 관한 상담 또는 구강 위생 등을 제공하는 장기요양급여</td></tr>
<tr><td>주 · 야간
보호</td><td>수급자를 하루 중 일정시간 동안 장기요양보호기관에 보호하여 신체활동 지원 등을 제공하는 장기요양급여</td></tr>
<tr><td>단기보호</td><td>수급자를 일정 기간 동안(1회 9일 이내 연간 4회) 장기요양보호기관에 보호하여 신체활동지원 및 심신기능의 유지와 향상을 위한 교육과 훈련 등을 제공하는 장기요양급여</td></tr>
<tr><td>기타 재가급여
(복지용구)</td><td>수급자의 일상생활 · 신체활동 지원에 필요한 용구를 제공하거나 가정을 방문하여 재활에 관한 지원 등을 제공하는 장기요양급여</td></tr>
</table>

<table>
<tr><th colspan="3">종류</th><th>내용</th></tr>
<tr><td></td><td colspan="2">시설
급여</td><td>장기요양기관에 장기간 입소한 수급자에게 신체활동 지원 및 심신기능의 유지 · 향상을 위한 교육 · 훈련 등을 제공하는 장기요양급여</td></tr>
<tr><td rowspan="3">현금
급여</td><td rowspan="3">특별
현금
급여</td><td>가족
요양비</td><td>• 도서 · 벽지 등 장기요양기관이 현저히 부족한 지역으로서 보건복지부장관이 정하여 고시하는 지역에 거주하는 자
• 천재지변이나 그 밖에 이와 유사한 사유로 인하여 장기요양기관이 제공하는 장기요양급여를 이용하기가 어렵다고 보건복지부장관이 인정하는 자
• 신체 · 정신 또는 성격 등 대통령령으로 정하는 사유로 인하여 가족 등으로부터 장기요양을 받아야 하는 자</td></tr>
<tr><td>특례
요양비</td><td>수급자가 장기요양기관이 아닌 노인요양시설 등의 기관 또는 시설에서 재가급여 또는 시설급여에 상당한 장기요양급여를 받은 경우 대통령령으로 정하는 기준에 따라 해당 장기요양급여 비용의 일부를 해당 수급자에게 특례요양비로 지급</td></tr>
<tr><td>요양병원
간병비</td><td>수급자가 「의료법」 제3조 제2항 제3호 라목에 따른 요양병원에 입원한 때 대통령령으로 정하는 기준에 따라 장기요양에 사용되는 비용의 일부를 요양병원간병비로 지급</td></tr>
</table>

출처: 국민건강보험공단(2021)

3) 장기요양기관

장기요양기관이란 재가급여 또는 시설급여를 제공하는 기관을 말한다. 장기요양기관을 설치 · 운영하려는 자는 소재지를 관할구역으로 하는 시장 · 군수 · 구청장으로부터 지정을 받아야 하며, 장기요양기관에 필요한 시설 및 인력을 갖추어 장기요양기관을 설치하고 시장 · 군수 · 구청장에게 이를 신고하여야 한다. 신고를 받은 시장 · 군수 · 구청장은 신고명세서를 건강보험공단에 통보하여야 한다(「노인장기요양보험법」 제31조, 제32조).

4) 급여 기준 및 수가

재가 및 시설급여 비용은 급여의 종류 및 장기요양등급에 따라 「노인장기요양보험법」 제45조에 따른 장기요양위원회의 심의를 거쳐 보건복지부장관이 정하고 고시한다. 장기요양급여 수가는 서비스의 종류와 내용, 제공된 시간 등이 반영되고 요양등급에 따라 월한도액 범위 내에서 급여액이 산정된다. 2022년 1월 1일 기준으로 1등급 노인의 재가급여 월한도액은 1,672,700원이고 등급에 따른 재가급여 및 시설급여의 수가 기준은 아래 〈표 3-9〉에 제시된 바와 같다.

〈표 3-9〉 장기요양급여의 월한도액

(단위: 원)

분류		1등급	2등급	3등급	4등급	5등급	인지지원등급
재가급여		1,672,700	1,486,800	1,350,800	1,244,900	1,068,600	597,600
시설급여	노인요양시설	74,850원	69,450원	64,040원	-	-	-
	노인요양공동생활가정	65750원	618,010	56,240원			-

주: 재가급여는 방문요양, 방문목욕, 방문간호, 주 · 야간보호, 단기보호 급여를 이용하는 경우에 적용함. 시설급여는 1일 비용임.
출처: 보건복지부(2022). 장기요양급여 제공기준 및 급여비용 산정방법 등에 관한 고시.

5) 재정

노인장기요양보험에 소요되는 재원조달 방법(표 3-10)은 장기요양보험료와 국가 및 지방자치단체의 부담 그리고 장기요양급여 이용자가 부담하는 본인일부부담금으로 운영된다.

〈표 3-10〉 재원조달 방법(2022년 기준)

구 분	내 용
장기요양 보험료	• 건강보험 납부자와 동일 • 건강보험료액×장기요양보험율(12.27%) • 건강보험료와 통합 징수 후 분리하여 독립회계로 관리
국가지원	• 장기요양보험료 예상수입액의 20% 부담(국고) • 의료급여수급권자의 장기요양급여 비용, 의사소견서 발급 비용, 방문간호지시서 발급 비용 중 공단이 부담하여야 할 비용 및 관리 운영비의 전액을 국가와 지방자치단체가 분담
본인 일부부담	• 시설급여 20%(비급여: 식재료, 이 · 미용료 등은 본인 부담), 재가급여 15% • 의료급여수급권자 등 저소득층은 각각 1/2로 경감(시설급여: 10%, 재가급여: 7.5%) • 국민기초생활수급권자는 무료

출처: 국민건강보험공단(2022)

6) 장기요양원 및 장기요양기관

장기요양원은 재가시설 및 입소시설에 근무하면서 장기요양수급자에게 장기요양급여를 제공하는 사람으로서 요양보호사, 사회복지사, 간호사, 간호조무사 및 치위생사 등 직접적 서비스 제공인력을 말한다. 2018년 기준으로 장기요양기관의 전문인력 현황을 살펴보면 전체 인력 중 요양보호사는 전체 전문인력의 90%를 차지하고 있으며 다음으로는 사회복지사, 간호조무사 순으로 나타났다(국민건강보험공단, 2019). 정부는 요양보호사 인력 양성을 위하여 2007년 「노인복지법」을 개정하면서 요양보호사 1급과 2급을 구분하여 국가자격증 제도를 도입하였으나 요양보호사 교육기관의 난립 그리고 교육과 실습 과정에 다양한 문제가 대두되면서 2010년 4월부터 요양보호사를 1급 단일등급으로 통합하고 자격시험제도를 도입하였다. 또한 교육기관 운영의 부실, 교육기관의 특정 지역 중심으로의 쏠림 현상 등 문제점을 보완하기 위해 신고제에서 지정제로 변경하였다.

7) 국민건강보험과 장기요양보험과의 비교

국민건강보험과 노인장기요양보험의 차이는 〈표 3-11〉과 같다.

〈표 3-11〉 국민건강보험과 노인장기요양보험의 비교

구분	국민건강보험	노인장기요양보험
목적	치매, 중풍 등 질환의 진단, 입원 및 외래 치료, 재활치료	노화 및 치매 · 중풍 등 노인성질환으로 인해 혼자서 일상생활의 영위가 어려운 자의 삶의 질 향상
대상	병 · 의원 및 약국	요양시설, 재가시설
부서	국민건강보험공단	국민건강보험공단+지방자치단체

04 노인관련 복지정책 및 서비스

1. 노인관련 복지정책

1) 노인소득보장의 의의

현대사회에서 인간다운 최소한의 생활을 영위하기 위해서는 의식주의 욕구, 건강보호의 욕구 및 문화적 욕구를 기본적으로 충족시킬 수 있는 경제적 수입이 필요하다. 노년기의 적절한 경제적 수입은 최소한의 계속적 생존을 가능하게 할 뿐 아니라 여가의 문제, 사회적 · 심리적 고립과 소외의 문제 등에도 크게 기여할 수 있으며, 나아가 노인의 자존심을 유지시켜 줌으로써 성공적 노화의 삶을 가능케 한다.

노년기에는 생물학적 노화와 사회적 제약 등으로 수입이 절감되거나 단절되어 최소한의 경제적 수입을 확보하지 못하는 사람들이 많다. 이러한 노인에 대해 현대국가는 사회의 연대책임 정신을 발휘하여 최저한의 수입을 보장해주는 소득보장제도를 마련해주고 있다(박민, 2007). 한국사회의 노후소득보장제도는 첫째, 국민연금과 같이 고령인구에게 지급되는 공적연금이 상대적으로 아직 성숙되지 않은 실정이며, 둘째, 생계형 근로에 종사하는 고령인구가 많으며, 셋째, 자식의 노부모 부양 관습이 남아 있다. 이 중 두 번째와 세 번째의 요소는 노후소득보장을 위한 사회안전망이 미비했던 현실을 반영한 것으로 볼 수 있고, 특히 자식의 노부모부양은 동거를 통한 부양 이외에도 노부모 가구에 대한 사적 소득이전, 예컨대 생활비 제공이나 용돈 지급 등의 형태로 노인빈곤에 대한 일종 사적 안전망의 역할을 해왔다.

그러나 핵가족화와, 개인주의화, 저출산 · 고령화 등 경제 · 사회적 여건의 변화 추세로 자녀의 노인부양이 어려워졌고 이에 따라 국가에 대한 노인복지 욕구도 높아지고 있는 실정이다.

2) 노인소득보장제도

(1) 국민연금제도

공적 연금은 국가에서 강제로 실시하는 것으로 가입이 의무화되어 있으며, 고령에 이르면 매달 일정액의 급여를 받는 가장 대표적인 노인소득보장제도이다. 피보험자의 기여를 근거로 연금급여가 제공되는 사회보험방식의 연금에는 대상자의 직종에 따라 공무원연금(1960), 군인연금(1963), 사립학교교직원연금(1975) 등 특수직연금과 일반국민을 대상으로 하는 국민연금(1988)으로 구분된다. 따라서 공무원, 군인, 사립학교직원을 제외한 18세 이상 60세 미만의 국민 대부분이 국민연금에 가입되어 있다.

노령연금은 국민연금의 기초가 되는 급여로 국민연금의 가입자가 나이가 들어 소득활동에 종사하지 못할 경우, 생활안정과 복지증진을 위하여 지급되는 급여로써 가입기간(연금보험료 납부기간)이 10년 이상이면 60세("소득이 있는 업무"에 종사하지 않는 경우 55세) 이후부터 평생 동안 매월 지급받을 수 있다. 노령연금은 가입기간, 연령, 소득활동 유무에 따라 노령연금, 조기노령연금으로 구분되며, 이혼한 배우자에게 지급될 수 있는 분할연금이 있다. 노령연금의 수급 개시 연령은 〈표 3-12〉와 같다.

〈표 3-12〉 노령연금의 수급개시연령

출생연도	수령개시연령		
	노령연금	조기노령연금	분할연금
1952년생 이전	60세	55세	60세
1953년~1956년생	61세	56세	61세
1957년~1960년생	62세	57세	62세
1961년~1964년생	63세	58세	63세
1965년~1968년생	64세	59세	64세
1969년생 이후	65세	60세	65세

출처: 국민연금공단 홈페이지

(2) 국민기초생활보장제도

국민기초생활보장은 최저생계 미만의 저소득 가구를 대상으로 무상으로 급여를 제공하는 공공부조방식의 소득보장제도로서 국가의 일반 조세를 재원으로 하며 자산조사가 수반된다. 국민기초생활보장제도는 2000년 10월부터 도입되었는데 1961년 제정된 「생활보호법」상의 생활보호제도가 그 전신이다. 수급대상자 기준을 보면, 2002년까지는 소득평가액과 재산이 기준 이하인 자이며, 2003년부터는 소득평가액과 재산의 소득 환산액을 합산한 소득인정액이 일정 기준 이하인 자이다.

〈표 3-13〉 2021년 및 2022년 급여별 선정 기준 (단위: 원/월)

가구원 수		1인	2인	3인	4인	5인	6인
교육급여 (중위50%)	'21년	91만3916	154만4040	199만1975	243만8145	287만8687	331만4302
	'22년	97만2406	163만0043	209만7351	256만0540	301만2258	345만3502
주거급여 (중위50%)	'21년	82만2524	138만9636	179만2778	219만4331	259만0818	298만2871
	'22년	89만4614	149만9639	192만9562	235만5697	277만1277	317만7222
의료급여 (중위50%)	'21년	73만1132	123만5232	159만3580	195만0516	230만2949	265만1441
	'22년	77만7925	130만4034	167만7880	204만8432	240만9806	276만2802
생계급여 (중위50%)	'21년	54만8349	92만6424	119만5185	146만2887	172만7212	198만8581
	'22년	58만3444	97만8026	125만8410	153만6324	180만7355	207만2101

출처: 보건복지부 2022년 기준 중위소득 개요

(3) 기초노령연금제도

기초노령연금제도는 조세를 기반으로 정부재정지출에 의해 지급되고 국민연금 가입 여부와 상관없이 모든 65세 이상 노인이 대상이다. 따라서 조세를 기반으로 하는 기초노령연금은 사회보험방식의 기존 국민연금과 함께 노인소득보장의 양대 축이라고 할 수 있다. 2008년부터 시행된 기초노령연금은 궁극적으로 '1인 1연금' 형태로 미래의 가족구조 변화에 대응하여 대한민국 국민이면 누구나 노후에 필요한 최소한의 소득을 보장 받는 것이다.

기초노령연금제도는 65세 이상 노인이라 할지라도 전체 노인 가운데 상대적으로 형편이 어려운 70%가 지급대상이다. 2021년 기준 만 65세 이상 단독가구 월소득 1,690,000원, 부부가구 월소득 2,704,000원이다. 2021년 기초연금 기준연금액은 최대 30만 원이다.

(4) 퇴직금 · 퇴직연금

퇴직이란 55세 이상인 근로자가 지난 1년간 전일제로 고용되지 않은 경우, 연금을 받기 시작한 경우, 자발적 퇴직계획이 시작된 경우, 혹은 자신이 사업 전선에서 물러나 스스로 퇴직했다고 생각하는 경우이다.

퇴직금제도는 근로자가 퇴직 시 근속연수 1년에 대하여 적어도 30일 이상의 평균임금을 지급받는 소득보장제도이다. 퇴직금은 현재 「근로기준법」의 적용을 받는 5인 이상 사업장에 의무 적용되는 법정복지제도로 1953년 도입 당시는 의무규정이었으나 1961년 30인 이상 사업장, 1987년 10인 이상 사업장, 그리고 1987년에 이르러 5인 이상 사업장에도 적용되었다. 퇴직연금은 일시금으로 받던 퇴직금 대신에 사업주로 하여금 매월 또는 매년 일정금액을 사외금융기관에 적립 운용토록 한 후(확정기여형은 근로자가 운용) 근로자가 퇴직한 후 일시금, 또는 연금으로 받을 수 있도록 하는 것이다. 퇴직금이 노후소득보장제도로 자리 잡도록 하기 위해서 근로자의 사업장 간 이동 시 받은 일시금을 개인퇴직계좌(Individual Retirement Account, IRA)에 임의로 가입할 수 있는 길을 열어 놓았다. 즉, 일시금을 개인퇴직계좌에 적치할

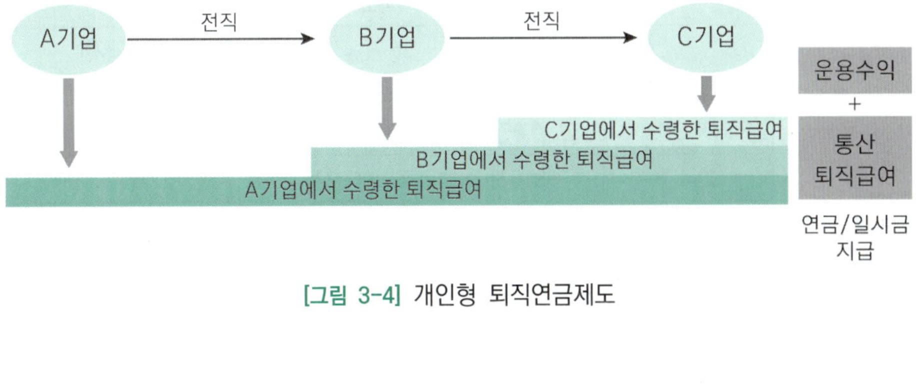

[그림 3-4] 개인형 퇴직연금제도

경우, 퇴직일시금에 대한 과세를 면제하고 나중에 근로자가 연금을 받을 때 과세하여 세금부담을 완화하였으며, 2017년부터는 자영업자 등 모든 소득이 있는 모든 취업자들이 [그림 3-4]와 같이 개인형 퇴직연금(IRP)에 가입할 수 있게 되었으며 2022년부터는 모든 사업장에서 퇴직연금이 의무화되었다.

2. 노인 케어관련 사회서비스

1) 노인맞춤돌봄서비스

노인맞춤돌봄서비스의 추진 배경은 돌봄이 필요한 고령노인의 급속한 증가, 가족돌봄의 약화, 노인의 사회적 관계망 악화로 돌봄의 사회화 요구에 부응하기 위함이다. 다른 한편으로는 건강한 노화(Healthy), 지역사회 거주(Aging in Place), 장기요양·요양병원 등 고비용 돌봄 진입 예방을 위한 예방적 돌봄 강화가 필요했기 때

〈표 3-14〉 기존 노인돌봄서비스 현황

대상자	독거노인		등급외		장기요양
서비스명	① 돌봄 기본	② 초기 독거노인 자립지원, ③ 독거노인 친구 만들기, ④ 단기가사	⑤ 돌봄 종합	⑥ 지역사회 자원연계	
내용	안전확인 · 연계		케어	연계	
	〈국고〉		〈국고〉 바우처	〈국고〉	
대상자	독거노인		등급외 A · B	장기요양수급자, 등급 외 A · B	
이용자	29.5만	0.9만	4.8만	0.7만	
제공기관	244개	810개	2,583개	22개	
수행능력	11,800명	1,643명	26,664명	44명	
재정규모(국비)	1,950억(1,326)	65억(47)	1,540억(1,056)	16억(8)	

문이다. 그동안 우리나라는 지역사회에서 돌봄이 필요한 노인을 대상으로 2007년부터 노인돌봄기본서비스와 노인돌봄종합서비스 등 분산·운영되었던 6개 사업(표 3-14)을 통합하여 2020년부터 노인맞춤돌봄서비스를 운영하고 있다.

(1) 노인맞춤돌봄서비스 추진방향

노인맞춤돌봄서비스의 추진방향은 첫째, 욕구중심 맞춤형 서비스 제공 및 서비스 다양화이다. 기존 유사·분절적 노인돌봄 6개 사업을 통합하고 사업별 획일적 대상자 선정 및 서비스 제공에서 벗어나, 개인별 서비스 제공계획을 수립하여 필요한 서비스를 통합하여 제공한다. 그리고 참여형 서비스, 신체적 건강·정신건강 프로그램 등 예방적 돌봄 강화를 위한 다양한 서비스 제공을 추진한다. 둘째, 민간복지전달체계의 공공성·책임성을 강화하고 장기요양기관과 돌봄기관을 분리하여 예방적 돌봄을 강화한다. 읍·면·동에서 신청접수, 대상자 발굴, 서비스 제공계획 수립, 시·군·구의 승인 등 서비스 전달체계의 공적 개입 및 책임성을 강화한다.

위와 같이 본 사업을 통해 장기요양 전 단계에 있는 취약노인에게 적절한 돌봄 제공으로 노후의 삶의 질 향상, 상태 악화 방지, 장기요양 진입을 예방하는 데 그 목적이 있다.

(2) 노인맞춤돌봄서비스의 특징

노인돌봄사업의 통합에 따른 노인맞춤돌봄사업의 특징으로는, 사업 통합에 의한 서비스 다양화, 참여형 서비스 신설, 개인별 맞춤형 서비스 제공, ICT기술을 활용한 첨단 서비스 도입, 생활권역별 수행기관 책임 운영, 은둔형·우울형 노인에 대한 특화서비스 확대이다.

(3) 노인맞춤돌봄서비스의 목적

일상생활 영위가 어려운 취약노인에게 적절한 돌봄서비스를 제공하여 안정적인 노후생활 보장, 노인의 기능·건강 유지 및 악화를 방지하는 데 있다.

절 차	내 용
서비스 신청 (신청자)	• 노인맞춤돌봄서비스를 필요로 하는 노인 또는 그 가족 등이 읍 · 면 · 동 주민센터 방문 등을 통해 서비스 신청
신청접수 (읍 · 면 · 동)	• 읍 · 면 · 동 담당공무원은 신청자의 나이, 소득, 유사중복 서비스 수혜 여부 등 신청자격 확인 후 접수 및 수행기관에 통보 * 신청자격 확인 결과, 비대상자는 신청접수 불가
대상자 선정조사 및 서비스 상담 (수행기관)	• 전담사회복지사 등은 서비스 신청자(또는 대상자)의 가정 방문 등을 통해 선정 조사 및 서비스 상담 실시 * 대상자 선정조사 결과, 대상자 자격기준에 해당되지 않은 경우 서비스 상담 및 서비스 제공계획 수립 생략
서비스 제공계획 수립 (수행기관)	• 전담사회복지사는 대상자 선정조사 결과에 따라 대상자 자격기준에 해당되는 경우에 한해 서비스 내용, 서비스 방법, 제공 빈도, 담당 생활지원사 배정 등을 포함한 구체적인 서비스 제공계획 수립
승인 요청 (수행기관)	• 수행기관은 대상자 선정조사 결과 및 서비스 제공계획을 시 · 군 · 구에 결정 요청 * 대상자 선정조사 결과 대상자 자격기준에 해당되지 않은 경우는 서비스 제공 계획 없이 대상자 선정조사 결과만 심의 요청함
결정 (시 · 군 · 구)	• 시 · 군 · 구는 노인맞춤돌봄협의체 등을 통해 대상자 선정 및 서비스 제공계획의 적합성, 적절성, 타당성 등을 심의하여 승인 여부 등을 결정하고 그 결과를 수행기관에 통보
결정 통지 (시 · 군 · 구)	• 시 · 군 · 구는 신청자에게 서비스 결정 통지
서비스 제공 (수행기관)	• 서비스 제공계획에 따라 담당 생활지원사 및 지원인력이 서비스 제공
재사정 (수행기관)	• 서비스 이용자의 욕구와 상태 등에 맞는 적절한 서비스가 제공되고 있는지 재사정
종결/사후관리 (수행기관)	• 사망, 시설 입소, 서비스 거부 등의 사유로 서비스 종결이 필요할 경우 사례실무회의 및 시 · 군 · 구 승인을 통해 종결처리 및 사후관리 실시

[그림 3-5] 노인맞춤돌봄서비스 제공 절차

(4) 노인맞춤돌봄서비스 대상

노인맞춤돌봄서비스 대상은 만 65세 이상 ① 국민기초생활수급자, ② 차상위계층 또는 ③ 기초연금수급자로서 유사 중복사업 자격에 해당되지 않는 자(다만, 시장 · 군수 · 구청장이 서비스가 필요하다고 인정하는 경우, 예외적으로 제공 가능)로서, 독거 · 조손 · 고령부부 가구 노인 등 돌봄이 필요한 노인, 신체적 기능저하, 정신적 어려움(인지 저하, 우울감 등) 등으로 돌봄이 필요한 노인, 고독사 및 자살 위험이 높은 노인(특화서비스)이다.

(5) 서비스 제공 절차

노인맞춤돌봄서비스 제공 절차는 [그림 3-5]와 같다. 노인맞춤돌봄서비스를 원하는 노인 또는 그 가족 등이 읍 · 면 · 동 주민센터를 방문하여 서비스를 신청하면 된다. 신청 이후 처리 및 서비스 제공과정은 그림과 같으며, 접수 및 신청일로부터 30일 이내에 자격 여부 및 서비스 내용이 결정되고 안내가 된다.

(6) 대상자 구분

대상자 선정 도구를 통해 사회-신체-정신 영역의 돌봄 필요도에 따라 대상자군을 결정하고 군에 따라 서비스 제공시간의 범위 등이 달라진다(그림 3-6).

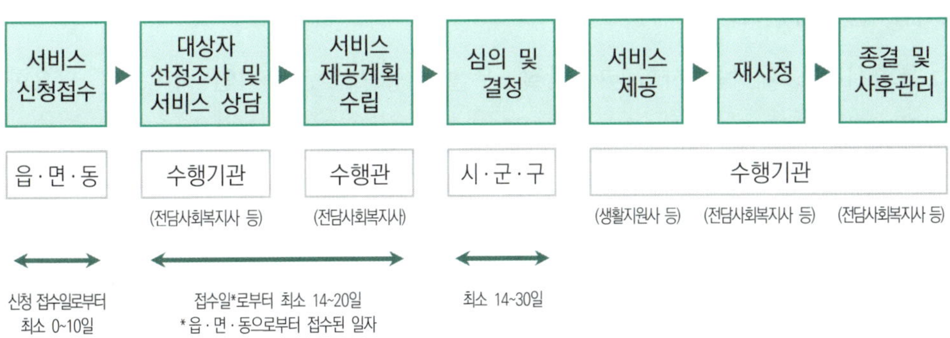

* 재사정: 대상자 선정조사, 서비스 상담 및 서비스 제공계획 재수립 실시

[그림 3-6] 대상자 선정 및 서비스 진행 절차

① 중점돌봄군

중점돌봄군은 신체적인 기능제한으로 일상생활지원 필요가 큰 대상노인이다. 중점돌봄군에 해당되면, 월 16시간 이상 40시간 미만의 직접서비스 제공, 주기적인 가사지원서비스 제공이 가능하다.

② 일반돌봄군

일반돌봄군은 사회적 관계 단절 및 일상생활의 어려움으로 돌봄 필요가 있는 대상노인이다. 일반돌봄군에 해당되면, 월 16시간 미만의 직접서비스가 제공되나, 주기적인 가사지원서비스 제공은 불가하다. 그러나 특수한 상황(수술 · 골절 등)이 있는 경우에 한정하여, 가사지원서비스를 한시적으로 제공 가능(가사지원서비스 제공 필요가 길어질 경우에는 중점돌봄군으로 변경 필요)하다.

〈표 3-15〉 대상자 돌봄군 구분

대상자군	서비스 내용
중점 돌봄군	월 16시간 이상~40시간 미만 직접서비스 + 연계서비스(필요시) + 특화서비스(필요시)
일반 돌봄군	월 16시간 미만 직접서비스 + 연계서비스(필요시) + 특화서비스(필요시)

※ 중점돌봄군 및 일반돌봄군의 시간 기준은 최소 최대 기준이므로 실제 제공시간은 개인의 서비스 필요에 따라 정해져야 하며 기관의 제공 여력도 고려될 수 있음.

③ 특화서비스 대상

특화서비스 대상은 사회관계 단절, 우울증 등으로 집중적인 서비스가 필요한 대상노인이다.

④ 사후관리 대상

사후관리 대상노인은 본 사업(중점 돌봄군, 일반 돌봄군) 종결자 중 사후관리가 필요한 자다.

(7) 서비스 내용 및 제공기간

서비스는 직접서비스 4개 분야(안전지원, 사회참여, 생활교육, 일상생활지원)의 서비스와 연계서비스(민간후원지원), 특화서비스가 있다(표 3-16). 서비스 제공기간은 시·군·구 서비스 이용 자격 승인 익일로부터 1년이다.

* 서비스 이용자격 승인자의 경우, 승인일로부터 1년 도래 전에 재사정을 통해 서비스 제공 여부를 다시 결정함.

〈표 3-16〉 노인맞춤돌봄서비스의 내용

구분	대분류	중분류	소분류
직접서비스 (방문·통원 등) ※ 4개 분야	안전지원	방문 안전지원	• 안전·안부 확인 • 정보 제공(사회·재난안전, 보건·복지 정보 제공) • 생활안전 점검(안전관리 점검, 위생관리 점검) • 말벗(정서 지원)
		전화 안전지원	• 안전·안부 확인 • 정보 제공(사회·재난안전, 보건·복지 정보 제공) • 말벗(정서 지원)
		ICT 안전지원	• ICT 관리·교육 • ICT 안전·안부 확인
	사회참여	사회관계 향상 프로그램	• 여가 활동 • 평생교육 활동 • 문화 활동
		자조모임	• 자조모임
	생활교육	신체건강분야	• 영양교육 • 보건교육 • 건강교육
		정신건강분야	• 우울예방 프로그램 • 인지활동 프로그램
	일상생활 지원	이동활동지원	• 외출동행
		가사지원	• 식사관리 • 청소관리
연계서비스		생활지원연계	• 생활용품 지원 • 식료품 지원 • 후원금 지원
		주거개선연계	• 주거위생 개선 지원 • 주거환경 개선 지원
		건강지원연계	• 의료연계 지원 • 건강보조 지원
		기타서비스	• 기타 일상생활에 필요한 서비스 연계
특화서비스			• 개별 맞춤형 사례관리 • 집단 활동 • 우울증 진단 및 투약 지원

(8) 서비스 제공체계

시 · 군 · 구에서 지역 내 노인인구, 접근성 등을 고려하여 권역을 설정하여 직영 또는 수행기관 선정 · 위탁(1~3년) 운영한다. 수행기관은 전담사회복지사, 생활지원사를 채용하고 사업을 운영한다(그림 3-7).

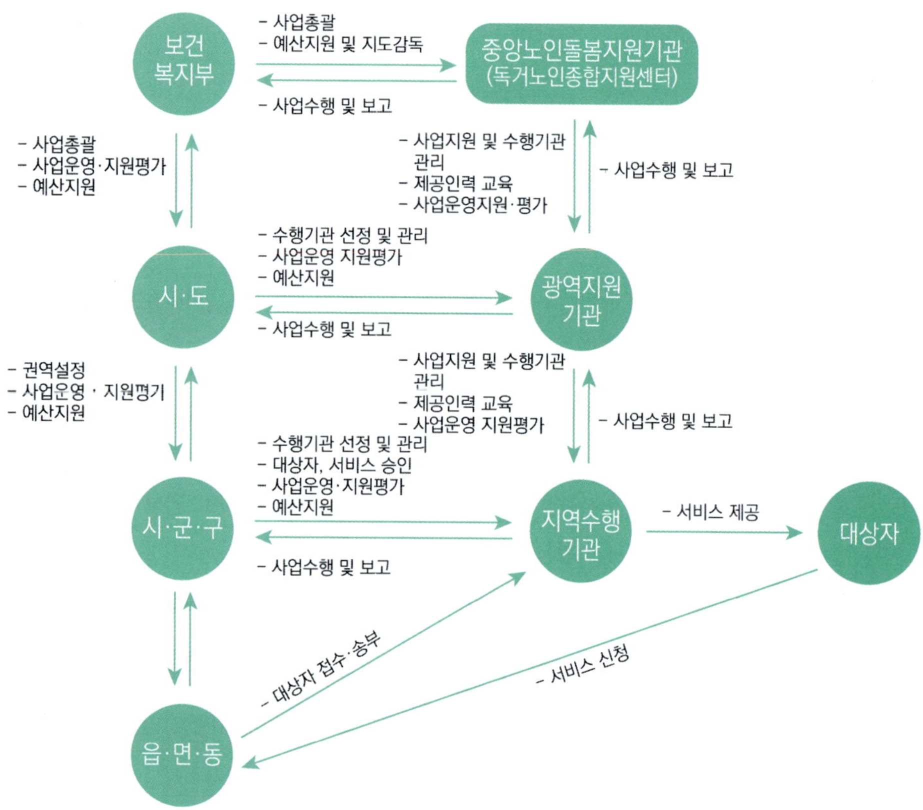

[그림 3-7] 노인맞춤돌봄서비스 운영체계

2) 치매안심센터

치매안심센터 추진 배경은 치매관리법 시행('12.2.5) 및 국가치매관리종합계획 수립 · 시행('12.7~), 치매 국가책임제 시행('17.9~)에 따라 국가치매관리 정책을 지역실정에 맞게 확대·보급해야 하는 필요성에 의해, 그리고 치매노인의 급격한 증가가 예상되는 지역 내 치매 치료·돌봄기관에 대한 서비스 기술지원 및 종사자에 대한 교육·훈련을 수행할 인프라가 필요했기 때문이다.

치매안심센터 운영을 추진하는 목표는 네 가지가 있다. 첫째, 광역 시·도별로 역량 있는 병원 등에 광역치매센터를 구축하여 지역사회 치매관리 사업의 내실 있는 추진을 위한 기반을 확보한다. 둘째, 국가치매정책을 지역 실정에 맞게 보급하고, 지자체별 환경에 적합한 치매정책을 개발하여 지역 간 치매환자 건강 격차 해소를 위해 지원한다. 셋째, 치매안심센터 및 공립요양병원, 요양시설 등에 대한 기술지원 및 종사자 인력에 대한 교육·훈련을 수행한다. 넷째, 지역사회 내 치매 관련 자원발굴 및 치매 관련 서비스 제공·연계 체계 구축, 인식개선을 위한 홍보, 연구기능 강화이다.

치매안심센터의 목적은 치매 예방, 상담, 조기진단, 보건·복지 자원 연계 및 교육 등 유기적인 '치매 통합관리 서비스' 제공으로 치매 중증화 억제 및 사회적 비용을 경감하고, 궁극적으로는 치매환자와 그 가족, 일반시민의 삶의 질 향상에 기여하기 위함이다.

(1) 치매안심센터의 기능 및 주요사업

치매안심센터의 기능은 치매 관련 상담 및 조기검진, 치매환자의 등록·관리, 치매등록통계사업의 지원, 치매의 예방·교육 및 홍보, 치매환자쉼터 운영, 치매환자 가족지원사업, 성년후견제 이용지원사업, 치매 예방·인식개선 교육 및 홍보를 한다.

주요사업으로는 지역주민의 인지건강상태에 따라 요구되는 다양한 서비스를 맞춤형으로 제공 또는 외부 서비스 연계, 치매의 위험이 높은 지역주민을 대상으로 치매 선별검사 실시, 추가 검사 필요시 진단 및 감별검사를 시행하는 치매조기검진, 치매예방관리, 맞춤형 사례관리, 치매환자쉼터 운영, 가족 및 보호자 지원 사업, 인식개선 사업 등을 운영한다(그림 3-8).

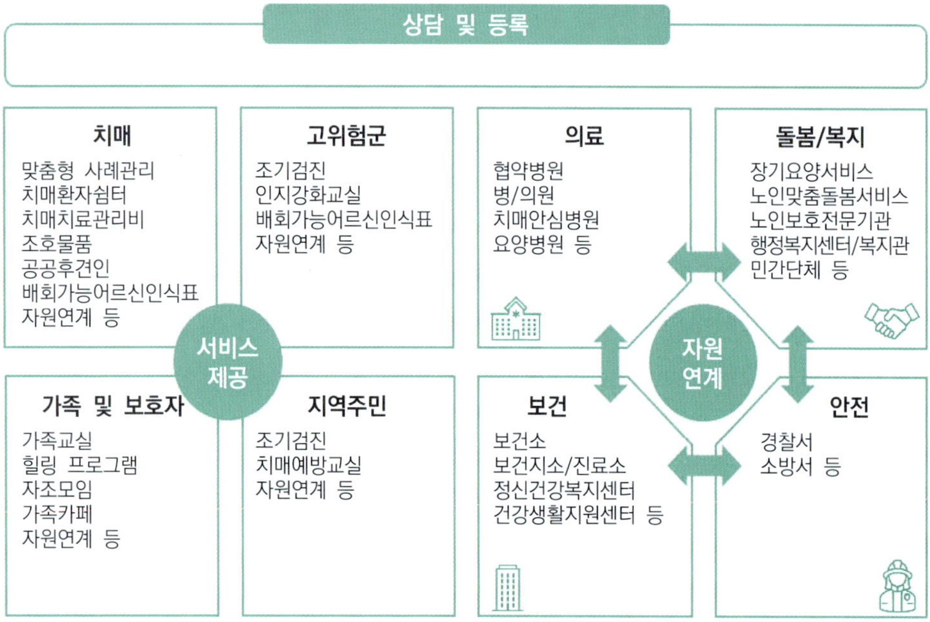

[그림 3-8] 치매안심센터 주요 사업

상담 · 검진팀	사례관리팀	쉼터지원팀	가족지원팀	인식개선 · 홍보팀
• 상담 및 등록관리사업 • 조기검진사업 • 관리실적분석사업	• 맞춤형 사례관리사업 • 치매지원서비스 관리사업	• 프로그램 운영(인지자극, 정서지원, 건강지원 등)	• 돌봄부담 분석지원 • 가족 프로그램 운영 • 가족카페 운영	• 치매인식개선사업 • 치매파트너사업 • 치매예방관리사업 • 지역사회자원강화사업

※ 각 지방자치단체의 여건에 맞게 탄력적으로 운영하되, 최소 3개 팀 이상 구성

[그림 3-9] 치매안심센터 조직 구성

시장 · 군수 · 구청장은 「지역보건법」에 따른 보건소에 [그림 3-9]와 같이 치매안심센터를 직접 설치 · 운영하여야 하며, 치매안심센터 운영은 직영 운영을 원칙으로 하되, 필요에 따라 위탁운영도 할 수 있으나 위탁운영 종료 시 직영으로 전환하여야 한다. 센터장은 해당 자치단체의 보건소장이 겸직하며, 위탁운영의 경우 위탁병원에서 임명한다. 부센터장은 노인관련 복지 또는 보건 · 의료 분야 5년 이상 경력이 있는 자로 임명해야 하고 팀장 및 팀원은 간호사, 1급 사회복지사, 작업치료사, 임상심리사를 각각 1명 이상 두도록 한다. 작업치료사와 임상심리사는 비상근 채용이 가능하다.

(2) 치매안심마을 운영

치매안심마을이란 치매에 대한 이해와 인식을 바탕으로 치매환자와 가족이 안전하고 자유롭게 지역사회 내에서 살아갈 수 있으며, 일반 국민들도 치매에 대한 두려움 없이 살아갈 수 있는 지역사회를 말한다. 치매안심마을은 치매안심센터별 지역 내에 2개 이상 운영할 것을 권고하고 있다.

치매안심마을 운영하는 목적은 지역사회 구성원들이 치매에 대해 올바르게 이해하고, 치매환자와 가족들 삶의 질을 높이고 돌봄 부담을 경감하기 위한 치매 친화적 환경 조성에 있다.

치매안심마을을 지정하기 위해서는 [그림 3-10]과 같이 필수 내용을 충족해야 한다.

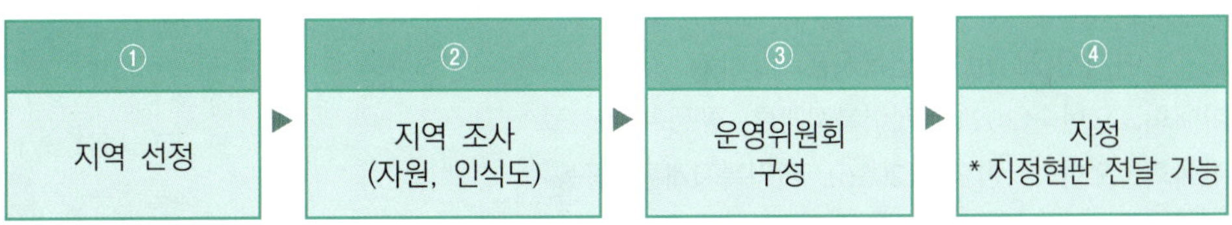

[그림 3-10] 치매안심마을 지정 절차

치매안심센터에서 지역 내 치매안심마을을 선정하기 위해서는 가정 먼저, 지역을 선정해야 한다. 이때 지역 여건 및 특성에 맞춰 행정구역(동 또는 리) 단위로 치매안심마을을 선정한다. 다음으로 추진해야 하는 지역조사는 지역 내 주요 공공기관 및 민간시설, 자율적 주민단체 등에 대한 조사, 지역주민을 대상으로 치매 인식도 조사를 진행해야 한다. 그리고 치매안심마을 운영위원회를 구성해야 한다. 운영위원회는 주요기관(공공기관, 민간시설, 주민단체 등), 지역주민(치매환자 가족, 개인 등)을 중심으로 최소 5인 이상 구성해야 한다. 끝으로 치매안심마을을 등록과 관련된 조건 충족 시에 치매안심마을 등록·관리시스템에 안심마을을 등록·운영한다. 치매안심마을은 중앙치매센터로부터 인증을 받아야 하는데, 인증기준 도달 시, 중앙치매센터에서는 인증번호를 부여하고 추후 인증현판을 제작하여 전달한다.

참고문헌 REFERENCES

고재욱, 구재관, 김재경, 오정옥, 정명희, 정하선, 조현상(2018). **노인복지론**. 양서원.

김준환, 남미숙, 구재관, 신후경(2008). **케어복지의 이해와 실천기술**. 창지사.

박 민(2007). 노인의 소득보장제도 인식에 관한 연구. 동국대학교 대학원 석사학위논문.

보건복지부(2021). 장기요양급여 제공기준 및 급여비용 산정방법 등에 관한 고시.

보건복지부(2022a). 2022년 기준 중위소득 개요.

보건복지부(2022b). 2022년 노인맞춤돌봄서비스 사업안내.

보건복지부(2022c). 2022년 치매정책 사업안내.

석말숙, 유영준, 송근창, 김행란, 박종균, 신준옥, 김승돈, 정금숙(2020). **장애인복지론**. 양서원.

이종복, 김성철, 김재열, 남희수, 박승자, 순덕기, 고미영, 이권일, 이금숙, 이유선, 홍성로, 이재선(2018). **노인복지론**. 양서원.

이태희, 오현숙(2021). **케어복지개론**. 공동체.

이태희, 오현숙, 이명원(2016). **케어복지개론**. 공동체.

이해영(2021). **케어복지개론**. 양서원.

국민연금관리공단 홈페이지(nps.or.kr).

Chapter

04

제4장

케어복지실천 및 타 전문직과의 연계

케어복지서비스 이용인의 다양한 욕구를 반영하여 질 높은 케어복지서비스를 제공하기 위해서는 케어복지실천 영역 및 타 전문직종 간의 연계서비스가 매우 필요하다. 이는 서비스 이용인의 욕구가 점차 다양화되고 있고, 아울러 지역사회 내의 관련 서비스 기관들이 계속 증가하고 있기 때문이다. 따라서 보건의료 및 케어복지실천 영역 간의 연계서비스를 통하여 이용인 개개인에 대한 체계적이고 구체적인 서비스 제공이 필요하다. 이는 최근 서비스 이용인 및 장애인복지 영역에서 서비스 이용인을 대상으로 한 사례관리를 통한 통합적이고 효율적인 서비스를 제공하고 있는 것과도 같은 맥락에서 이해할 수 있다. 따라서 본 장에서는 케어복지실천 영역의 활동 분야를 이해하고, 이를 기반으로 타 전문직종 간 연계의 필요성, 팀워크(Team Work) 등을 중심으로 살펴보고자 한다.

01 케어복지 전문인력의 활동 영역

케어복지 전문인력이라 함은 보건복지서비스 및 케어 영역 분야에 종사하고 있는 요양보호사, 간호사, 영양사, 약사, 물리치료사, 언어치료사, 작업치료사, 장애인활동지원사 등 매우 다양한 전문인력으로 구성되어 있다. 이들 케어복지 전문인력이 활동하고 있는 영역은 큰 범주에서 보면 보건복지시설에 해당하는 노인생활시설과 노인이용시설로 구분할 수 있다(보건복지부, 2019). 이 외에도 케어복지실천 범주에 해당하는 장애인거주시설, 지역사회 내 사회복지시설 및 기관 등이 포함될 수 있다. 이러한 관련 직종의 영역은 케어복지실천을 주된 목적으로 하는 곳도 있고 그렇지 않는 곳도 있지만 케어복지서비스 제공을 기반으로 여러 유형의 전문인력들로 구성되어 있다. 따라서 이들 케어복지 전문인력은 각각의 개별적 서비스 제공보다는 관련 전문인력과의 긴밀한 연계하에 케어복지서비스를 제공하고 있다.

이와 같이 다양한 전문인력들이 케어복지실천 업무와 관련되어 있는데, 이는 우리 사회가 발전하고 사람들의 삶의 질이 높아지면서 다양한 욕구를 충족시키기에는 단일 직종의 서비스 제공으로는 어렵기 때문이다. 따라서 이용인의 다양하고 복합적인 욕구를 효과적으로 대응하기 위해서는 케어복지 전문인력과 관련 직종 간의 긴밀한 연계서비스가 필요하다. 오늘날 우리나라에서 노인보건복지서비스 분야에서 케어복지실천 전문인력으로 활동하고 있는 시설들을 살펴보면 다음과 같다(모선희 외, 2018; 보건복지부, 2020).

1. 노인주거복지시설

노인주거복지시설은 양로원, 노인공동생활가정, 노인복지주택으로 구분된다. 양로시설은 노인을 입소시켜 급식과 그 밖에 일상생활에 필요한 편의를 제공하는 시설을 말하고, 노인공동생활가정은 서비스 이용인들에게 가정과 같은 주거 여건과 급식, 그 밖에 일상생활에 필요한 편의를 제공하는 시설을 말한다. 노인복지주택은 서비스 이용인에게 주거시설을 분양 또는 임대하여 주거의 편의 및 생활지도, 상담 및 안전관리 등 일상생활에 필요한 편의를 제공하는 시설을 말한다.

2. 노인의료복지시설

노인의료복지시설은 치매, 중풍, 노인성질환 등으로 치료와 요양을 필요로 하는 서비스 이용인이 이용할 수 있는 생활시설로서 서비스 이용인의 경제력, 부양자의 유무 및 질환의 중증에 따라 노인요양시설, 실비노인요양시설, 유료노인요양시설, 노인전문요양시설, 유료노인전문요양시설, 노인전문병원으로 구분된다. 케어복지 전문인력이 주로 종사하고 있는 곳은 노인요양시설과 노인요양공동생활가정이라고 할 수 있다. 노인요양시설은 치매 및 중풍 등 노인성 질환 등으로 심신에 상당한 장애가 발생하여 도움을 필요로 하는 노인을 입소시켜 급식과 요양과 그 밖에 일상생활에 필요한 편의를 제공하는 시설(입소자 10인 이상 시설)을 말한다. 노인요양공동생활가정은 치매 및 중풍 등 노인성질환 등으로 심신에 상당한 장애가 발생하여 도움을 필요로 하는 노인에게 가정과 같은 주거 여건과 급식 및 요양, 그 밖에 일상생활에 필요한 편의를 제공하는 시설(입소자 9인 이내 시설)을 말한다.

3. 노인여가복지시설

노인여가복지시설에는 노인복지관, 경로당, 노인교실이 있으며, 노인복지관은 노인의 교양·취미생활 및 사회 참여활동 등에 대한 각종 정보와 서비스를 제공하고, 건강증진 및 질병예방과 소득보장·재가복지, 그 밖에 노인의 복지증진에 필요한 서비스를 제공하는 기관을 말한다. 경로당은 노인들이 자율적으로 친목도모·취미생활·공동작업장 운영 및 각종 정보교환과 기타 여가 활동을 할 수 있도록 하는 장소를 말한다. 노인교실은 노인들에 대하여 사회활동 참여욕구를 충족시키기 위하여 건전한 취미생활·노인건강 유지·소득보장, 기타 일상생활과 관련한 학습 프로그램을 제공하는 곳을 말한다.

4. 재가노인복지시설

재가노인복지시설은 방문요양서비스, 방문목욕서비스, 주·야간보호서비스, 단기보호서비스, 그 밖의 서비스(그 밖에 재가노인에게 제공하는 서비스로서 보건복지부령이 정하는 서비스)를 말한다. 방문요양서비스는 가정에서 일상생활을 영위하면서 신체적·정신적 장애로 어려움을 겪고 있는 노인에게 각종 편의를 제공하여 지역사회 안에서 건전하고 안정된 노후를 영위하도록 하는 서비스를 말한다. 단기보호서비스는 부득이한 사유로 가족의 보호를 받을 수 없어 일시적으로 보호가 필요한 심신이 허약한 노인과 장애노인을 보호시설에 단기간 입소시켜 보호함으로써 서비스 이용인의 복지를 증진하기 위한 서비스를 말한다.

5. 노인보호 전문기관

노인학대행위자에 대한 상담 및 교육, 학대받은 노인의 발견 · 상담 · 보호 · 노인학대 예방 및 방지를 위한 홍보를 담당하는 기관을 말한다.

6. 장애인거주시설

장애인거주시설은 장애인이 필요한 기간동안 생활하면서 재활에 필요한 상담 · 치료 · 훈련 등의 서비스를 받아 사회복귀를 준비하거나 장기간 요양하는 시설을 말한다. 시설은 장애인 유형별로 구분되며, 지체장애인 및 뇌병변장애인 거주시설, 시각장애인 거주시설, 청각 · 언어장애인 거주시설, 지적 및 발달장애인 거주시설, 중증장애인 요양시설, 장애인영유아 요양시설 등이 있다.

장애인거주시설의 대상은 등록장애인으로 「국민기초생활보장법」상 수급자와 입양기관 보호아동은 우선적으로 입소할 수 있다. 그리고 복지시설기관이 직권 또는 장애인이나 그 가족 등의 입소신청에 의하여 당해 장애인에 대한 검진, 상담 또는 가정실태조사 등을 행하고 장애인복지시설에 입소 및 통원 또는 그 시설을 이용하게 하는 것이 필요하다고 인정되는 사람도 보호대상이다.

7. 장애인재가복지서비스

장애인에 있어 재가복지란 자기집에서 생활하면서 자립조건이 결여되어 타인의 지원을 필요로 하는 사람에게 치료와 교육, 직업훈련서비스 등을 받을 수 있도록 통원이 가능한 이용시설을 설치 · 운영하여 각종 서비스를 제공하는 것을 말한다.

현재 장애인을 위한 재가복지기관은 장애인종합복지관, 장애인종합복지관 부설로 설립되어 있는 장애인 재가복지봉사센터, 한국사회복지협의회 부설로 설립되어 있는 자원봉사정보안내센터, 장애인체육관, 주간보호시설, 단기보호시설, 공동생활가정 등이 있다. 일반 사회복지기관에서도 장애인복지사업을 실시하고 있으며, 재가복지봉사센터의 재가복지서비스 중에서 장애인이 자주 이용하는 서비스로는 장애인을 위한 가사서비스, 간병서비스, 정서서비스, 열연, 의료서비스, 자립지원서비스 등이 있다.

02 케어복지 전문인력과 관련 직종 간의 연계

연계라는 것은 이용인에 대해 서비스를 제공함에 있어서 좁은 의미로는 케어복지실천 종사자들만의 연계도 있지만 넓은 의미에서는 케어복지실천 영역, 의료서비스 영역, 보건복지서비스 영역이 한 팀으로 구성되는 경우가 있다. 따라서 연계를 효과적으로 진행하기 위해서는 다음과 같은 조건들을 충족시키는 것이 중요하다(中鳥記惠子 外, 2001; 莊村多加志, 2003; 古川孝順 外, 2001; 이채식 외, 2006; 김준환 외, 2008; 보건복지부 내부자료, 2020).

첫째, 정보의 공유이다. 이는 케어복지서비스 이용인의 처한 환경(가족관계, 이웃관계, 케어 정도, 경제문제, 심리적 문제, 기타)에 대한 정보공유이다.

둘째, 관련 직종 업무에 대한 이해이다. 케어복지서비스 이용인에 대한 정보 수집 및 평가와 케어실천서비스 과정에 있어서 관련 직종의 전문가와 정확한 역할 분담을 위해 필요하다. 이를 위해서는 우선 관련 직종의 업무 내용과 가치, 그리고 그 직종이 가지고 있는 목표에 대한 이해 등이 중요하다.

셋째, 목적 공유와 명확화이다. 관련 직종 역할에 대한 이해를 바탕으로 공유하고자 하는 사례에 대한 평가와 계획을 공유하고 명확히 하는 것이 중요하다.

이와 같은 조건을 전제로 하여 관련 직종과의 정기적인 사례회의나 다양한 발표회 등을 통하여 의사소통 구조를 원활히 가지는 것이 이용인의 욕구 파악과 서비스 제공에 효과적이다.

1. 케어복지 전문인력과 의료진과의 연계

케어복지서비스 이용인은 어떠한 장애나 질병을 가진 사람들이 많기 때문에 신체적 · 심리적인 상태가 좋지 않은 경우가 많다. 따라서 케어복지 영역의 전문인력은 이용인의 신체적 · 심리적인 징후를 정확하게 관찰할 수 있는 능력이 요구되지만 의료적 측면에서의 한계가 있다. 이 때문에 의료 영역의 관계자와 긴밀한 연계와 협조가 필요하다. 특히 의료행위는 의료법(법률 제17787호 일부개정 2020.12.29)에 의하여 의사 이외에는 의료행위를 할 수 없는 업무 독점으로 규정되어 있다. 그러나 케어복지실천현장에서는 이용인에 대한 응급 상황들이 수시로 발생할 수 있지만, 의사 및 간호사 등 의료진이 항상 대기하고 있는 상태는 아니다. 따라서 케어복지서비스 이용인의 안전과 생활을 보장하기 위해서는 의료진과의 연계와 협조는 매우 중요하다고 할 수 있다.

2. 케어복지 전문인력과 간호직과의 연계

케어복지 전문인력과 간호사는 다른 전문직종에 비해 케어복지 활동업무에 있어서 매우 밀접한 관계에 있지만 업무내용상 상이한 부분도 많다.

먼저 간호사는 국가자격을 가진 의료 영역의 전문직으로서 「의료법」 제2조(의료인)에 의하면 "간호사는 상병자 또는 해산부의 요양상의 간호 또는 보조 및 대통령령이 정하는 보건활동에 종사하는 임무로 한다"로 규정되어 있다. 이에 반해 케어복지 영역의 전문인력으로서 가장 대표적으로 요양보호사가 있다. 요양보호사는 「노인복지법」 제39조의2에 의하여 "요양보호사를 양성하는 교육기관에서 소정의 교육과정을 이수하고 국가시험에 합격한 후 국가가 부여한 요양보호사 자격을 취득한자로서 주로 생활 복지시설 또는 재가서비스를 통해 방문한 가정에서 고령이나 노인성 질환 등을 사유로 일상생활을 혼자서 수행하기 어려운 성인에게 신체활동 및 일상생활을 지원하는 자를 말한다"로 규정되어 있다.

이상에서 보면 간호사는 환자에 대한 '요양상의 케어'와 '진료보조'를 하는 것으로 설명할 수 있고, 요양보호사는 이용인에 대한 일상생활상의 '케어'와 '케어지도'로 설명할 수 있다. 또 다른 관점에서 간호 영역에서의 케어는 환자에 대한 치료나 회복 시점에서 케어를 실천하는 것이며, 케어복지 영역에서의 케어는 복지시점에서 이용인에 대한 일상생활상의 신체적 및 심리적 케어이다.

결론적으로 간호사와 케어복지실천 전문인력의 관계는 간호적 케어와 복지적 케어로 구분하여 분류할 것이 아니라 이용인의 관점에서 케어 영역을 동일업무로 하는 상호보완적 관계로 나아가야 할 것이다. 따라서 간호직과 케어복지 종사자의 협력과 연계를 하는 것이 이용인의 QOL을 높여나가는 데 매우 중요하다.

3. 케어복지 전문인력과 사회복지직종과의 연계

케어복지 전문인력이 케어활동을 영위함에 있어서 사회복지 분야에서 활동하는 전문가와의 연계는 매우 중요하다. 가령 같은 시설 내에서 일하는 직원과는 케어방법이나 케어목표 등에 대하여 일치된 방침으로 서로 협력하는 것이 기본전제가 되어져야 한다. 케어복지 전문인력이나 영양사, 사무직원, 이송담당자 및 시설의 안전정비담당자, 자원봉사 관리자 등과의 연계도 빼놓을 수 없다. 최근 케어복지 영역의 현장인 주간보호센터나 단기보호센터 등 재가케어 프로그램을 점차 도입하고 있는 추세이기 때문에 지역사회와 시설의 서비스를 동시에 이용하고자 하는 사람들이 증가할 것이다. 따라서 지역사회 내에 어떠한 사회복지관련 자원이 있는지, 또는 그 자원이 가진 서비스의 기능을 잘 이해해 둘 필요가 있다.

따라서 케어복지 전문인력의 업무는 케어복지 영역의 전문인력 중의 하나인 요양보호사의 주된 서비스 내용인 일상생활상의 신체적 또는 정신적 케어업무뿐만 아니라 모든 국민을 대상으로 하면서 상담 및 재활, 지원 등 폭넓게 실시되고 있다. 그러나 요양보호사를 포함한 케어복지서비스 전문인력은 모두 사회복지의 지식 · 기술 · 가치/윤리를 공통기반으로 하는 사회복지 영역의 전문직이라 할 수 있다. 이를 광의의 개념에서 양자의 관계를 살펴보면 양자는 인간존엄성에 기반을 두고 서비스 이용인의 생활상의 문제에 대해 전문적 기술을 구사하여 지원활동을 실천하는 사회복지전문직이다. 또한 협의의 개념에서 양자의 관계는 케어복지서비스 전문인력의 업무가 주로 상담이나 지원업무이지만 요양보호사의 업무는 일상생활상의 케어라고 할 수 있다.

03 케어복지실천과 팀워커(Team Work)

1. 팀워커의 기본원칙과 효과성

팀워크는 어떠한 조직이나 집단의 구성원이 동일한 생각을 가지고 동일한 방향으로 움직이는 상태를 말한다. 케어복지서비스 이용인은 일상생활에서 어떠한 장애를 갖고 있는 고령자나 장애인이며, 케어복지서비스는 이들이 지역사회 내에서 자립생활을 영위하고 자기실현을 이루기 위해 지원하는 활동이다. 그 지원 영역은 넓게는 일상생활을 영위하는 생활 전반에 영향을 미치며, 이로 인해 일상생활에서 복잡한 문제를 포함하는 경우가 많다. 따라서 보건, 의료, 복지, 기타 관련 영역의 전문직과의 협력이 필요하다. 팀워커에서의 기본적인 원칙으로는 다음과 같다(福祉士養成講座偏執委員會, 2005).

① 공통의 목표와 과제를 지향한다.
② 각각의 역할이 명확하며, 각자의 책임을 갖고 행동한다.
③ 구성원 상호 간에 정보나 아이디어를 교환한다.
④ 각 구성원 개인으로서 상호 존중한다.
⑤ 팀에 있어서 지지적·수용적인 분위기를 갖도록 한다.

또한 팀워커에 의한 연계의 중요성은 최근 보건 영역과 복지 영역과의 종적인 행정시스템에서 나타나는 불합리한 서비스 제공 구조를 지역복지의 관점에서 재편성하고 나아가서는 횡적인 연계를 통하여 필요한 정보교환과 연계서비스가 이루어져야 한다. 따라서 팀워커에 의한 연계활동의 효과성으로 다음과 같이 들 수 있다.

① 최근의 정보와 이념들을 교환하고 연계함으로써 시야를 넓힐 수 있다.
② 개개인의 전문성을 배양할 수 있다.
③ 현재 상태를 객관적으로 파악하고, 자기평가가 가능하다.
④ 자기개발을 촉진시킬 수 있다.
⑤ 연계는 새로운 네트워크를 생산해낼 수 있다.

2. 팀워커에 의한 지역사회연계 서비스

팀워크에 의한 케어복지서비스의 질을 확보하기 위해서는 관련 직종, 가족과 이웃, 자원봉사자까지 지역사회 전체 범위까지 확대해야 할 필요가 있다. 특히, 시설 중심이었던 보건, 의료, 복지서비스가 재가복지서비스를 중심으로 전환됨에 따라 각각의 전문직의 전문성 향상과, 입소시설, 이용시설, 상담기관 등 서로 다

〈표 4-1〉 보건 · 의료 · 복지 영역과의 연계서비스

통합 서비스 네트워크	관련 전문인력
의료 네트워크(병원, 진료소, 전문의, 가정의 네트워크)	의사, 치과의사, 작업치료사, 언어치료사, 약사 등
지역간호 네트워크(병원 · 시설 · 방문간호센터)	간호사
지역보건 네트워크(병원 · 보건소 등)	보건소 직원, 조산사, 영양사
지역복지 네트워크	케어복지 전문인력, 사회복지 전문인력, 요양보호사, 보육교사
종합적 상담	케어복지 전문인력, 사회복지 전문인력, 요양보호사, 간호사
보건복지행정의 과학화(전문직의 배치, 보건 · 복지의 종합적인 조직화	의사, 보건직원, 사회복지전담공무원

출처: 福祉士養成講座偏執委員會(2005)

른 시설, 기관에 소속하는 동일 전문직의 상호 간의 제휴나 타 직종, 관련 기관과의 네트워크 만들기가 중요한 과제가 되고 있다. 〈표 4-1〉의 경우는 보건과 의료 및 복지 영역과의 연계서비스에 대한 하나의 시스템으로 볼 수 있다.

3. 팀워커에 의한 정보제공과 연계 활동

팀워커에서의 전문인력 개개인의 역할은 서비스 이용인 스스로가 본인의 문제를 극복해 나갈 수 있도록 역량을 키워주는 것이 가장 중요하다고 할 수 있다. 서비스 연계과정에서 연계 활동을 진행하다 보면 이용인 스스로가 본인의 문제를 인식하지 못하고 문제해결을 위한 정보를 충분히 파악하지 못하는 경우가 있다. 따라서 스스로의 문제를 해결해 나가는데 있어서 필요한 정보를 제공하여 문제해결의 역량을 키워주는 것이 필요하다. 이를 위해서는 각 개개인의 전문인력은 서로 간의 정보제공 시 이용인에 대한 이해가 가능하고 활용할 수 있는 수준의 정보와 최대한의 다양한 정보가 제공될 수 있도록 노력하여야 한다. 정보제공과 함께 협력적 활동도 팀워커로서의 중요한 역할 중 하나이다. 협력적 활동은 이용인의 욕구를 충족시키기 위해 목표를 수립하고 실천계획을 세우고 필요한 자원을 의논하고 획득하는 전반적인 협력 활동을 의미한다. 협력적 활동에는 문제의 우선순위 정하기, 자원 선택과 자원 검토하기, 정보 탐색하기, 기관 방문하기, 결정된 자원 활용하기 등이 있다.

아울러 정보제공과 협력적 활동과정에서 고려하여야 할 것은 이용인의 자기결정권과 선택권도 보장되어야 한다. 특히 인지능력이 낮은 치매노인 및 지적장애인과 자폐장애인의 경우 정보제공에 따른 의사결정과정에 참여하지 못하는 경우가 많다. 따라서 정보제공과정에서는 자기결정권을 보장하고 결정능력을 증대시키는 것이 무엇보다도 중요하다고 할 수 있다(장애우권익문제연구소, 2015).

참고문헌 REFERENCES

김준환, 남미숙, 구재관, 신후경(2008). 케어복지의 이해와 실천기술. 창지사.
모선희, 김형수, 유성호, 윤경아, 정윤경(2018). 현대 노인복지론. 학지사.
보건복지부(2019). 요양보호사 공통 표준교재. 들샘.
보건복지부(2020). 내부자료.
의료법. 법률 제17787호 일부개정 2020.12.29.
이채식, 김귀환, 문혜숙, 서화정, 오정옥, 이기량, 장우심, 전영록, 조추용(2006). 케어복지개론. 나눔의집.
장애우권익문제연구소(2015). 함께걸음.
古川孝順, 佐藤豊道(2001). 介護福祉. 有斐閣.
福祉士養成講座偏執委員會(2005). 介護概論(第5判). 中央法規出版.
莊村多加志(2003). 介護概論. 中央法規出版.
中鳥記惠子, 京極高宣, 蟻塚昌克(2001). 介護福祉の基礎知識. 中央法規出版.

Chapter 05

제5장

주거환경과 복지용구

01 케어 대상자의 주거환경

1. 주거환경(Residential Environment)의 개념

주거란 사람이 기거하고 침식에 사용되고 있는 가옥 등의 장소로 '일정한 장소에 머물러 산다'는 것을 의미한다. 즉, 주거의 주(住)는 집을 거(居)는 삶을 뜻하므로 주거는 집을 중심으로 하는 생활이나 삶을 의미하는데 주거는 주택이라는 개념보다 더 광범위한 것으로 이웃, 지역사회 및 주위를 둘러싼 환경 전체를 포함하는 포괄적인 의미를 지닌다.

주거환경에 대한 정의는 UN이 1975년 세계도시계획 전문가를 대상으로 인간 정주 행위 기준(Human Settlement Performance Standards) 회의에서 주거지 내의 각종 시설 등을 활용하기 위한 환경을 의미하는 물리적 개념과 주민들 간의 상호 이익도모와 협력을 할 수 있는 사회적 개념으로 설명하였다(이보영, 2015). 즉, 주거환경이란 주거 및 생활 장소를 둘러싸고 있는 생활환경의 총체로서 일상생활에 관련되는 외부환경 조건으로 인간의 주생활을 영위하는 물리적 · 경제적 · 사회적 조건들을 포함한 유 · 무형의 외부적 조건을 광의의 개념이라 할 수 있다. 반면, 협의적 개

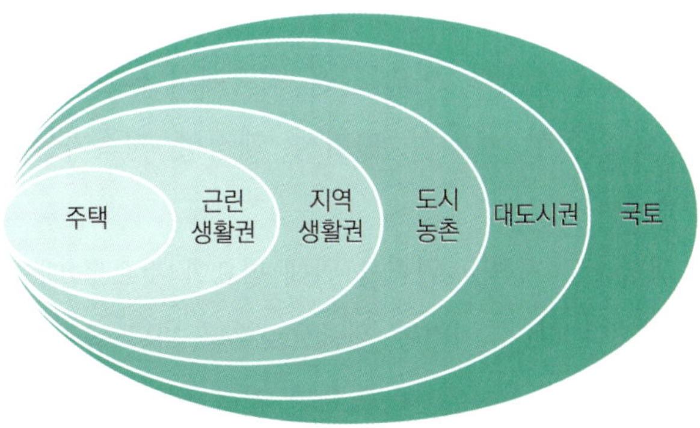

출처: 고원용(2000)

[그림 5-1] 주거환경의 영역

념으로는 주택 그 자체이거나 주택 내·외부와 관련된 여러 조건이라 할 수 있다. 따라서 주거환경은 공간구조의 측면으로 볼 때 매우 제한적일 수 있으나 광의적으로 보면 인류가 살아가는 지구 전체가 주거환경에 포함된다(고원용, 2000).

[그림 5-1]과 같이 주거환경의 구성을 공간의 측면에서 살펴보면 단일 주거 및 공동주택의 공용부분에 해당하는 주택객체와 그 주택을 둘러싼 근린생활권 또는 그것들을 둘러싼 각각의 지역생활권, 도시농촌, 대도시권, 국토로 구분할 수 있다.

이러한 주거환경에서는 휴양·수면·식사·가사·육아 등이 안전하고 쾌적하게 능률적으로 이루어져야만 하는데 세계보건기구(WHO)는 건강한 주거환경의 기초로서 좋은 주거와 건강한 생활을 가능케 하는 주변의 지역적·사회적 조건을 들고 있으며 주거 및 생활장소를 둘러싸고 있는 생활환경으로써 사회적·경제적·문화적인 환경을 포함한다고 보고하고 있다(강미나, 김혜승, 전성제, 2007). 이처럼 인간에게 있어 주거환경은 가장 필수적이고 삶의 질에 중요한 요인으로 누구에게나 또는 어떤 시기에 있어서나 반드시 있어야만 중요한 것이다. 특히, 노인이나 장애인에 있어서는 생활 영역의 축소, 환경에 대한 적응 능력의 약화로 그 의미나 가치가 더욱 중요하다고 할 수 있다(남기민, 남현정, 2013). 왜냐하면 노인이나 장애인의 경우 신체기능과 일상생활수행능력의 저하로 독립된 일상생활에 제한을 받는 경우가 많으므로 행동반경이 좁아질 수 있으며 이로 인해 주택에 머무는 시간이 길어지기 때문에 주택의 구조 및 주변 환경에 대해 민감하게 반응할 수 있다. 이를 보완할 주거환경을 갖출 필요가 있다. 이와 같은 맥락에서 살기 좋은 주거환경이 되기 위해서는 보편적으로 안전성, 보건성, 편리성, 쾌적성, 지속가능성의 다섯 가지 요소들이 고려되어야 한다.

첫째, 안전성은 생명을 유지하고 위험을 위해 필요한 것으로 태풍, 지진, 홍수 등의 자연재해로부터 안전해야 하며, 이러한 재난으로부터 피난 공간이 마련되어야 한다.

둘째, 보건성은 건강을 유지하는 데 필요한 것을 의미한다. 보건성을 위해 주택에는 자연채광이 적절한 수준으로 들어와야 하며, 통풍이 잘되어야 한다. 또한, 주변의 소음과 악취로 인해 불편하지 않아야 한다.

셋째, 쾌적성은 생활을 풍요롭고 윤택하게 해주는 것으로 쾌적한 주거환경을 위해서는 집 내부의 가구 배치라든가 공간구성, 수납 등이 생활하기 편리하게 구성되어 거주자가 이용하기에 편리해야 한다.

넷째, 편리성은 일상생활에 특별한 불편이 없도록 하는 데 필요한 것으로 주변 환경과 관련이 깊다. 주택 간의 거리가 너무 협소해서 거주자가 답답한 느낌을 들지 않아야 하며, 주변 환경과 보기 좋게 어울려야 한다. 더불어 주변에 병원, 시장, 학교, 공원 등의 생활편의시설과 도서관, 체육시설 등 문화생활을 즐길 수 있는 공공시설이 있어야 한다.

다섯째, 지속가능성은 나아가 자신 이외의 특히 차세대 이후의 생활환경도 유지하는 데 필요한 것 등이 포함된다(김진호, 2018). 이에 주변 환경을 평가 분석하기 위해서는 안정성, 보건성, 편리성, 쾌적성, 지속가능성이 모두 고려되어야 한다. 특히, 고령자나 장애인의 경우 신체적 약화로 인해 주거환경이 다양한 요소 중 특히 편리성의 중요성이 강조되고 있다.

한편, 세계보건기구(WHO, 1961; 강미나 외, 재인용)는 인간의 기본생활 욕구를 충족시키는 조건을 〈표 5-1〉과 같이 제시하여 현재 주거환경의 기본 이념인, 안정성, 보건성, 효율성, 쾌적성이 제안되었다.

〈표 5-1〉 기본생활 욕구 충족 조건

구분	내용
안정성(Safety)	생명이나 재산이 재해로부터 안전하게 지켜지는 것
보건성(Health)	육체적 또는 정신적 건강이 지켜지는 것
편리성(Convenience)	생활의 편리성이 경제적으로 확보되는 것
쾌적성(Amenity)	아름다움, 레크리에이션 등이 충분히 확보되는 것

출처: 강미나 외(2007) 재인용

한편 최은영(2011)은 노인 환경 이론에서 제시된 이론과 개념을 토대로 노인주거환경에 내재되어 있는 행태적 개념을 12가지로 정리하였으며 그 내용을 아래와 같다.

① 감각자극(Awareness): 노인주거환경에서 감각자극은 공간 및 시간에 대한 인지도를 형성하는 능력을 향상해주는 정도를 말하는데 노인들의 쇠퇴한 감각 등을 보완할 수 있도록 천천히 많은 정보를 충분히 제공한다. 또한, 개인 물품을 설치하여 장소에 대한 인지를 향상하게 시킨다.

② 편리성(Comfortability): 편리성을 위해 다양한 사람들의 상황과 취향에 맞춰 조명, 소리, 온도 등을 적당히 조절한다. 또한, 복잡한 기계나 여러 단계를 거쳐야 하는 일들이나 많은 대안들은 피하며 옷 입기, 용변 보기 등의 일상생활 활동을 자신의 힘으로 할 수 있도록 개인 영역과 가까운 곳에 화장실, 욕실 등을 설치한다.

③ 접근성(Accessibility): 사람들의 활동을 방해하거나 위협적인 물리적 환경을 제거하고 누구나 접근하여 손이 닿고 조작하기 적합한 크기와 공간을 제공해야 한다. 더불어 장애물이 제거된 상태를 유지해야 하며 사람들의 활동을 방해하거나 위협적인 물리적 횐경을 제거한다.

④ 가독성(Cognition): 여기에서 가독성은 다양한 단서와 정보를 제공하여 현재의 위치, 장소의 이동방법을 알 수 있도록 도와주는 과정을 의미하는데, 장소 인식이 쉬운 그림이나 물건 등을 놓아두어 구분을 용이하도록 한다. 현관문, 엘리베이터 홀, 계단 등에 층을 구별할 수 있는 시각적 배려가 필요하며 목적지에 대한 안내 표시, 이정표, 방향 표시 안내원 등의 다양한 단서를 제공하는 것이 중요하다.

⑤ 안정성(Safety): 공간 사용이나 이동하는 것을 방해하지 않으면서 사고의 위험이 없어야 하며 신체적 손상뿐 아니라 인지적 손상에 대해 예방을 해야 하며 인지적 손상으로 인한 사고를 예방하기 위해 환경을 통제할 수 있어야 한다. 더불어 제공된 자극은 상황에 따라 조절이 가능해야 하고 미끄럼방지 처리된 바닥, 명확하게 표시된 단차, 안전한 난간 등 안전성에 관한 기준들을 준수한다.

⑥ 사적 자유성(Privacy): 사생활 보호를 위해 시각적, 청각적으로 사적인 자유성을 갖도록 분리하고 원하지 않는 사회적 접촉을 피할 수 있는 공간이 있어

야 한다. 또한, 사회적 상호작용이라는 압력을 피할 기회를 제공해야 하며 프라이버시 제공을 위해 알코브를 설치한다.

⑦ 적응성(Familiarity): 다양한 요구에 맞출 수 있는 디자인으로 되어야 하며, 색, 패턴, 가구 등의 특징이 획일적이지 않도록 한다. 벽난로, 현관, 정원 등은 기억을 자극하여 긍정적인 기분을 들게 하며 매일 반복되는 일상과 집에서 이루어지는 활동을 할 기회를 제공한다.

⑧ 의미성(Meaning): 개인의 기억을 회상할 수 있고 편안함을 느끼도록 공간을 계획해야 한다는 것이다.

⑨ 개인화(Personification): 사진 그림 등 개인의 기호에 따라 벽면을 장식하고 개인 물품을 설치, 배열할 기회를 제공해 주는 정도를 말한다. 이에 집과 같은 환경을 조성하기 위해 개인의 물품을 설치하고 배열할 수 있는 기회를 제공해 주어야 하며 자신이 기호에 따라 개인 침실의 가구, 그림 사진 등을 배치할 수 있어야 한다.

⑩ 영역성(Territoriality): 개인 단위 주거공간 문 앞에 작은 공간을 두어 소유물을 전시할 수 있도록 하는 것이다.

⑪ 사회성(Socialization): 사람 간의 사회적 접촉도를 의미하는 것으로 적절한 사회적 상호작용을 위해 외부활동의 정보를 지속해서 얻을 수 있도록 하며 소규모의 모임이 가능하도록 식사실, 거실 등에 가구를 배치한다. 자유로운 사회접촉의 기회를 제공하고 적절한 사회적 상호작용을 위해 자연스럽게 모일 수 있는 공간으로 계획하며 구조화된 사회적 접촉기회를 제공하도록 한다.

⑫ 심미성(Aesthetic): 공간 계획 시 거주자와 디자이너의 대화를 통해 디자인에 거주자의 의견을 반영하도록 하는 것이다.

위에서 상술하였듯이 인간에게 있어 주거환경 인간의 기본 생활인 의식주에서 가장 큰 비중을 차지하고 있다. 특히 노인에게 있어 주거환경에 대한 보장은 매우 중요하다고 할 수 있다. 주거환경이 노인에게 의미하는 바는 다른 세대와는 다르지 않지만, 노년기 은퇴에 따른 활동이 축소되고 신체적·심리적 위축에 따른 생활영역의 축소로 인하여 주거공간에 거주하는 시간이 길어짐에 따라 그 중요성이 강조된다. 또한, 노인에게 있어 주거 안정의 문제는 노화로 인한 체력의 약화로 노화로 인한 체력의 약화로 이동 및 일상생활의 불편 이동 및 일상생활의 불편, 내가 살던 거주지에 안주하고 머물러 있으려는 성향, 경제력 감소 등을 고려할 때 신체적·정신적으로도 많은 영향을 미치는 중요한 문제라 할 수 있다. 특히, 저소득 노인가구일 경우 주거에 대한 경제적 부담과 더불어 가족의 해체 및 건강의 악화, 소외감 등의 악순환이 우려되기 때문에 적절한 노인주거정책이 요구된다.

2. 주거 보장

1) 주거 보장의 의미

인간에게 있어 의식주는 생존에 필요한 요소로 세 가지 요소 모두 중요하다. 하지만 생활에 있어 거주도 매우 중요한 요소라 할 수 있다. 주거 보장이란 개인이 생활하는 데 독립성을 유지하면서 안전하고 쾌적한 일상생활을 유지할 수 있는 공간을 확보하고 유지시킬 수 있도록 주택의 건설과 공급, 그리고 이에 관련된 서비스를 통하여 지원하여 주는 제반 사회적 노력을 의미한다(이혜원, 1998; 조추용 외, 2015 재인용). 그러나 사회변화의 흐름 속에 가족에 대한 가치관도 함께 변화되어 자녀의 부모 부양에 대한 태도도 변화하고 있어 노인이 단독으로 거주를 마련하고자 한다면 주택 가격이나 전·월세 가격이 비싼 우리나라에서 노인이 적절한 주거공간을 찾는 것은 어려운 일이다. 이러한 이유로 인하여 다른 무엇보다 정부가 관심을 기울여야 할 일이 노인을 위한 적절한 주거공간을 마련하는 것이라 할 수 있다. 이는 노년기에는 활동 영역이 가정 내에서 이루어지는 경향이 많아 주거가 노인의 심리적·정서적 안정에 미치는 영향이 크기 때문에 노인주거는 노인 문제의 핵심이라 할 수 있다. 노인복지는 주택으로 시작하여 주택으로 끝난다(社會保障研

究所 編, 1990)는 표현이 있을 정도로 적절한 주거의 제공은 노인복지의 기본이라고 할 수 있다. 따라서 노화로 인한 일상적인 생활능력에 저하가 오더라도 자립적인 생활이 오래도록 가능한 그런 형식의 주택을 개발하는 한편, 그 필요성을 홍보하여 누구도 피할 수 없는 노년기를 대비하여 미리부터 스스로 노년기의 주거문제를 준비할 수 있게 하는 것이 필요하다(박신영, 2003).

일본의 오모토(大本圭野, 1990; 박차상 외, 2002; 조추용 외, 2015, 재인용)는 노년기 생활의 특성을 세 가지 들고 있는데 첫째는 정년퇴직으로 경제적 수입에 한계가 있다. 둘째는 정년퇴직으로 인하여 사회적 관계가 단절되거나 축소되고, 자녀가 성숙하여 독립하기 때문에 사회적으로 고립되기 쉽다. 셋째는 심신이 쇠약하여 장애를 가지기 쉽다.

이러한 특성을 바탕으로 노인거주 보장의 필요성은 다음과 같다. 첫째, 노인이 경제적으로 수입에 한계가 있으므로 주택수당제의 도입이나 무료 또는 저렴한 비용으로 주거공간을 마련해 주어야 한다. 둘째, 직장에서 퇴직한 노인의 주요 활동공간은 자연스럽게 주택이 된다. 지역사회에 있는 주택에서 사회적 관계를 지속적으로 유지할 수 있도록 생활의 장으로서 노인주거 보장이 필요하다. 셋째, 노인들이 심신의 질병으로 장애를 동반하게 됨에 따라 계속하여 지역사회에서 거주할 수 있도록 주거 보장이 이루어져야 한다(조추용 외, 2015).

2) 주거 보장의 원칙

적절한 주거의 확보는 인간생존에 필수적이지만, 그 필요성은 고령기에 가장 크다고 할 수 있을 것이다. 이는 고령기에는 생활의 주된 공간이 주택에 한정되며, 편리한 주거조건을 갖추지 않고는 생활이 이루어질 수 없기 때문이다. 그러나 오늘날 절대다수의 노인이 적절한 주거공간에 거주하고 있지 않은 실정이다. 따라서 고령화 시대의 노인을 위한 주택정책은 노인이 적절한 주거공간에 거주하며 필요한 생활 관련 서비스를 제공받을 수 있도록 하는 것에 초점이 맞추어져야 할 것이다.

따라서 노인이 보다 독립적이고 자율적이며 심리적으로 안정된 주거생활을 영위할 수 있도록 경제적 특성에서 큰 편차를 보이는 노인층의 주거수요에 부응할 수 있는 소득에 따른 노인주택 공급 프로그램 개발과 정부 지원체계를 재정비해야 한다. 이를 위해서 다음과 같은 원칙을 확립하는 것이 필요하다.

첫째, 거주의 연속성이다. 주택의 구조가 사용하기 불편하여 혹은 적절한 의료복지서비스를 제공받지 못하므로 태어나고 성장하며 오랫동안 생활했던 지역과 주택을 벗어나 노후에 전혀 다른 주거환경으로 옮겨가게 되는 것은 노인들에게 심리적·육체적 영향을 크게 줄 수 있다는 것이다. 따라서 가능한 한 생활해 왔던 지역사회와 주택에서 노후를 보낼 수 있도록 '주거의 연속성'을 보장해 주는 것이 필요하다. 즉, 기존의 친숙한 거주 지역에서 지속적인 삶의 유지하는 Aging in Place가 중요하다는 것이다. 특히, 주거의 연속성은 복지정책 수립 시 강조되고 있는 정상화(normalization) 이념과도 일맥상통한다. 정상화란 노인이나 장애인이 지금까지 살아왔던 환경에서 지금까지와 비슷한 리듬으로 살아갈 수 있게 해야 한다는 것이다.

둘째, 주거의 안전성이다. 아무리 자신의 주택에서 생활하고 싶어도 주택의 구조가 생활하기 어렵고, 또한 안전사고의 위험이 크다면 오히려 입소시설에서 생활보다 나을 것이 없을 것이다. 따라서 안전하고 편리한 주거를 보장하기 위한 주택의 공급이 필요하다.

셋째, 주거의 건강성이다. 고령자 주거 실태를 보면, 낡고 협소한 주택에서 생활하는 경우가 많고, 게다가 주택 내부에 채광이나 통풍, 소음 등으로 인하여 열악한 환경에 있는 주택이 많으며, 이로 인하여 적절한 휴양이나 휴식을 취할 수 없어 오히려 고령자의 건강을 악화시키는 경우도 적지 않다. 따라서 건강하게 거주할 수 있는 고령자용 주거공간의 건설이 필요하다.

넷째, 주거의 요양 및 재활성이다. 지역사회와 주택에서의 생활 지원을 전제로 한 복지이념의 변화에 따라 주택에서 생활하는 고령자가 증가하게 되고, 또한 주택 내에서 요양이나 재활(rehabilitation)을 하게 되는 경우가 늘어나게 될 것이다. 따라서 주택 내에서 요양이나 재활할 수 있게 하는 구조와 공간이 제공되어야 한다는 것이다(박신영, 2003; 조추용 외, 2015 재인용).

3. 노인세대 구성과 주거의 유형

2020년 고령자 가구(가구주 연령이 65세 이상)는 464만 2천 가구로 전체 가구의 22.8%를 차지하며, 이는 계속 증가하여 2047년에는 49.6%가 될 전망이다. 고령자 가구를 유형별로 보면, 1인 가구 비중이 34.2%로 가장 많고, 그 다음은 부부(33.1%), 부부+자녀(9.7%), 부(모)+자녀(5.5%) 순이다. 노인 1인 가구(독거노인) 및 노인 부부세대가 67.3%에 이른다. 구체적인 내용은 다음의 〈표 5-2〉와 같다.

〈표 5-2〉 노인가구 추이 (단위: 천가구, %)

구분	총가구	고령자 가구[1]	비중	고령자 가구 유형 및 구성비[2]							
				부부	구성비	부부+자녀	구성비	부(모)+자녀	구성비	1인 가구	구성비
2000	14,507	1,734	11.9	573	33.1	184	10.6	79	4.5	544	31.4
2005	16,039	2,350	14.7	796	33.9	243	10.3	116	4.9	746	31.7
2010	17,495	2,923	16.7	985	33.7	286	9.8	149	5.1	991	33.9
2017	19,524	3,999	20.5	1,310	32.7	393	9.8	221	5.5	1,337	33.4
2020	20,350	4,642	22.8	1,536	33.1	450	9.7	255	5.5	1,589	34.2
2025	21,342	6,011	28.2	1,967	32.7	594	9.9	328	5.5	2,064	34.3
2030	20,036	7,438	33.8	2,420	32.5	729	9.8	400	5.4	2,586	34.8
2035	22,497	8,788	39.1	2,821	32.1	842	9.6	459	5.2	3,131	35.6
2040	22,651	10,012	44.2	3,136	31.3	943	9.4	510	5.1	3,623	36.2
2045	22,456	10,747	47.9	3,251	30.2	990	9.2	533	5.0	3,933	36.6
2047	22,303	11,058	49.6	3,302	29.9	1,019	9.2	547	4.9	4,051	36.6

출처: 보건복지부(2020); 통계청. 「장래 가구 특별추계 2017~2047」.
주: 1) 가구주의 연령이 65세 이상인 가구
2) 고령자 가구 중 유형별 구성비

고령사회를 맞이하고 있는 선진국에서 주택정책은 사회정책의 중요한 부분을 담당하고 있다. 이들 국가에서 발전되어 온 노인주거의 형태는 일반 주택에서부터 반의존적인 노인을 위한 노인보호주택 그리고 노인의료복지시설인 노인요양시설(nursing home), 노인전문요양시설, 노인전문병원, 병원에 부속된 노인주거, 각종 서비스가 조직화된 노인촌락에 이르기까지 연속적 시스템으로 구성되어 광범위하다.

그러나 우리나라 노인복지정책에서 주택보장은 무의탁 노인을 위한 양로 및 요양시설과 일부 유료시설을 제외하고는 사실상 전무한 상태이다. 또한, 노인주택의 개념에 대해서도 전반적인 합의는 되어 있지 않다고 할 수 있다. 우리 사회의 고령화사회 진입, 이에 따른 국가의 노인문제 대비의 필요성, 장래의 유망산업으로 부각되는 실버타운 등에 대한 기업들의 투자와 관심 등을 고려한다면 앞으로 노인주택은 급성장할 수 있는 분야로 대두되고 있다고 할 수 있다.

02 유니버설 디자인과 장벽 제거

1. 유니버설 디자인(universal design)

유니버설 디자인은 '가능하다면 시민 누구나 이용 가능한 디자인'을 의미한다. 즉, 유니버설 디자인은 다양한 사람에 관한 생각과 이해에서부터 시작한다고 할 수 있는데 성별, 연령, 국적, 신체 능력 등에 의하여 제약받지 않고 다양한 사람들의 특성과 행태에 적합한 안전하고 편리한 물리적·사회적 환경을 제공하는 것이다. 또한, 유니버설 디자인은 하나의 해답이 아닌 선택 가능한 여러 가지 해답을 통해 다양한 사람들의 눈높이에 대응해 가는 것이다. 그러나 모든 사람이 누구라도 이용하기 쉬운 디자인은 그리 쉽게 나오지 않았는데 이 디자인을 만드는 과정에 이용 가능한 사람들을 참가시켜 의견을 반영하는 것도 유니버설 디자인의 과정이라고 한다.

유니버설 디자인은 1985년 로널드 메이스(Ronald L. Mace)가 자신의 철학인 "모든 나이와 능력을 위한 디자인"(design for all ages and abilities)을 나타내기 위해 유니버설 디자인이란 용어를 만들었다. 1997년 노스캐롤라이나 주립대학교의 유니버설 디자인 센터는 미국 교육부의 국립장애 재활연구소의 후원을 받아 다음과 같은 유니버설 디자인의 7대 원칙을 마련하였다.

1) 유니버설 디자인의 7대 원칙

노스캐롤라이나 주립대학교의 유니버설 디자인 센터에서 제시한 7대 원칙은 공평한 사용, 사용상 유연성, 간단하고 직관적인 사용, 알아챌 만큼 충분한 정보, 실수를 감안, 적은 물리적 노력, 접근하고 사용하기에 적절한 크기와 공간이다.

(1) 공평성

공평성은 다양한 능력의 사람들에게 유용하고 팔릴 수 있도록 디자인하는 것으로 모든 사용자가 같은 방법으로(최대한 동일하게) 사용할 수 있어야 한다. 또한, 어떤 사용자 집단을 다른 집단과 구분하거나 낙인을 찍지 않으며 모든 사용자에게 사생활 보호, 안전, 보안이 동등하게 제공되도록 하면서 모든 사용자의 마음에 들도록 한다는 원칙이다. 다시 말해 모든 소비자가 대등하게 이용할 수 있어야 하며, 공간이나 물건을 이용하는 데 이용자를 구별하거나 차별하지 말아야 한다는 것이다.

(2) 유연성

유연성은 개인의 선호나 장애, 능력과 관련하여 넓은 범위에 맞출 수 있도록 디자인하기 위해서 사용자가 여러 사용방법 중에서 선택할 수 있도록 하며 왼손잡이든 오른손잡이든 접근해서 사용할 수 있도록 한다. 또한, 사용자가 정확성과 정밀성을 향상시킬 수 있도록 도우며 사용자의 보폭과 속도에 맞출 수 있도록 한다는 원칙이다. 즉, 광범위한 개개인의 요기구와 능력에 대처할 수 있어야 하며, 사용방법을 선택할 수 있어야 한다.

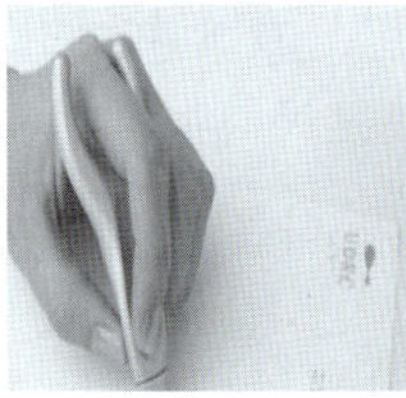

누구나 공평하게
사용할 수 있을 것

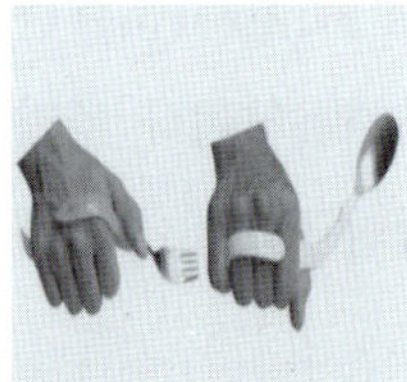

사용성의 융통성

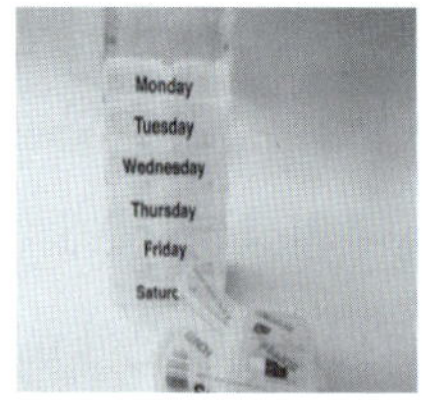

간단하고 직관적인
사용

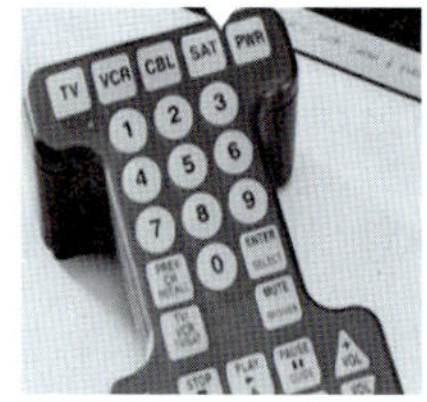

쉽게 인지할 수 있는
정보

오류에 대한 포용력

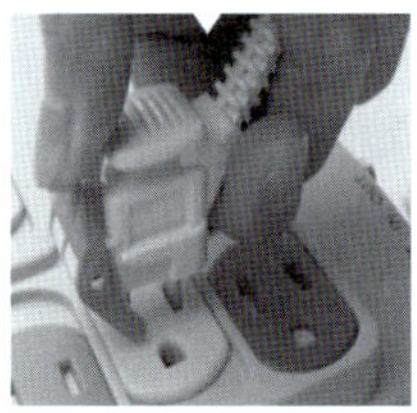

적은 물리적 노력

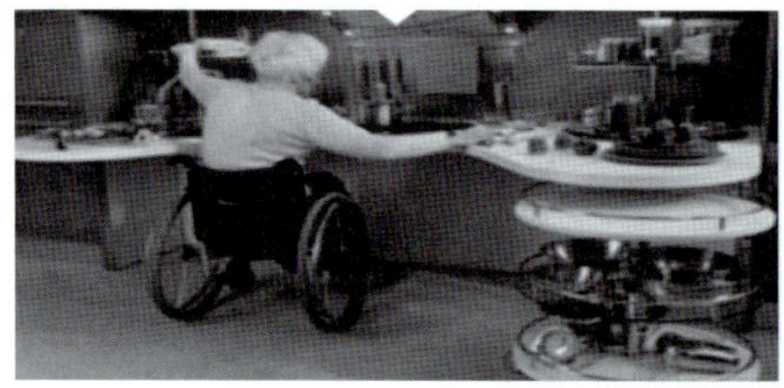

접근과 사용을 위한 충분한 공간

출처: 충북복지넷 홈페이지 https://www.043w.or.kr

[그림 5-2] 유니버설 디자인의 7가지 원칙

(3) 단순성과 직감성

사용자의 경험이나 지식, 언어, 집중도와 무관하게 이해하기 쉽도록 디자인하는 것으로 필요 이상 복잡하지 않으며 사용자의 기대와 직관에 부합하고 사용자의 읽기 능력이나 언어 종류와 관련하여 넓은 범위를 맞출 수 있게 한다. 또한, 중요도에 따라 정보를 배열하고 과제를 완료하는 도중이나 이후에 효과적 피드백을 제공하고 격려를 한다는 원칙을 의미한다. 즉, 지역, 학력, 습관 등 이용자의 경험이나 지식, 언어 등과 관계없이 알기 쉽고 이용하기 쉬어야 한다는 것이다.

(4) 인지성

사용자의 감각 능력이나 환경 조건과 무관하게 사용자에게 충분한 정보를 효과적으로 전달할 수 있는 디자인을 의미한다. 이를 위해 필수정보를 충분히 나타낼 수 있도록 여러 방식을 사용한다. 예를 들면 그림으로 표시하고, 소리로 알려주고, 만져서 알 수 있게 하는 등이다. 또한, 필수정보와 부가정보가 적절히 대비되도록 하며 필수정보에 대해 판독 가능성을 극대화하고 묘사할 수 있는 다양한 방법으로 여러 요소를 차별화한다. 즉, 어떻게 하라고 하거나 방향을 가리키는 것을 쉽게 한다. 특히, 감각에 제약이 있는 사람들이 사용하는 다양한 장치나 도구에 상응하도록 한다. 정리하면 그림 언어, 언어, 촉지성 정보 등에 의해 정보를 적절하게 전달해야 하며, 시각장애인이나 청각장애인 등 지각에 장애가 있는 사람에게도 기술이나 전달방법을 사용할 수 있도록 적합성을 높여주어야 한다는 것이다.

(5) 오류에 대한 포용력

실수를 감안한다는 것은 사용자가 잘못 쓰거나 예상하지 못한 행동을 하더라도 위험이나 역효과가 최소가 되도록 디자인하는 것이다. 이를 위해 위험과 실수가 최소가 되도록 요소를 배치하는데, 예를 들면 가장 많이 쓰는 요소는 가장 접근하기 쉽게 하고, 위험한 요소는 제거하거나 고립시키거나 방어하는 방식으로 배치하는 것이다. 또한, 위험이나 실수에 관해 경고하고 실패하더라도 안전하게 하며 주의를 요구하는 일에서는 무의식적으로 행동하지 못하게 한다는 것이다. 즉, 리스크를 최소화하고, 잘못 사용할 경우에도 최소의 리스크로 대처할 수 있어야 하며, 가능한 안전을 추구해야 한다.

(6) 적은 물리적 노력

사용하기 편하고 피로가 줄이도록 디자인하는 것을 의미한다. 이를 위해 균형잡힌 자세로 사용할 수 있도록 하며 적절히 조작할 수 있는 힘으로 사용할 수 있게 한다. 또한, 반복하는 동작을 최소로 하고 자세를 유지하기 위해 드는 힘을 최소로 한다는 원칙이다. 즉, 이용함에 있어 효율성으로 동작을 반복하지 않고 간단하게 이용 가능해야 한다.

(7) 접근하고 사용하기에 적절한 크기와 공간(Size and Space for Approach and Use)

접근하고 사용하기에 적절한 크기와 공간은 사용자의 체구, 자세, 이동성과 무관하게 접근하고 사용하기 편하도록 크기와 공간을 디자인하는 것을 의미한다. 이를 위해 사용자가 앉아 있든 서있든 중요한 요소들이 잘 보이게 하면서 모든 구성요소들이 손이 닿도록 하는 것이다. 또한, 다양한 손 크기에 맞추며 보조 기기나 개인별 보조 장치를 사용할 수 있도록 적절한 공간을 제공한다는 것을 원칙으로 한다.

2012년 미국 버펄로 대학교의 에드워드 스타인 펠드(Edward Seinfeld)와 조다나 메이젤(Jordana L. Maisel) 등은 "유니버설 디자인은 인간의 활동과 보건, 건강, 사회참여를 증진함으로써 다양한 부류의 사람들이 더 다양한 활동을 할 수 있게 하는 디자인 과정이다"라고 정의하면서 유니버설 디자인 원칙에 사회참여, 보건, 건강을 포함 확대하였고 증거기반 디자인에 근거를 두고 〈표 5-3〉과 같이 유니버설 디자인의 8대 목적을 개발했다(위키백과 https://ko.wikipedia.org).

〈표 5-3〉 유니버설 디자인의 8대 목적

초점	목적	내용
인체측정학	몸에 맞게(Body Fit)	사용자의 체구와 장애와 관련하여 넓은 범위에 맞춘다.
생물 역학	편안하게(Comfort)	몸을 움직여 닿거나 잘 알아챌 수 있을 거라고 예상하는 한도 이내를 요구한다.
지각 심리학	알 수 있게(Awareness)	사용할 때 중요한 정보를 쉽게 알아챌 수 있겠다는 것이 확실하도록 한다.
인지심리학	이해할 수 있게(Understanding)	작동방식이나 사용법을 직관적이고 명확하게 하고, 애매하지 않게 한다.
인간의 활동과 사회참여	건강에 도움되게(Wellness)	질병을 피하고, 위험으로부터 보호함으로써, 보건 증진에 기여하게 한다.
사회참여의 결과	사회통합에 기여하게(Social Integration)	모든 집단에 대해 존엄성을 인정하고 존중하며 대우한다.
	각자에게 맞게(Personalization)	선택 기회를 주고, 개인 선호를 표현할 수 있게 한다.
	문화에 맞게(Cultural Appropriateness)	문화적 가치와 사회적 환경적 맥락을 존중한다.

한편 서울시는 다양한 사람들이 안전하고 편리하게 살아갈 수 있는 보편적인 환경을 필요로 하기 때문에 유니버설 디자인 도시조성 기본 조례를 마련하고 기존의 사회적 · 물리적 장벽은 없애고 그러한 장벽이 새롭게 만들어지는 것을 방지하는 것에 의해서 모든 시민이 안전하고 편리하게 살아갈 수 있는 도시환경을 조성하고자 했다. 이를 위해 서울시는 유니버설 디자인의 가이드라인 원칙을 〈표 5-4〉와 같이 두고 있다.

유니버설 디자인 환경은 '장애인'뿐만 아니라 '비장애인'을 포함한 모두를 위한 '유니버설 디자인 환경' 조성을 통해 모든 공간과 제품에 접근할 수 있도록 하는 사회적 기반 마련에 이바지한다고 할 수 있다

〈표 5-4〉 서울시 유니버설 디자인 가이드라인 원칙

원칙	내용
편리하다	• 연령, 지식, 능력 등과 관계없이 조작과 이용이 쉽다. • 필요한 정보를 직감적으로 이해할 수 있으며, 적절한 위치에 제공한다. • 시각, 청각, 촉각 등 다양한 감각을 사용하여 이해하고 판단할 수 있다.
안전하다	• 사용자 특성을 반영하여 위험요소를 제거하거나 미리 안내한다. • 조작이나 이용에 위험요소가 없으며 부주의한 실수에도 안전하다. • 유해한 환경을 예방하고 개선한다.
쾌적하다	• 주변 환경과 조화를 이루고 있다. • 청결하고 정돈되어 심리적으로 안정감을 제공한다. • 시각, 청각, 촉각 등을 적절하게 활용하여 매력을 느낄 수 있다.
선택 가능하다	• 다양한 지역적 특색을 고려하여 적합한 방법을 적용할 수 있다. • 사용자의 자세, 동작, 행동 패턴 등의 차이와 변화에 대응할 수 있는 다양한 방안을 고려하고 있다. • 수단이나 사용방법이 다양하여 상황에 따라 선택할 수 있다.

출처: 서울시 유니버설 디자인 통합 가이드라인 체크리스트(2017)

2. 장벽 제거(Barrier Free)

장벽 제거는 고령자 등의 사회적 약자를 배려한 디자인 철학으로 대표적으로

무장애 디자인(barrier free design)을 들 수 있다. 무장애(Barrier Free)는 장벽(Barrier)+자유(free)로 문자 그대로 '장애 또는 장벽이 없다'라는 뜻으로 장벽 제거(Barrier Free) 운동은 원래 건축물과 주택에서 건축적인 장해를 제거하여 고령자와 장애인들이 자유롭게 활동할 수 있도록 배려한 설계 기준으로 고령자나 장애인들도 살기 좋은 사회를 만들기 위해 물리적 · 제도적 장벽을 허물자는 운동이다.

기존의 도시 환경에서는 무질서하게 설치된 장애물로 인하여 고령자나 장애인 등 사회적 약자들이 예상치 못한 단차로 인해 넘어지는 사고 또는 난간 부재로 인한 낙상, 보행자 교통사고, 미끄러운 바닥 재질에 의한 넘어짐 등의 안전사고에 무방비 상태로 노출되었기 때문에 이러한 위험요소를 제거하기 위한 최소한의 물리적 안전장치 마련이 필요하게 되었다. 더불어 고령화사회의 심화, 잠재적 장애인구의 증가 등에 따라 사회적 약자를 배려한 생활환경 조성이 요구되었으며 고령자에게 안전하고 편리한 생활 지원을 위한 디자인 패러다임의 전환이 요구되었다(김상운, 2018).

이러한 사회적 요구 때문에 1974년 국제연합장애인 생활환경전문가 회의에서 '장벽 없는 건축 설계(barrier free design)'에 관한 보고서가 제시되면서 건축학 분야에서 사용되기 시작했다. 이후 일본 · 스웨덴 · 미국 등 선진국을 중심으로 휠체어를 탄 고령자나 장애인들도 비장애인과 다름없이 편하게 살 수 있게 하자는 뜻에서 주택이나 공공시설을 지을 때 문턱을 없애자는 운동을 전개하면서 확산되었다.

스웨덴은 1975년 「주택법」을 제정하면서 신축 주택에 대하여 전면적으로 배리어 프리(barrier free)를 실시하여 신체적 제약으로 인해 이동에 제한이 많은 노인이나 장애인들이 휠체어를 타고도 집안에서 불편 없이 활동할 수 있도록 문턱을 없앰으로써 다른 고령 국가보다 노인들의 입원율이 크게 낮아졌고 일본에서도 이미 일반용어로 정착되어 쓰이고 있다. 2000년 이후에는 건축이나 도로 · 공공시설 등과 같은 물리적 배리어 프리(barrier free)뿐 아니라 자격 · 시험 등을 제한하는 제도적 · 법률적 장벽을 비롯해 각종 차별과 편견 나아가 장애인이나 노인에 대한 사회적 인식 제고를 통하여 마음의 벽까지 허물자는 운동의 의미로 확대 사용되고 있다(네이버 지식백과, 두산백과 https://terms.naver.com/entry.naver?docId=1221802& cid=40942&categoryId=31638).

배리어 프리(barrier free)는 원래 건축 관련 용어로 등장하여 단차의 해소 등 물리적 장벽을 제거한다는 의미가 강하지만 최근에는 더욱 광범위한 의미로서 사회제도, 문화정보, 의식이나 심리적인 측면에서 장벽을 제거한다는 의미로도 사용될 뿐 아니라 노약자나 장애인의 관점에서 사용하기 쉽고 편리하게 만든 가구나 제품 디자인 등 폭넓게 포함하고 있다. 이는 노인이나 장애인이 입장에서 적극적으로 불편한 환경을 개선하려는 개념으로 확대 적용되고 있다는 것이다(이성태, 2005).

일본은 '하트 빌딩(Heart Building) 법'에 의해 고령자와 장애인에게 친화적인 건축을 장려하였으며 2006년에는 하트 빌딩 법과 '교통 무장애 설계법'을 통합한 '배리어 프리 법'을 적용해 총면적 2,000㎡ 이상 신축 건축물에 배리어 프리 적용을 의무화하였다.

우리나라는 2005년 민간 중심으로 BF인증제도 도입을 논의해오면서 2006년 정부와 민간이 공동으로 공식적인 논의를 시작하였다. 이에 2007년 4월 건설교통부와 보건복지부 공동 시행 지침을 마련하여 최소한의 법적 규정과 달리 최대한의 시설이용 편의를 제공할 수 있도록 규정함으로써 자율적 참여제도로 시행되었고 한국장애인개발원과 한국토지공사를 BF인증제도 운영을 위한 인증기관으로 지정하였다. 이후 2008년 7월 BF인증제도 시행지침 개정으로 본격 시행되었다. 이후 2015년 「장애인 · 노인 · 임산부 등의 편의증진 보장에 관한 법률」이 개정되면서 국가 및 지방자치단체가 신축하는(공공분야) 건축물은 의무적용으로 변경하였다.

BF인증제도는 「장애인차별금지법」에 따라 학교 · 병원 등에 장애인 편의 제공을 의무화한 「장애인 · 노인 · 임산부 등의 편의증진 보장에 관한 법률」과 「교통약자 이동편의 증진법」, 「장애물 없는 생활환경 인증에 관한 규칙」의 법적 근거에 따라 장벽 제거(Barrier Free) 생활환경 인증제도를 운영하고 있다. 보건복지부와 국토해양부는 2008년 7월부터 장애물 없는 생활환경 인증제도를 도입하였다. 장애물 없는 생활환경 인증제도는 어린이 · 노인 · 장애인 · 임산부뿐 아니라 일시적 장애인 등이 개별 시설물 또는 지역을 접근 · 이용 · 이동함에 있어 불편을 느끼지 않도록 계획 · 설계 · 시공 · 관리 여부를 공신력 있는 기관이 평가하여 인증하는 제도이다. 즉, 누구나 이용 가능한 환경, 다양한 이용자의 이용 특성을 최대한 고려하여 만드는 환경으로 누구든 불편 없이 이용 가능한 환경, 최대한 장애물을 만들지 않으려고 노력하는 환경으로 대지 조건 등으로 인해 존재하는 기존 환경의 장애물도 최소화하려는 환경이라 할 수 있다.

한편 「장애인등편의법(장애인 · 노인 · 임산부 등의 편의증진 보장에 관한 법률)」은 장애인도 이용할 수 있도록 사회가 최소한의 조치를 제공하도록 의무화한 것이다. 반면 BF인증제도는 장애로 인한 어떠한 차별도 없이 누구나 이용할 수 있도록 장애물을 모두 제거하도록 국가가 요구하는 제도라는 점에서 큰 차이가 있다 할 수 있다. [그림 5-3]은 BF인증제도 시행 전후 변화에 대한 그림이다.

〈인증제 시행 전〉

〈인증제 시행 후〉

출처: 보건복지부 보도자료(2007.3.27.)

[그림 5-3] BF인증 시행 전후

[그림 5-3]과 같이 BF인증제도 실시 이전 「장애인등편의법」의 초점은 기존의 물리적 장애물을 어떻게 극복하게 할 것에 맞추어져 있었으며 기존의 물리적 환경을 장애인이 접근 또는 이용할 수 있도록 최소의 관점에서 변경하는 것이 관건이었다. 이러한 Barrie Free 생활환경에 대한 잘못된 이해로 인하여 대다수 건축물이 설계 단계에서 주 출입구에 계단과 같은 높이 차이를 형성한 후 건축허가 단계에서 주 출입구의 단차를 제거하기 위한 경사로라는 부가적인 편의시설을 설치하는 등의 비합리적인 설치가 이루어져 장애인을 위한 시설과 비장애인을 위한 시설이 별도로 존재한다는 차별적 인식을 양산하고 있었다. 이러한 사실은 시설을

이용하는 약자의 장애를 남들과 다른 특별한 것으로 인식하게 하는 부정적 인식을 만들기도 하였다. 또한, 경제적 측면에서도 계단 측면에 별도의 경사로를 부가적으로 설치하는 비용 증가를 발생하게 하였다. 이는 건축 시 부담이 가중하는 시설로 시설이용 약자를 포함한 사회구성원들에게도 환영받지 못하는 비효율적인 시설설치라는 편견을 갖게 함으로써 모두에게 공평한 환경을 제공한다는 궁극적 목적에 부합하지 않는 모순적 상황이 발생하게 된 것이다.

이에 BF인증제도는 기존 장애물 환경에 별도의 시설을 부가하는 방식에서 탈피한 장애물이 될 만한 요소를 사전에 제거하자는 개념에서 출발하여 결과적으로는 최소한이 아닌 최대한의 장애물을 감소시켜 장애인, 노약자 등뿐 아니라 모든 사람이 범용으로 사용할 수 있는 환경을 구축하는 효과를 가져오게 되었다고 할 수 있다(이규일, 2019).

장애인등편의법 이전 적용 / 장애인등편의법 적용 / BF인증 적용

출처: 이규일(2019)

[그림 5-4] BF인증제도 적용 전후

1) BF인증 대상 및 의무시설

BF인증의 대상으로는 개별시설과 지역, 국가 · 지방자치단체 또는 공공기관으로 구분할 수 있으며 그 내용은 〈표 5-5〉와 같은데 BF인증은 「장애인 · 노인 · 임산부 등의 편의증진 보장에 관한 법률」과 「교통약자 이동편의 증진법」에 근거하고 있다 할 수 있다.

〈표 5-5〉 BF인증 대상

구분	대상시설 및 관계 법령	인증신청자
개별 시설	•「장애인 · 노인 · 임산부 등의 편의증진 보장에 관한 법률」 제7조 - 공원, 공공건물 및 공중 이용시설, 공동주택, 통신 시설, 그 밖에 장애인 등의 편의를 위하여 편의시설을 설치할 필요가 있는 건물 · 시설 및 그 부대시설 •「교통약자 이동편의 증진법」 제9조 - 교통수단, 여객시설, 도로	개별시설의 소유자, 관리자 또는 시공자(교통수단, 여객시설, 도로의 시공자로서 소유자 또는 관리자가 인증신청에 동의한 경우
지역	•「교통약자 이동편의 증진법」 제15조의2 - 교통약자가 안전하고 편리한 이동을 위하여 교통수단 · 여객시설 및 도로를 계획 또는 정비한 시 · 군 · 구 및 읍 · 면 · 동 다음 각 목에 따른 사업지역(면적이 10만 제곱미터 이상인 경우) 가.「국토계획 및 이용에 관한 법률」 제2조 제11호에 따른 도시 · 군 계획 사업지역 나.「도시재정비촉진을 위한 특별법」 제2조 제2항에 따른 재정비촉진사업 지역 다.「주택법」 제15조에 따른 주택건설사업 지역 또는 대지조성사업지역 라.「택지개발촉진법」 제7조에 따른 택지개발사업 지역 마.「관광진흥법」 제55조에 따른 조성사업 지역 - 그 밖에 법령상 10만 제곱미터 이상의 개발이 수반되는 사업지역이나 둘 이상의 행정구역에 걸쳐 있는 지역 등 국토교통부장관이 고시로 정하는 지역	지방자치단체의 장, 「교통약자 이동편의 증진법」 제15조의2 제2호 및 제3호에 따른 지역의 개발사업 시행자
국가 · 지방자치단체 또는 공공기관	• 국가, 지방자치단체 또는 「공공기관의 운영에 관한 법률」에 따른 공공기관 신축 · 증축(건축물이 있는 대지에 별개의 건축물로 증축하는 경우에 한정) · 개축(전부를 개축하는 경우 한정) 또는 재축하는 청사, 문화시설 등의 공공건물 및 공중이용시설 중에서 대통령령으로 정하는 시설 • 국가, 지방자치단체 또는 「공공기관의 운영에 관한 법률」에 따른 공공기관 외의 자가 신축 · 개축 또는 재축하는 공공건물 및 공중이용시설로서 시설의 규모, 용도 등을 고려하여 대통령령으로 정하는 시설	

〈표 5-6〉은 「장애인 · 노인 · 임산부 등의 편의증진보장에 관한 법률」 제5조의2 장애물 없는 생활환경 인증 의무시설의 범위이다. 다만, 〈표 5-6〉의 장애물 없는

생활환경 인증 대상시설이 지형, 문화재 발굴 등 주변 여건으로 인하여 불가피하게 장애물 없는 생활환경 인증이 받기 어려운 경우에 보건복지부와 국토교통부령으로 정하는 바에 따라 의무 인증시설에서 제외할 수 있다.

〈표 5-6〉 장애물 없는 생활환경 인증 의무시설

구분	대상시설
제1종 근린생활 시설	• 식품 · 잡화 · 의류 · 완구 · 서적 · 건축자재 · 의약품 · 의료기기 등 일용품을 판매하는 등의 소매점, 이용원 · 이미용 · 목욕장 • 지역자치센터, 파출소, 지구대, 우체국, 보건소, 공공도서관, 국민건강보험공단 · 국민연금공단 · 한국장애인고용공단 · 근로복지공단의 사무소, 그 밖에 이와 유사한 용도의 시설 • 대피소 • 공중화장실 • 의원 · 치과의원 · 한의원 · 조산원 · 산후조리원 • 지역아동센터
제2종 근린생활 시설	• 일반음식점, 휴게음식점, 제과점 등 음료 · 차(茶) · 음식 · 빵 · 떡 · 과자 등을 조리하거나 제조하여 판매하는 시설 • 안마시술소
문화 및 집회시설	• 공연장 및 관람장 • 집회장 • 전시장 • 동 · 식물원
종교시설	종교집회장
판매시설	도매시장 · 소매시장 · 상점
의료시설	병원, 격리병원
교육 연구시설	• 학교 • 교육원, 직업훈련소, 학원 • 도서관
노유자 시설	• 아동 관련 시설 • 노인복지시설 • 사회복지시설(장애인복지시설을 포함)
수련시설	생활권 수련시설, 자연권 수련시설
운동시설	체육관, 운동장과 운동장에 부수되는 건축물
업무시설	• 국가 또는 지방자치단체의 청사 • 금융업소, 사무소, 결혼상담소 등 소개업소, 출판사, 신문사, 오피스텔, 그 밖에 이와 유사한 용도의 시설 • 국민건강보험공단 · 국민연금공단 · 한국장애인고용공단 · 근로복지공단의 사무소

구분	대상시설
숙박시설	• 일반숙박시설(호텔, 여관으로서 객실 수가 30실 이상인 시설) • 관광숙박시설, 그 밖에 이와 비슷한 용도의 시설
공장	• 물품의 제조 · 가공(염색 · 도장(塗裝) · 표백 · 재봉 · 건조 · 인쇄 등을 포함) 또는 수리에 계속적으로 이용되는 건물로서 「장애인고용촉진 및 직업재활법」에 따라 장애인 고용의무가 있는 사업주가 운영하는 시설
자동차 관련 시설	• 주차장 • 운전학원(운전 관련 직업훈련시설을 포함)
방송통신 시설	• 방송국, 그 밖에 이와 유사한 용도의 시설 • 전신전화국, 그 밖에 이와 유사한 용도의 시설
교정시설	• 보호감호소 · 교도소 · 구치소, 갱생 보호시설, 그 밖에 범죄자의 갱생 · 보육 · 교육 · 보건 등의 용도로 쓰이는 시설, 소년원, 소년분류심사원

2) BF인증 신청

(1) 인증신청 종류 및 등급

BF인증 신청 시기는 예비인증과 본 인증으로 구분할 수 있다. 예비인증은 개별시설 또는 지역의 설계에 반영된 내용을 대상으로 본 인증신청 전의 인증을 의미한다. 본 인증은 ① 「장애인 · 노인 · 임산부 등의 편의 증진 보장에 관한 법률」 제7조에 따른 대상시설, 「교통약자 편의 증진법」 제9조에 따른 여객시설 및 도로: 개별시설의 공사를 완료한 후 ② 「교통약자법」 제9조에 따른 교통수단: 「자동차관리법」 제5조에 따른 등록, 「선박법」 제8조에 따른 등록 및 「항공법」 제3조에 따른 등록 또는 그밖에 법령에 따라 운행허가를 받은 이후 ③ 지역: 「국토의 계획 및 이용에

〈표 5-7〉 인증의 종류 및 신청 시기

구분	예비인증	본인증
신청자	소유자 등	소유자 등
신청 시기	본 인증 전	공사 완료 후
인증의무	권장	의무

관한 법률」 제98조 또는 그 밖의 법령에 따른 공사 등의 완료 후이다.

(2) 인증등급

BF인증등급은 최우수, 우수, 일반 세 등급으로 분류하고 인증기준 만점의 100분의 90 이상일 때 '최우수'로, 인증기준 만점의 100분의 80 이상 100분의 90 미만이며 '우수'로 인증기준 만점의 100분의 70 이상 100분의 80 미만이면 '일반'의 등급이 주어진다. 한편 인증기준의 항목별 최소기준 이상을 충족하여야 하고, 이를 충족하지 아니한 경우에는 인증등급을 부여하지 아니한다.

3) BF인증 신청 절차

BF인증은 [그림 5-5]와 같이 예비인증 신청과 본인증 절차로 구분된다. BF인증 신청은 예비인증과 본인증 모두 신청서 제출 후 인증심사 및 인증심의위원회의 심사를 거쳐 인증서를 교부받게 된다. 한편 인증의 유효기간은 예비인증의 경우 공사 완료 후 1년 이내 본인증 신청까지이며 인증기간은 5년이다. 또한 연 1회 사후관리를 받아야 하며, 인증기간 만료 전 인증 연장 신청을 통하여 기간이 연장된다.

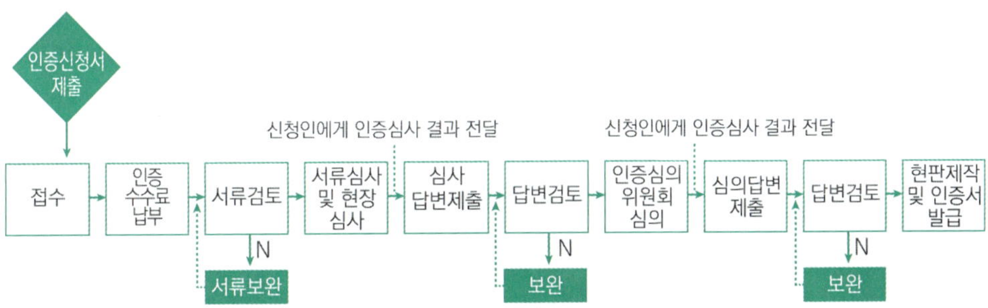

[그림 5-5] BF인증 신청절차

BF인증에 대한 절차가 마무리되면 인증신청기관은 [그림 5-6]과 같이 인증마크와 인증서를 교부받는다. Barrier Free 인증마크는 오렌지색(Orange)과 초록색(Green)

으로 구성되었으며 오렌지색은 기쁨, 즐거움, 사교적인, 미래지향적을 의미하는 반면, 초록색은 건강, 안전, 자연, 평화, 신뢰, 정직을 의미한다.

인증마크

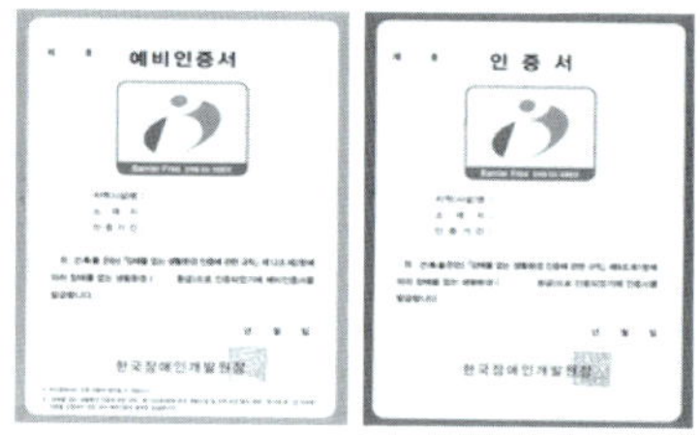

인증서

출처: 한국장애인개발원 홈페이지 https://www.koddi.or.kr

[그림 5-6] BF인증 마크 및 인증서

4) BF인증제도 사례

(1) 단차

보도 및 접근로에 단차가 없거나 있을 경우 진행 방향상의 높이 차이는 2cm 이하로 하여야 한다. [그림 5-7]과 같이 첫 번째 사례는 보도의 단차가 전혀 없음을 알 수 있으며, 2번 사례는 접근로에 단차가 있지만 경사로를 설치해 단차를 극복한 사례이다. 반면 3번 사례는 보도의 단차가 2cm 이상 차이가 나기 때문에 BF와는 거리가 멀다고 할 수 있다.

1. 단차가 전혀 없음(O)

2. 경사로 설치로 단차 극복(O)

3. 2cm 이상 단차(X)

출처: 한국장애인개발원

[그림 5-7] 단차 사례

(2) 보행 장애물

접근로의 보행 장애물을 제거하여 장애인 등 다양한 이용자가 차량 및 장애물 등으로 인한 위험 없이 주 출입구로 접근할 수 있도록 하여야 한다. [그림 5-8]의 1번과 2번의 사례는 장애물 없이 연속적으로 보차를 분리하여 접근할 수 있게 하였다. 반면 3번 사례는 접근로 중간에 가로수를 설치하여 장애인 등 다양한 이용자가 접근하기에는 한계가 있다.

1. 장애물 없이 연속적으로 보차 분리(O)

2. 장애물 없이 연속적으로 보차 분리(O)

3. 접근로 중간에 가로수 설치(X)

4. 구멍이 없는 덮개(O)

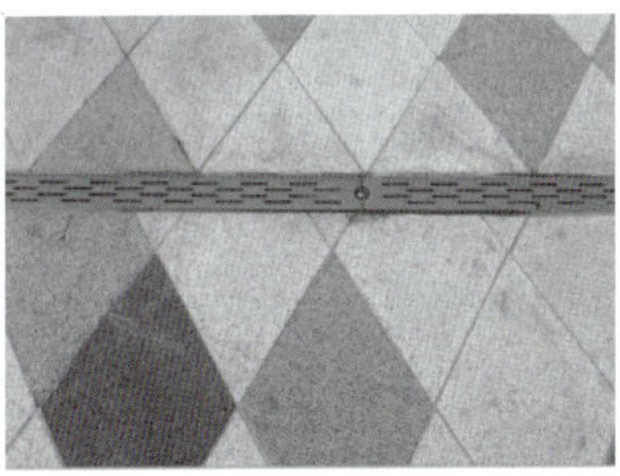

5. 격자 구멍 2cm 이하(O)

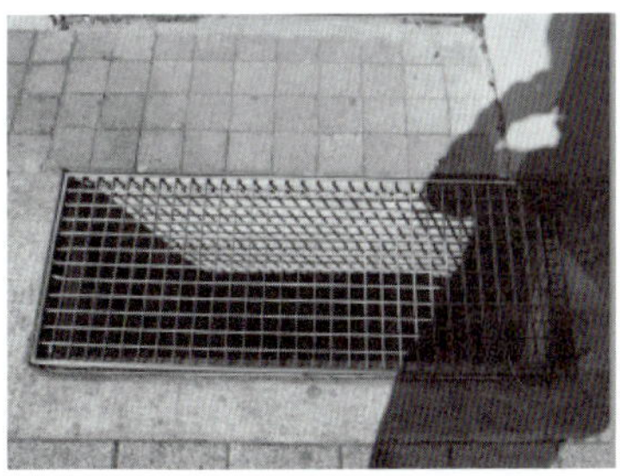

6. 격자 구멍 2cm 이상(X)

[그림 5-8] 보행 장애물

3. 유니버설 디자인과 장벽 제거의 차이

유니버설 디자인과 장벽 제거는 많은 부분이 같지만 다르다고 할 수 있다. 장벽 제거는 장애가 있는 사람의 접근성 향상을 위해 법적인 기준과 표준을 제시하는 과정에서 비롯된 개념이라면 유니버설 디자인은 장벽 제거보다 좀 더 광범위한 범위를 가진다.

유니버설 디자인은 다양한 사용자를 포괄하면서 법적 기준을 넘어서는 감성적이고 창의적인 해결안으로 사용자의 만족도 향상까지 포함한다. 또한, 다양한 사용자의 참여를 통해 디자인이 실현되는 과정이라 할 수 있어 누구나 참여할 수 있고 누릴 수 있는 인간의 권리까지 포함하고 있다는 것에 차이가 있다.

하지만 최근 장벽 제거와 유니버설 디자인의 두 개념 모두 실현목표를 같이하면서 그 차이는 거의 없어지고 있다. 단, 유니버설 디자인은 장벽 제거에 따른 접근성 실현이 불가능하거나 법적 최소한에 머물기 쉬운 무상애 환경에 있어서 보다 다양한 사용자 관점의 편의와 정서적 안정감을 제공해 주는 디자인적 접근과 실현이 가능하다는 장점이 있다.

유니버설 디자인과 장벽 제거의 구체적인 차이는 〈표 5-8〉과 같은데 유니버설 디자인과 장벽 제거의 차이는 다양한 사용자에 대한 고민이다. 즉, 장벽 제거는 주로 휠체어 사용자나 시각장애인 등의 장애인에 주목하고 있다면 유니버설 디자인은 장애인을 포함하여 다양한 사용자의 행태에 따른 편의에 기반한다. 또한, 법적 기준에 맞춘 기술적 해결안 이상의 사용자 참여를 통하여 정서적이면서도 세심한 디자인적 해결안을 찾아가는 과정이다(서울시 유니버설 디자인 통합가이드라인, 2017).

〈표 5-8〉 장벽 제거와 유니버설 디자인의 차이

구분	장벽 제거(BF)	유니버설 디자인
개념	• 신체적 불편이나 장애가 있는 사람이 안전하고 쉽게 사용하도록 장애물 없는 물리적 환경 만들기 • 주 대상은 장애인으로 평등한 환경을 조성하기 위한 법규 및 명령에 근거한 디자인으로 주로 표준을 통한 기준설정	• 누구에게나 공평하고 이용하기 쉽게 쾌적한 물리적 · 사회적 환경 만들기 • 가능한 많은 사람의 요구에 만족시키기 위한 디자인 철학이자 접근방법 • 다양한 선택지를 통한 기회 제공
대상	• 장애인, 노인 등의 신체적 · 정신적 어려움을 가진 사람들 • 건축물, 공공시설 등에 존재하는 물리적 환경(시설, 설비, 정보)의 장애물 제거	• 성별, 연령, 국적, 장애의 유무에 관계없는 모든 사람들 • 건축, 공공시설물 등의 물리적 환경을 비롯한 행정 · 교육 · 복지 등의 사회적 환경 가치 제고
근거	• 장애인 · 노인 · 임산부 등의 편의증진보장에 관한 법률(1997 제정) • 교통약자의 이동편의 증진법(2005 제정) • 장애물 없는 생활환경 인증에 관한 규칙(2010 제정)	• 지지체의 유니버설 디자인 관련 조례
배경	• 1974년 UN 장애인 생활환경 전문가협회에 의해 「장벽이 없는 건축 설계」라는 보고서가 알려지면서 건축분야에서 사용되기 시작 • 90년대 관련 이론이 정립되며 건축을 중심으로 Barrier Free로 명명 • 장애인의 이동 및 접근을 위해 미국의 The Americans with Disabilities Act(ADA)에 근거하여 요구사항을 구현하는 규정에서 비롯해 주로 접근성 보장을 위한 표준적인 기준 제시 • 한국에서도 ADA의 기준을 토대로 법적 기준 마련	• 유니버설 디자인은 BF의 장애에 대한 한정적인 시각에서 벗어나 보편성의 관점에서 1980년대 유니버설 디자인의 개념 정립 시작 • 1997년 노스캐롤라이나 주립대학 Ronald L. Mace가 현재와 같은 유니버설 디자인의 정의를 완성 및 원칙 설정 • 법적 기준으로 해결할 수 없는 사안들을 디자인적인 사고와 해결안으로 사용자의 차별감 해소 및 자존감 향상의 필요에서 출발 • 다양한 사용자의 이용 편의 증진과 사회적 참여의 보장을 위해 환경과 제품 디자인 분야에서 서비스 전달까지 확장

출처: 서울시(2017). 서울시 유니버설 디자인 통합 가이드 라인 재구성.

장벽 제거(BF)	유니버설 디자인

법적 기준을 준수하여 설치된 화장실	장애인뿐 아니라 일반인에게도 보다 명확한 안내(디자인 요소)
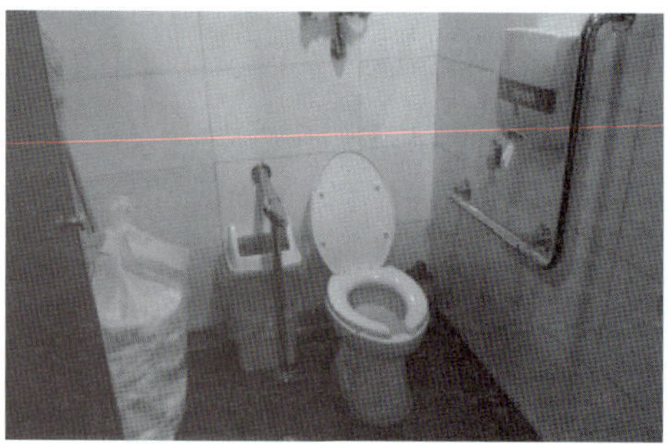	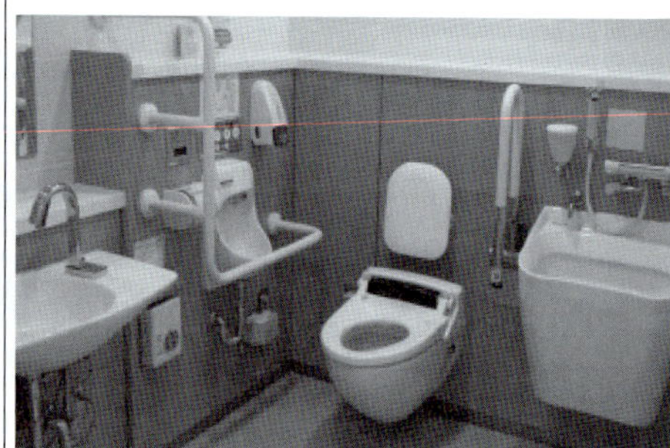
법적 기준을 준수한 장애인 화장실	사용성뿐만 아니라 감성적 측면까지 향상시킨 다목적 화장실(디자인적 요소)
	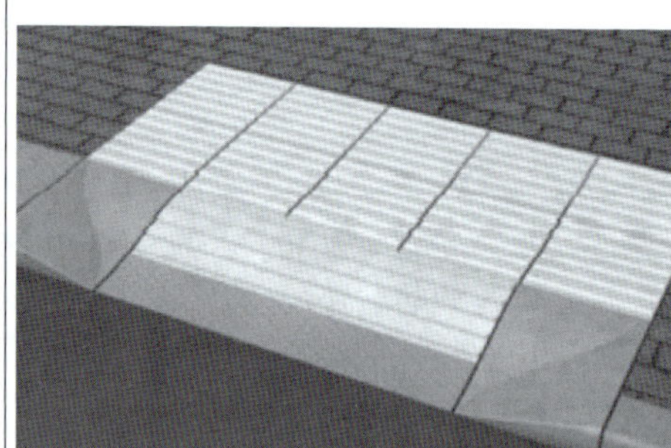
일반적인 보도의 턱 낮춤	휠체어, 유모차 등의 미끄러움 방지까지 고려한 턱 낮춤(다양한 사용자)

출처: 서울시(2017). 서울시 유니버설 디자인 통합 가이드 라인 재구성.

[그림 5-9] 장벽 제거와 유니버설 디자인 사례

03 복지용구

1. 복지용구의 개념

복지용구는 「노인장기요양보험법」에서 찾을 수 있는데 이 법에서는 복지용구를 심신 기능이 저하되어 일상생활을 영위하는 데 지장이 있는 노인장기요양보험 대상자에게 일상생활 · 신체 활동 지원 및 인지기능의 유지 · 기능 향상에 필요한 용구로 정의하고 있다. 그러나 복지용구에 대한 용어는 〈표 5-9〉와 같이 관련 법에 따라 다양하게 혼용되지만 사실상 상당 부분 중복된다(장현숙, 2006).

「노인장기요양보험법」에서는 복지용구를 심신의 기능이 저하되어 일상생활에 지장이 있는 노인장기요양보험 대상지의 편의 도모와 자립적 생활을 돕는 용구라 정의하였고 「의료기기법」에서는 상해 또는 장애를 진단 · 치료 · 경감 또는 보정할 목적으로 사용되는 제품으로 정의하고 있다. 「장애인복지법」에서는 장애인 보조기구를 장애인이 장애의 예방 · 보완과 기능 향상을 위하여 사용하는 의지(義肢) · 보조기 및 그 밖에 보건복지부 장관이 정하는 보장구와 일상생활의 편의 증진을 위하여 사용하는 생활용품으로 정의한다.

〈표 5-9〉 복지용구의 용어

관련 법	명칭
노인장기요양보험법	복지용구
의료기기법	의료기기
국민건강보험법/의료급여법	보장구
장애인복지법	장애인 보조기구
국가유공자 등 지원에 관한 법률	보철구
고령친화산업진흥법	고령친화제품 등

이러한 복지용구의 정의는 외국에서의 정의와 유사한데 영국에서는 우리나라보다 좀 더 포괄적인 의미로 정의한다. 영국 왕립위원회는 복지용구를 '노인들이 일상생활에 수행하는 데 있어 편의와 안전을 증진시키거나 노인들이 할 수 없는 작업을 수행할 수 있도록 조력할 수 있는 장치나 시스템'으로 정의하며 특히 실질적으로 도움이 되어야 함을 강조한다. 미국에서는 '장애가 있는 개인의 기능적 능력을 증진 및 유지 또는 개선하는 데 사용하는 물건, 설비부품, 제품시스템'으로 정의하는데 상업적으로 유통, 개조, 주문제작 여부를 불문한다(진영란, 김광병, 2013). 일본의 복지용구 정의는 우리나라와 가장 유사한데 그 정의는 '심신의 기능이 저하되어 일상생활을 영위하는 데 지장이 있는 노인 및 심신장애인의 일상생활상 편의를 위한 용구 및 이러한 자의 기능훈련을 위한 용구 및 보장구'이다.

한편 복지용구의 종류로는 이동 변기, 목욕 의자, 성인용 보행기 등의 단순 기능 제품에서부터 목욕 리프트, 전동침대, 휠체어, 배회감지기 등 고도의 기술을 요하는 제품에 이르기까지 다양하다. 노인장기요양보험제도에서의 급여대상 복지용구의 선정 원칙은 아래와 같다(김대중 외, 2012).

- 장기요양 대상자의 자립을 돕고 요양 요원의 부담을 감소시킬 수 있을 것
- 장기요양 대상자가 아닌 사람들도 사용할 수 있는 일반 생활용품이 아닌 요양 대상자가 간호와 요양 보호를 위해 필요한 용품
- 치료용으로 의료적 관점에서 사용하는 것이 아니라 일상생활에서 사용되는 용품
- 재가에서 사용이 가능할 것(특수 목욕기 등은 제외)
- 어느 정도 경제적 부담이 있는 것으로 요양에 필요한 용품이라도 저렴하게 구입할 수 있는 것은 제외
- 주택의 개·보수가 수반되지 않는 것
- 신체 일부 결손 또는 저하된 특정 기능 보완을 주목적으로 하지 않는 것(의수, 의족 등은 제외)

2. 복지용구 제도 및 급여 현황

1) 복지용구 급여제도

복지용구는 「노인장기요양보험법」 제23조(장기요양급여의 종류), 「노인장기요양보험법 시행령」 제9조, 「노인장기요양보험법 시행규칙」 제19조(기타 재가급여 제공 기준)를 법적 근거로 한다. 또한, 급여대상자는 「노인장기요양보험법」 수급자 1~5등급과 인지지원 등급자와 시설 급여를 제공하는 장기요양기관에 입소하지 않는 수급자이며, 급여방식은 [그림 5-10]과 같이 구입방식과 대여방식, 구입 또는 대여방식으로 구성된다.

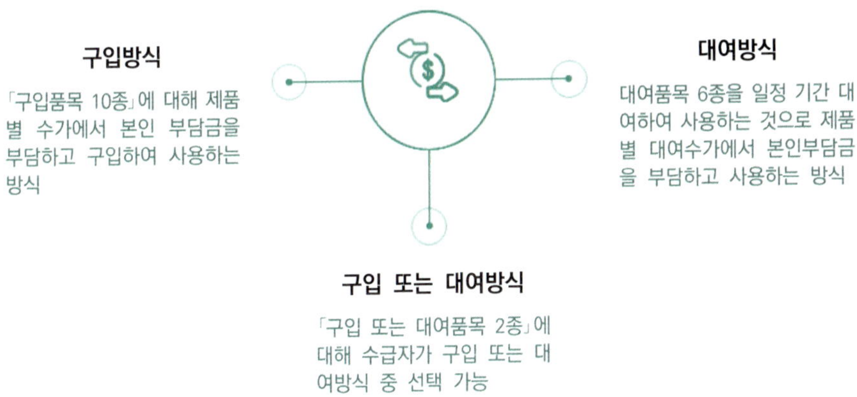

출처: 국민건강보험공단 홈페이지 https://www.longtermcare.or.kr

[그림 5-10] 복지용구 급여방식

(1) 급여대상 및 비용

복지용구 급여의 본인부담률은 일반대상자, 감경대상자, 기초생활보장 수급자에 따라 상이한데 일반대상자는 15%, 감경대상자는 6%와 9% 부담으로 구분되는데 6% 부담자는 의료급여자나 차상위 감경대상자, 천재지변 등 생계곤란자, 보험료 순위 25% 이하인 보험료 감경대상자가 해당한다. 9%를 부담하는 대상은 보험료 순위 25 초과 50% 이하인 보험료 감경대상자이다. 반면, 기초생활보장 수급자는 급여비용을 지급하지 않는다.

〈표 5-10〉 급여비용의 본인부담률

구분	일반 대상자	감경		타 법령에 따른 의료급여 수급자	「국민기초생활보장법」에 따른 의료급여 수급자
		보험료 순위 25% 이하	보험료 순위 25% 초과 50% 이하		
본인 부담률(%)	15	6	9	6	면제

한편 복지용구 급여대상자가 복지용구를 이용할 경우 적용기간과 한도액이 적용된다. 복지용구의 적용기간은 유효기간 개시일로부터 1년간이며, 연간한도액은 보건복지부 장관이 고시한 금액으로 그 한도금액은 연간 160만 원으로 만일 연간 한도액을 초과하면 초과한 금액부터 전액 본인이 부담하여야 한다.

(2) 급여기준

복지용구의 급여기준은 사용 가능 햇수가 정해진 품목은 재료의 재질·형태·기능 및 종류를 불문하고 사용 가능 햇수 내에서 품목당 1개의 제품만 구입이나 대여가 가능하다. 단, 성인용 보행기는 2개, 경사로(실내용)는 6개까지 사용 가능 햇수 내에서 구입이 가능하다. 또한, 연간한도액 적용 기간 중 미끄럼방지 양말은 6켤레, 미끄럼방지 매트 및 방지액은 5개, 자세 변환 용구는 5개, 안전손잡이는 10개, 간이변기는 2개, 요실금 팬티는 4개까지만 구입이 가능하다. 경사로는 실내용은 구입으로 실외용은 대여만 가능한데 실내용과 실외용 동시에 이용도 가능하다.

한편, 사용 가능 햇수 중 사용하고 있는 복지용구가 훼손이나 마모되었거나 수급자의 기능 상태 변화로 사용할 수 없을 경우 복지용구 추가급여신청서를 작성하여 건강보험공단에 제출하고 공단이 이를 확인한 경우 사용 가능 햇수 이내라도 급여를 다시 받을 수 있다.

복지의 급여대상자라 해도 수급자의 신체 상태에 따라 복지용구 일부 품목의 구입이나 대가가 제한될 수 있으며 시설급여를 이용하는 경우 복지용구를 구입하거나 대여는 할 수 없다. 또한, 의료기관에 입원한 기간에는 전동침대, 수동침대, 이동 욕조, 목욕 리프트는 대여할 수 없다.

복지용구는 수급자가 복지용구와 동일한 품목을 아래와 같이 타 법령에 의해 지급받은 경우 급여가 제한될 수 있다.

- 건강보험법(장애인 보조기기): 수동 휠체어 지팡이 등
- 산업재해보상보험법(재활보조기구): 수동 휠체어, 욕창 예방 방석 등

(3) 급여이용 절차

복지용구 급여의 이용은 복지용구 방문상담 → 급여 가능 여부 조회 → 복지용구 제공 계약 체결 → 계약체결 내역 통보 → 급여비용 청구 및 지급의 절차를 거치게 된다.

첫째, 복지용구 방문상담은 수급자나 그 가족 등이 사업소를 방문하여 복지용구 이용에 대해 상담을 하게 된다. 이때 장기요양인정서를 제출해야 하므로 복지용구 상담 시 장기요양급여 신청이 선행되어야 한다.

[그림 5-11] 복지용구 이용 절차

① 복지용구 방문상담

수급자 중 「의료급여법」에 따른 수급권자는 시장 · 군수 · 구청장에게 장기요양

급여를 신청하여야 하며 시장 · 군수 · 구청장은 입소 · 이용의뢰서를 장기요양기관에 송부, 수급자 및 공단에 통지한다.

② 급여 가능 여부 조회

수급권자가 복지용구 사업소에 방문하여 상담을 진행하였을 경우 복지용구 사업소는 급여 가능 여부를 조회하게 된다. 급여 가능 여부 조회는 복지용구 급여확인서 또는 인터넷 및 유선으로 수급자의 신청 내역에 대한 급여 가능 여부를 국민건강보험 공단 포털 또는 지사에 조회한다. 반면, 수급자가 「의료급여법」에 따른 수급권자의 경우 장기요양기관 입소 · 이용의뢰서를 확인한다.

한편, 복지용구 사업소는 급여 가능 여부 조회 시 아래와 같은 내용을 확인하여야 한다.

- 장기요양급여 유효기관(수급자격)
- 연간한도액
- 기존 구매 물품의 사용 가능 햇수
- 대여제품의 중복 여부
- 타 법령 중복급여 여부 및 사용 가능 햇수
- 시설입소 여부
- 신체기능 상태에 따른 품목별 급여 가능 여부

③ 복지용구 제공 계약체결

복지용구 급여이용이 가능한지 확인되면 복지용구에 대한 제공 계약을 체결하게 된다. 계약체결 시 복지용구 사업소는 계약서와 장기요양급여 제공 기록지를 각각 2부를 작성하여 1부를 수급자에게 발급하고 1부는 보관하여야 한다. 계약이 완료되면 복지용구 사업소는 본인부담률에 따른 본인부담금을 수납 받고 복지용구를 제공한다. 이때 복지용구 사용방법, 사용상 유의사항, 고장 시 대처 방법 등을 안내하도록 한다.

④ 계약체결 내역 통보

복지용구에 대한 계약체결 후 복지용구 사업소는 장기요양급여 계약 통보서를 공단 포털에 직접 등록 또는 모사전송으로 지사에 통보하여야 한다. 또한, 복지용구 사용자 중 계약 내용이 변경된 경우에도 동일하게 처리하여야 한다.

⑤ 급여비용 청구 및 지급

복지용구 사업소는 인터넷이나 전산 매체를 이용하여 공단 본부에 급여비용을 청구하고 공단은 등록된 계약 내역 중 청구건만 심사하여 지급한다.

2) 복지용구의 유형 및 품목

복지용구의 급여방식은 구입방식과 대여방식으로 구분한다. 구입방식은 구입품목의 제품을 구입하여 사용하는 방식이며, 대여방식은 대여품목의 제품을 일정 기간 대여하여 사용하는 방식을 의미한다. 노인장기요양보험에서 제공하고 있는 급여대상 복지용구는 총 18종으로 〈표 5-11〉과 같이 구입품목 10종과 대여품목 6종, 구입 또는 대여품목 2종으로 구성된다.

〈표 5-11〉 급여품목 유형

구분	구입품목(10종)	대여품목(6종)	구입 또는 대여품목(2종)
품목명	• 이동 변기 • 목욕 의자 • 성인용 보행기 • 안전손잡이 • 미끄럼방지용품(미끄럼방지 매트, 미끄럼방지액, 미끄럼방지 양말) • 간이변기(간이 대변기 · 소변기) • 지팡이 • 욕창 예방 방석 • 자세변환 용구 • 요실금 팬티	• 수동 휠체어 • 전동침대 • 수동침대 • 이동 욕조 • 목욕 리프트 • 배회감지기	• 욕창 예방 매트리스 • 경사로(실내용, 실외용)

출처: 보건복지부. 「복지용구 급여 및 급여기준 등에 관한 고시」.

그러나 품목은 총 18종으로 한정되었지만, 품목에 따른 각각의 제품은 수십 가지가 될 수 있으며, 구입품목과 대여품목은 보건복지부 고시과정에서 정하며, 변경될 수도 있다.

3) 복지용구 개별 품목 설명

(1) 구입품목

앞서 언급한 바와 같이 복지용구는 18품목으로 구입품목과 대여품목, 구입 또는 대여품목으로 나누어져 있다. 그 가운데 구입품목은 10개 품목이며, 각 개별 품목에 대한 설명은 〈표 5-12〉와 같다.

〈표 5-12〉 복지용구 품목 설명(구입품목)

품목명 (사용가능 햇수)	용도	형태
이동 변기 (5년)	화장실로 이동하기 어렵거나 움직이는 속도가 느린 이용자가 대·소변을 쉽고 안전하게 처리할 수 있도록 돕는 용품이다.	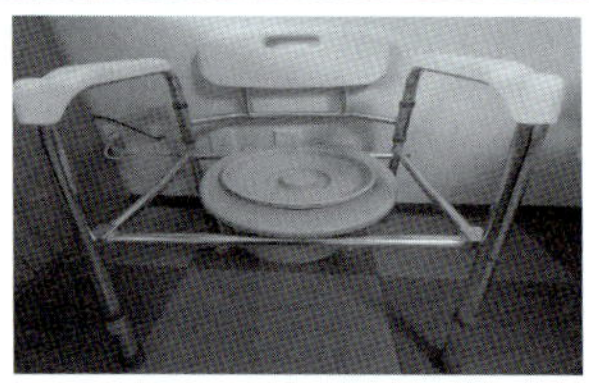
목욕 의자 (5년)	어르신을 목욕시킬 때 자세 유지 및 편안한 목욕을 실시하기 위한 도구로 고령자 및 수발자의 부담을 덜어주는 용품이다.	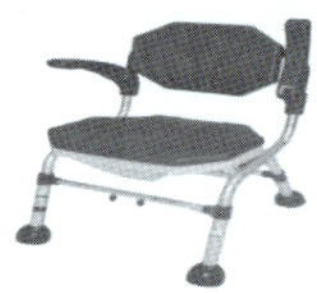
성인용 보행기 (5년)	스스로 보행이 가능한 분들이 외출 시 보행 등에 이용할 수 있다. 또한, 고령자들이 외출 시 보행과 운반 및 휴식에 사용되는데 이동 중 잠시 의자에 앉아 휴식할 수 있다. 보행이 불편한 분들이 스스로 이동할 수 있도록 보조 바퀴가 달린 기구이다. 손잡이를 잡지 않으면 보행할 수 없는 경우 사용이 적합하지 않다.	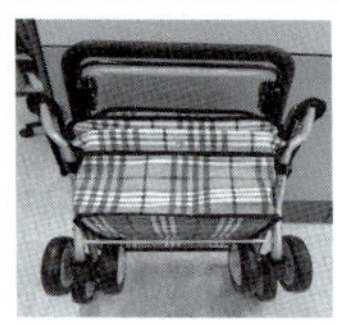 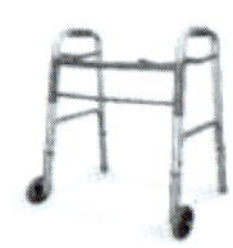

품목명 (사용가능 햇수)	용도	형태
안전손잡이	실내에 부착하는 지지용 손잡이와 화장실 거치용 손잡이 등으로 안전사고 예방 및 자립환경 조성을 위한 용품으로 거실, 화장실 등에 손잡이를 달아 사용한다.	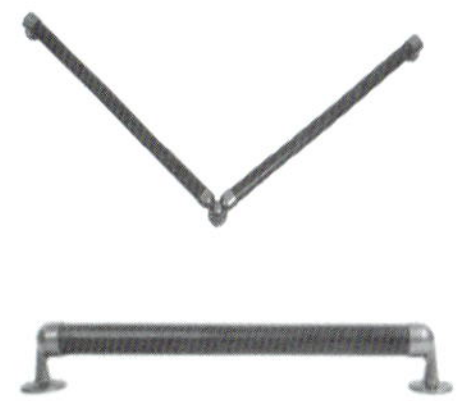
미끄럼 방지 용품	실내에서 미끄러지지 않도록 하여 낙상 사고를 예방하기 위한 용품(매트, 액, 양말)이다.	 
간이변기	와상 상태, 소변조절 등이 어려운 경우 용변을 쉽고 안전하게 볼 수 있는 용품이다(소변기, 대변기). 사용자가 편안하게 누운 자세로 사용 가능하다.	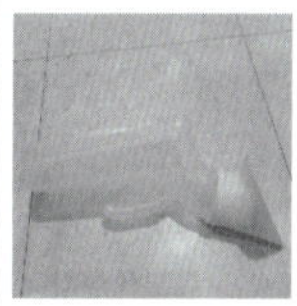 
지팡이 (2년)	보행이 불편한 어르신에게 필요한 보행보조기구로 길이는 사용자의 길이에 맞춘다. 지팡이는 모양과 무게, 길이 등 제품이 다양하다.	
욕창 예방 방석 (3년)	장시간 휠체어 등에 앉아 있을 경우 발생할 수 있는 욕창을 예방하기 위해 깔아두는 방석으로 돌출된 뼈 부분의 피부에 가하는 압박을 줄이기 위한 보호대 및 피부보호를 목적으로 한다.	
자세변환 용구	장기간 누워있을 때 자세 및 위치 변환하거나 기댈 때 사용하는 용품이다. 침대 베개, 등받이 쿠션으로도 사용할 수 있다. 체위변환 시 안락한 쿠션 기능으로 욕창 예방 및 체압 분산이 가능하고 옆으로 눕기의 자세 및 엎드려 눕기를 요하는 이용자가 사용할 수 있다.	
요실금 팬티	일회용이 아닌 패드가 부착되어 세탁 후 반복사용이 가능한 일반 속옷 형태의 제품이다.	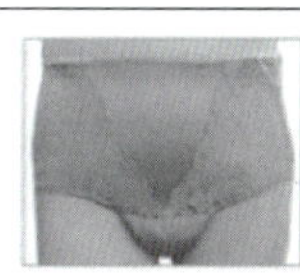 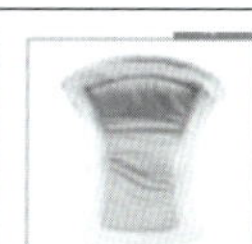

출처: 국민건강보험공단 홈페이지 https://www.longtermcare.or.kr

(2) 대여품목

급여대상 복지용구 중 대여품목은 6개 품목이며, 각 개별 품목에 대한 설명은 〈표 5-13〉과 같다.

〈표 5-13〉 복지용구 품목 설명(대여품목)

품목명 (사용 가능 햇수)	용도	형태
수동 휠체어 (5년)	보행이 불가능하거나 장시간 보행이 어려운 경우 또는 환자의 이동목적을 위해 사용한다.	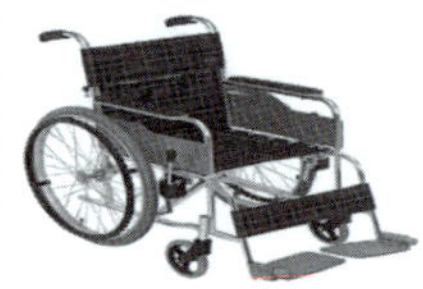
전동침대 (10년)	누운 자세에서 혼자 일어나 앉지 못하는 경우 전동으로 상반신을 일으킬 수 있는 침대이다. 간단한 버튼 작동으로 침대 높낮이 조절 및 상체 부분과 하체 부분을 자유자재로 움직일 수 있어 편리하다.	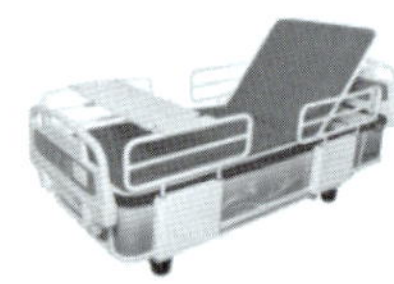
수동침대 (10년)	누운 자세에서 혼자 일어나 앉지 못하는 경우 수동으로 상반신을 일으킬 수 있는 침대이다.	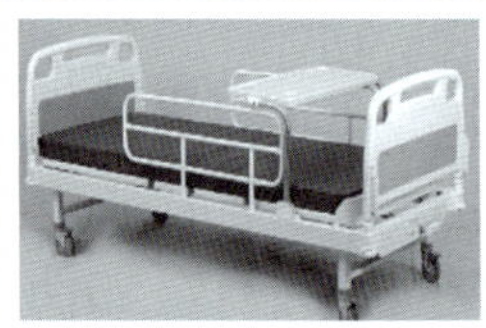
목욕리프트 (3년)	입욕 시 높낮이를 조절하여 안전하고 편리하게 목욕을 실시하기 위한 용품이다. 높낮이의 조절과 등받이 각도 조절이 가능해야 하고 물속에서 사용되기 때문에 감전 예방을 위해 충전용 배터리만 사용해야 한다.	
이동욕조 (5년)	보행이 불편할 경우 편리하게 사용하는 이동식 욕조이다. 침대 위나 거실 등에서 목욕하는 제품이기 때문에 공기를 넣거나 빼기가 편해야 하고 수납이 용이해야 한다.	
배회감지기 (5년)	인지장애가 있는 수급자의 배회 및 실종을 예방하기 위한 품목이다. 배회감지기는 목걸이형, 손목밴드형, 매트형이 있다.	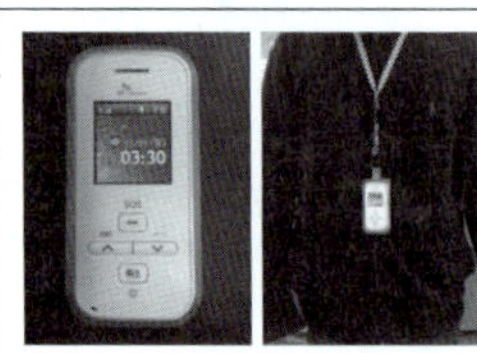

출처: 국민건강보험공단 홈페이지 https://www.longtermcare.or.kr

(3) 구입 또는 대여품목

복지용구 중 구입 또는 대여품목은 총 2개 품목이며 각 개별품목에 대한 설명은 〈표 5-14〉와 같다.

〈표 5-14〉 복지용구 품목 설명(구입 또는 대여품목)

<table>
<tr><th colspan="2">품목명
(사용 가능 햇수)</th><th>용도</th><th>형태</th></tr>
<tr><td colspan="2">욕창예방
매트리스(3년)</td><td>매트리스에 공기방을 교체로 부풀려 신체의 압력 분포의 위치를 바꾸어 줌으로써 체중을 분산하고 통풍을 원활하게 하여 장기간 한 자세로 누워 있을 경우 발생할 수 있는 욕창을 예방하기 위한 매트리스이다.</td><td></td></tr>
<tr><td rowspan="2">경사로</td><td>실내용
(2년)</td><td rowspan="2">실내외 보행 및 수동 휠체어 또는 성인용 보행기 이용 시 안전사고 예방 및 이동경로 확보를 위한 용품이다.</td><td>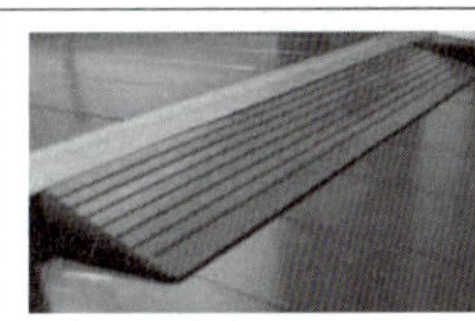</td></tr>
<tr><td>실외용
(8년)</td><td>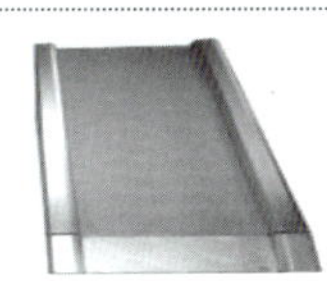</td></tr>
</table>

출처: 국민건강보험공단 홈페이지 https://www.longtermcare.or.kr

참고문헌 REFERENCES

강미나, 김혜승, 전성제(2007). 노인주거복지 제고를 위한 종합계획 수립연구: 고령자 생활패턴 분석을 통한 주거환경 편리성 개선방안 연구. 국토연구원.

고원용(2000). 도시주거환경이 공동주택가격에 미치는 영향, 연세대학교 대학원 박사학위논문.

김경래(2011). 고령화시대의 복지용구의 필요성과 효용에 관한 고찰. 한국보건사회연구원.

김기곤(2012). 무장해도시환경 조성과 유니버설 디자인 정책방향. 광주발전연구원.

김대중, 손수석, 이난희, 조현민(2012). 복지용구산업 시장규모 추계와 활성화 방안. 한국보건사회연구원.

김인순(2018). 장애물 없는(Barrier Free) 생활환경 인증. 한국장애인개발원.

김진호(2018). 소규모 노인요양시설 주거환경 개선방안 연구. 가톨릭관동대학교 대학원 박사학위논문.

남기민, 남현정(2013). 노인의 주거환경 만족요인이 삶의 질에 미치는 영향, 자존감과 우울의 매개효과를 중심으로. **사회복지연구**, 44(3), 395-420.

박신영(2003). 고령화 시대 노인주거 정책. 밝은 노후를 만들어 가는 사람들의 모임. 창립 5주년 기념 세미나. 자료집.

보건복지부(2020). 통계청, 장래가구특별추계(2017~2047).

서울시(2017a). 서울시 유니버설 디자인 통합 가이드라인.

서울시(2017b). 서울시 유니버설 디자인 통합 가이드라인 체크리스트.

이규일(2019). 장애물 없는 생활환경 인증제도의 성과와 과제. 장애물 없는 생활환경 조성에 관한 법률 제정을 위한 전문가 토론회 자료집. pp.25-31.

이보영(2015). 중장년층의 노후준비와 주건환경이 삶의 만족에 미치는 영향: 사회적 자본의 조절효과를 중심으로. 호서대학교 벤처대학원 박사학위논문.

장현숙(2006). 고용친화용품 · 기기 대여사업 운영모델 개발, 고령친화 복지용구를 중심으로 접근. 한국보건산업진흥원.

조추용, 김양이, 윤은경(2015). **노인복지론**. 창지사.

진영란, 김광병(2013). 노인장기요양보험 복지용구 급여제도 비교, 일본, 독일을 중심으로. **한국위기관리논집**, 9(6), 201-204.

최은영(2011). 노인을 위한 주거환경이론과 실제 환경의 연계성에 관한 연구. 건국대학교 건축전문대학교 박사학위논문.

社會保障硏究所 編(1990). **住宅政策と社會保障**. 東京大學出版會.

국민건강보험공단 홈페이지 https://www.longtermcare.or.kr

네이버 지식백과 두산백과 https://terms.naver.com

위키백과 https://ko.wikipedia.org

충북복지넷 홈페이지 https://www.043w.or.kr

한국장애인개발원 홈페이지 https://www.koddi.or.kr

Chapter 06

제6장

기록과 보고

기록은 케어복지실천 및 사회복지실천 영역에서 매우 중요한 부분으로서 케어복지실천 전문인력의 책무성과 밀접히 관련되어 있다. 기록은 케어복지실천에서 이용대상자의 상황을 전반적으로 확인하고 기술하며, 서비스의 목적과 실천활동을 비롯한 서비스 전체 과정을 나타내는 데 있다. 아울러 기록은 서비스 이용대상자에 대한 의사소통을 돕고 서비스 전체 과정에 대한 환류를 제공할 수 있기 때문에 케어복지 전문인력에게는 매우 중요한 역량이기도 하다. 따라서 이러한 기록을 통하여 보다 나은 서비스가 제공될 수 있으며 케어복지 전문인력과 서비스 이용대상자의 성장 도구가 될 수 있다(이영호, 2008). 이 장에서는 기록의 목적과 의의, 기록의 유형과 특성 그리고 실제 기록의 적용 및 보고에 대해 살펴보고자 한다.

01 기록의 목적과 의의

1. 기록의 목적

케어복지실천에서의 기록은 서비스 이용대상자에 대한 사례를 접수 단계부터 종결 단계와 사후관리에 이르기까지의 전체 서비스 제공과정에서 시행되는 전문적인 의사결정 내용과 서비스 내용 및 결과 등을 일정의 형식과 틀에 따라 객관적으로 기술하는 것을 말한다. 그러므로 케어복지실천서비스 기록은 서비스 이용대상자의 상황을 확인하고 기술하며 이를 사정하고 나아가 서비스 제공목적과 활동, 서비스 전달과정, 서비스 이용대상자에 대한 개입효과의 여부 등을 평가하는 서비스에서 중심적인 역할을 하게 된다(조학래, 2016).

최근 케어복지실천 영역에서는 책임성에 대한 사회적 요구가 증가함에 따라 서비스 이용기관의 자체 이용대상자는 물론 서비스 이용대상자의 가족, 지역사회조직 및 기관, 각종 공적인 집단에게 필요한 정보를 제공하는 데 기록이 많이 이용되고 있다. 이러한 기록이 갖는 중요성을 일곱 가지 목적으로 이해할 수 있다(이영호, 2008).

① 사회복지실천 활동 문서화
② 효과적인 서비스 제공을 위한 모니터
③ 사례의 지속성 유지
④ 전문가 간에 의사소통 활성화
⑤ 슈퍼비전의 활성화
⑥ 이용대상자의 정보 공유
⑦ 행정과 조사연구 자료의 활용

이러한 기록의 목적에 대해 구체적으로 살펴보면 다음과 같다(김혜영 외, 2010; 조학래, 2016 재인용).

1) 서비스 이용대상자 욕구 확인

케어복지 전문인력은 이용대상자와의 첫 만남부터 종결까지 이용대상자의 욕구와 문제, 서비스 기관이 제공한 서비스의 내용과 정보 및 평가 등 서비스 지원과정을 기록하여 문서로 만든다. 따라서 서비스 제공기관은 케어복지 전문인력이 작성한 기록을 종합적으로 분석함으로써 케어복지서비스 전달의 경향성을 파악하고 점검할 수 있다.

2) 서비스 내용 보고

케어복지 전문인력은 의사결정과 활동을 이용대상자의 욕구, 서비스 목표 및 계획 등과 연계하여 모든 지원과정에서 일어나는 것을 기록한다. 케어복지 전문인력은 이용대상자와의 만남, 지역사회 기관들과의 회의, 기관의 사례회의 등을 기록한다. 이러한 기록을 통해 케어복지 전문인력은 이용대상자의 환경에 서비스가 어떤 영향을 주었는지를 분석한다. 또한 서비스 목표와 계획에서 변화가 필요한 부분과 서비스 전달체계의 강점과 약점 등을 규명할 수 있다.

3) 사례의 연속성 유지

케어서비스의 목적, 계획, 과정 및 진전 상황 등에 관한 정보는 케어복지 전문인력이 교체되어 다른 케어복지실천 담당자가 그 사례를 담당하게 되었을 때, 이용대상자와의 마지막 면접 이후 상당한 시간이 지났을 때, 이용대상자의 상황이 복잡하고 광범위한 서비스가 제공될 때 매우 유용하다. 이처럼 이전의 기록은 동일 사례에 대해 서비스의 중복을 예방하고 시간을 절약하며 서비스의 연속성을 유지해 준다.

4) 전문가 사이의 원활한 의사소통

다양한 분야의 전문가들이 함께 협력하는 케어복지실천 현장에서의 기록은 전문직 간의 협력체계를 활성화하는 도구이다. 예를 들어 재가노인복지센터에서 재가노인복지서비스 전문인력은 의사, 간호사, 요양보호사 등 다양한 전문직과 팀접근을 통해 이용대상자에게 서비스를 제공하고 있다. 이때 기록은 단순히 문서화의 의미뿐만 아니라 각 전문직의 관점을 원활하게 공유하여 실천에서 활용하는 팀활동에 이바지한다.

5) 이용대상자와 정보 공유

기록은 이용대상자와 목표 및 개입방법 등과 관련된 정보를 공유하는 의사소통의 도구이며, 서비스에 반응하도록 돕기 위한 치료적 수단이다. 최근에는 소비자 권리를 중시하는 경향으로 기록을 이용대상자에게 제공된 서비스와 개입 과정을 공개할 필요가 있는데, 이런 점을 염두에 두고 기록해야 한다.

6) 슈퍼비전, 자문, 동료, 검토에 의한 활성화

기록은 이용대상자의 상황과 서비스 과정의 정보를 슈퍼바이저, 자문가, 동료 케어복지 전문인력 등에게 제공된다. 특히 슈퍼바이저는 기록에서 얻은 정보를 기초로 슈퍼비전을 통해 케어복지 전문인력이 서비스를 계획하여 실행하도록 돕고, 케어복지 전문인력의 업무 수행의 질적인 측면을 사정하며, 케어복지 전문인력의 강점을 발견하는 근거로 활용한다. 이러한 슈퍼비전을 통해 케어복지 전문인력의 전문적 자질이 향상된다는 의미에서 기록은 서비스 질을 높이는 데 중요한 역할을 담당한다.

7) 서비스 과정과 효과의 점검

기록은 문서화뿐만 아니라 이용대상자와 함께 또는 이용대상자를 대신해서 제공된 서비스 활동을 검토하고, 평가하고, 수정하며, 진행 과정의 보고를 위해 사용된다. 기록을 통해 케어복지실천 전문인력의 서비스 제공 방법이나 전달체계, 다른 부분 등을 점검할 수 있으므로 기관 차원에서 효과적인 서비스를 제공할 수 있게 한다.

8) 실무와 행정 과업의 개선 자료 제공

기록은 이용대상자의 욕구, 서비스의 유형, 직무 수행과 관리, 자원의 배분 등 기관에서 필요한 행정 과업의 개선을 위한 자료를 제공한다.

9) 조사 연구의 자료 제공

기록은 케어복지실천에서 다양한 주제로 연구를 진행할 경우 풍부한 정보를 제공할 수 있다. 이 경우에는 이용대상자에 대한 비밀보장의 원칙을 철저하게 준수하는 것이 중요하다.

2. 기록의 중요성 및 의의

기록이라는 것은 사람들에게 전달하기 위해 어떠한 사실이나 중요한 사항을 작성하고 기입하는 것이며, 또한 이를 문서화한 경우를 말한다. 특히 케어복지실천에서의 기록의 경우에는 케어복지서비스를 제공하면서 얻게 되는 다양한 정보를 문서로 남김으로써 계획적이고 전문화된 케어서비스를 제공해나갈 수 있다. 또한, 케어의 질을 향상시킬 수 있는 수단이 될 수 있고 나아가 어떠한 문제가 발생했을 경우에는 케어복지서비스 제공자의 책임 소재를 명확하게 할 수 있다.

따라서 케어복지서비스 제공과정에서의 기록은 케어복지서비스의 전문성을 높이고 기록의 정리, 서비스의 계속성, 타 직종의 전문가와의 연계에도 도움이 된다. 케어복지서비스 제공과정에서 케어복지 전문인력이 기록해야 할 내용으로는 주로 서비스 이용대상자에 대한 업무일지, 서비스 과정내용, 사례관리 기록 등이 있으며 어떠한 경우에 있어서든 비밀의 의무가 동반되어야 한다. 케어복지서비스 제공과정에서 기록의 중요성으로서는 다음과 같다(片山信子, 1999; 日本醫療企劃, 2002; 中島紀惠子 外, 2001; 長壽社會開發センター, 2001; 조추용 외, 2003).

1) 정보의 공유

케어복지 현장에서는 한 사람의 이용대상자에 대해 복수의 케어복지 전문인력이 서비스를 제공하는 경우가 많다. 이때에 모두가 서로 다른 케어를 제공해서는 아무런 의미가 없다. 케어 목표에 따라 통일된 케어계획을 시행하기에는 정보의 공유가 중요하게 된다. 가령 재가케어의 경우에도 매일 다른 케어복지 전문인력이 지원될 수도 있고, 이외에 간호사나 물리치료사, 작업치료사 등이 지원되는 경우도 있다. 이때에 자기의 업무뿐만 아니라 타 직종 전문가의 업무 내용을 이해할 필요가 있고, 또한 다른 케어복지서비스 이용대상자들이 어떠한 케어복지서비스를 제공했는지 파악한 다음에 서비스를 행하는 것이 바람직하다.

케어복지서비스에 필요한 정보는 보다 구체적이고 정확하게 다음의 케어복지 전문인력에게 전달되어야 하고, 특히 가족의 반응이나 본인의 상태 등은 반드시 교대하는 다음의 케어복지 전문인력에게 정확하게 전달되어야 한다. 이러한 정보를 입으로 말로 전달하는 것은 피해야 한다. 사람의 기억에는 한계가 있기 때문에 잊어버릴 수 있고 케어복지서비스에 필요한 정보들이 단순한 흥밋거리로 제공될 수 있기 때문이다. 따라서 정보의 결여를 방지하고 정확한 서비스를 제공하기 위해서는 기록으로 남겨져서 정보가 공유되어야 한다.

2) 케어복지 전문인력의 케어기술 점검과 전문성 향상

이용대상자에 대한 케어복지서비스를 제공하기 위해서는 이용대상자의 케어복지실천 계획에 따라 케어복지서비스를 제공하게 된다. 하지만 이용대상자의 상태에 큰 변화가 없고 매일 동일한 내용의 서비스를 반복적으로 행하게 된다면 케어복지서비스 기술에 익숙하게 되면서 안일하게 행동하기 쉽다. 이때에 자기가 작성한 케어기록을 한번 점검해 볼 필요가 있다. 이용대상자의 불만이나 희망사항을 무심코 지나치고 있지는 않은지, 또한 자기가 행한 케어가 적절했는지 등 한번 돌아볼 필요가 있다. 기록내용을 토대로 이용대상자에 대한 서비스를 다시 한 번 점검하고 관찰하면서 자기의 케어기술을 높여나갈 수 있다.

3) 팀워크 구성으로 인한 기록의 필요성

케어복지서비스 대상 이용대상자의 경우 대부분 어떠한 장애나 질병을 갖고 있기 때문에 이용대상자에 대한 지원은 케어복지 전문인력뿐만이 아니라 물리치료사, 간호사 등 다양한 인적자원을 이용한 팀워크로 행해지고 있다.

이와 같이 팀워크로 일을 하기 위해서는 케어복지 전문인력이 작성하는 케어업무일지는 다른 구성원들에 있어서 매우 중요한 역할을 하게 된다. 예를 들어 의사의 경우에도 케어복지 전문인력의 업무일지를 통하여 이용대상자의 의식이나 몸 상태, 가족관계, 일상생활의 모습, 취미 등을 파악하여 단순히 질병상태를 체크할 뿐만이 아니라 한사람의 인간으로서 그 사람의 생활상태를 알 수가 있다.

이는 의사와 이용대상자와의 관계에 긍정적인 영향을 미치게 되고 진료활동을 원활하게 함으로써 이용대상자의 건강을 회복시키는 데 도움이 되며, 케어복지 전문인력과의 관계도 신뢰감을 높일 수 있다.

또한 사례회의나 사례연구에 있어서도 케어복지 전문인력의 기록은 많은 참고가 된다. 케어복지 전문인력은 이용대상자의 일상생활에 직접적으로 관여하면서 케어서비스를 제공하기 때문에 이용대상자의 상태나 상황을 누구보다도 더 구체적으로 알고 있다. 따라서 케어복지 전문인력이 작성하는 이용대상자에 대한 다양한 측면의 기록은 이용대상자에 대한 많은 정보를 얻을 수 있기 때문에 이용대상자의 생활 전반을 파악하고 이해하는 데 많은 도움이 된다. 이러한 기록을 통하여 이용대상자의 욕구가 명확해지고 케어계획에 따른 실천서비스가 구체화된다.

4) 사회적 책임의 명확성

어떠한 분야나 직종에서 일을 하든 그 곳에서 행한 행동과 실천 그리고 실적들은 기록물로서 남긴다는 것은 기본적인 책임과 책무라고 말할 수 있다. 케어복지 전문인력로서 일을 한다는 것은 가족이나 지인, 친구 등에 대해 단순히 도움을 주는 행위하고는 다르다. 소속된 기관(시설)의 성격에 따라 사회적인 위치가 다르고 책임의 소재에 차이는 있지만 개인적으로 도움을 주는 행위가 아니라면 자신의 행위를 기록으로 남기고 이것을 제3자가 업무로서 평가하게 된다.

한편 재가보호 대상 노인에 대한 케어복지 전문인력의 일은 가사지원 등 일상생활적인 지원업무로서 겉보기에는 누구나 할 수 있는 단순한 일로 보인다. 또한 현실적으로 이용대상자에 대한 케어는 가족들이 행하는 경우가 많기 때문에 케어복지 전문인력으로서 전문성을 인정받기는 어려워 보이기도 한다.

이와 같은 상황에서 케어복지 전문인력으로서 행한 지원업무나 생각 등을 구체적이고 정확하게 기록하여두지 않는다면 제아무리 심혈을 기울이고 사랑을 베풀고 기술을 터득한다고 해도 제3자가 평가하기에는 좋은 결과를 얻을 수가 없다. 사회적인 책임을 다하고 있다는 증거로서 또한 실천을 행하고 있다는 확인으로서 기록은 중요하다고 볼 수 있다.

02 기록의 종류와 특성

1. 기록의 종류

케어복지실천에서 기록의 유형은 과정기록, 요약기록, 문제중심기록, 시계열적 기록, 목표달성척도 등이 있고, 기록양식의 종류는 시설지원에서의 기록과 재가지원에서의 기록이 있다. 기록 내용은 개별기록, 면접기록, 케이스기록, 케어계획표, 개인 관찰표, 연락수첩 등이 있다. 또한 업무에 관한 기록은 케어복지 전문인력(간호사, 요양보호사, 물리치료사, 언어치료사, 활동지원사 등)의 일지, 야근일지, 집단활동일지, 목욕일지, 행사계획서 · 보고서 등이 있다.

또한 표준화된 기록양식을 사용하면 협회 · 기관의 통일성을 도모하고, 통계의 용이성을 확보하기 위하여 필요하다. 즉 표준화된 기록양식을 사용함으로써 관련 기관 간 업무의 동질성을 확보하고, 통계의 측정방법을 용이하게 할 수 있으며, 이는 서비스의 질적인 향상과 연결될 수 있다. 기록은 그 유형이나 이용대상자, 기관의 특성에 따라 내용이 다르다. 케어복지실천 과정에서 가장 널리 공통적으로 쓰이고 있는 과정기록, 요약기록, 문제중심기록을 중심으로 살펴보기로 한다(김기태 외, 2002; 조추용 외, 2020).

1) 과정기록

과정기록(process recording)은 면접 동안에 이루어지는 상호작용과 대화의 내용을 자세히 서술하는 방식이다. 케어복지 전문인력과 이용대상자 간의 면담이나 회합에서 무슨 일이 일어났는지를 가능한 한 정확하게 재구성하기 위한 시도이다. 과정기록은 보통 대본(scripts)의 형태를 띠며 케어복지 전문인력 및 이용대상자의 행동과 말한 것을 포함한다. 과정기록은 사회복지 역사에서 중요한 위치를 차지해왔다. 과정기록은 사회복지실천의 중요한 목적이 사회조사(social investigation)였던 시기에 이용대상자와 상황을 연구하기 위해 처음 사용되었으며, 이의 사용은 전문성의 발전과 함께 변화해 왔다. 초창기에 사회복지실천에서 이용대상자의 말한 것과 행동한 것, 사회복지 전문인력 자신이 말한 것과 행동한 것, 사회복지 전문인력이 관찰한 것, 믿는 것, 추측한 것에 관하여 기억할 수 있는 모든 것을 기록하였다(홍순혜 외 역, 2010).

따라서 과정기록은 ① 상황의 소개, ② 이야기(면접내용), ③ 케어복지 전문인력의 느낌, ④ 앞으로의 계획 등 네 가지의 기본적인 하위 부분들로 구성된다. '상황의 소개' 부분에서는 누가, 언제, 어디서, 그리고 '왜'라는 기본적인 정보가 서술된 후에 케어복지 전문인력은 면접에서 실제로 전개된 이야기를 서술한다. '이야기' 부분에서는 서비스 이용대상자의 말한 내용뿐만 아니라 서비스 이용대상자의 이야기에 뒤이어 케어복지 전문인력이 정확히 어떤 말을 했는가 또한 포함되어야 한다. 과정기록의 세 번째 부분인 '케어복지 전문인력의 느낌' 부분에서는 면접 중에 나온 이야기, 그리고 감정 등에 근거하게 되며, 이것은 사례에 대한 공식적 사정이라기보다는 사례 및 면접에 대한 케어복지 전문인력의 그 당시 생각을 나타내는 것이다. 케어복지 전문인력은 인간, 문제, 환경, 그리고 면접 중에 발생한 케어복지 전문인력 체계관계를 현재 어떻게 생각하고 있는가를 분명히 하도록 노력한다. 느낌에는 면접 진행방식에 관련하여 케어복지 전문인력이 생각하는 고려사항들도 포함될 수 있다(오창순 외, 2001).

이상의 내용을 바탕으로 과정기록에서 기록하여야 주요 내용을 정리하면 다음과 같다(이영호, 2008).

① 이용대상자 등 참석자 성명
② 날짜, 장소, 면접회기 및 진행시간
③ 목적
④ 계획
⑤ 상호작용 내용
⑥ 케어복지 전문인력의 역할과 활동 내용

⑦ 이용대상자의 관심사, 상황과 문제, 반응, 반응에 대한 케어복지 전문인력의 분석
⑧ 케어복지 전문인력 스스로가 분석한 내용
⑨ 다음 면담 및 계획 내용

과정기록의 장점으로서는 첫째, 케어복지실습이나 교육 방법으로 유용하다는 것이다. 즉 실습지도자가 기록내용을 보면서 실습생의 기능 수행 능력을 전반적으로 파악할 수 있고, 더 효과적으로 기법들을 활용할 수 있도록 구체적으로 지도할 수 있다. 둘째, 기록자 자신은 자신이 진행한 과정을 세밀하게 기록하면서 자신에 대해 새롭게 인식할 수 있고, 서비스 과정에서 자아를 활용하는 정도가 향상된다. 셋째, 서비스 기관은 기록한 내용을 보면서 사례 진행에 대해 점검하고, 잘못한 경우가 있으면 사전에 문제를 예방할 수 있다. 그러나 이와 같은 장점에도 불구하고 과정기록의 단점으로서는 첫째, 기록하는 데에 시간이 너무 많이 소요되고, 둘째, 면접에서 실제로 일어난 일을 완벽하게 재현하기는 어려운 측면이 있다. 따라서 불완전하고, 왜곡된 정보를 제공할 수도 있다(김정진 외, 2007).

2) 요약기록

요약기록은 일상적인 사회복지실천에서 주로 사용되는 기록 유형이다. 정규적인 진행 노트, 인테이크 혹은 이송보고서 등과 같이 주기적으로 실시하는 요약, 그리고 특정 보고서는 일반적으로 요약형으로 기록을 한다(Wilson, 1980; 김기태 외, 2002 재인용).

요약기록은 수집된 자료를 열거하는 것일 뿐만 아니라 그 자료의 의미와 상대적 중요성을 나타낸다. 적절한 시간적 간격을 두어가며 요약기록을 하는 것은 케이스기록의 분량을 줄이고 케이스 진행 방향을 명확하게 하며 케어복지 전문인력의 시간을 절약하게 된다. 일반적으로 요약기록은 기록상에 이미 나타나 있는 자료를 검토하거나 요점을 되풀이하는 것이라고 생각한다. 그렇게 케이스 노트에 모

아둔 것으로 이전에 기록되지 않은 사항은 기록자의 판단에 의해 요약기록에 삽입해야 한다(김기태 외, 2002 재인용). 요약기록에서 케어복지 전문인력은 과정기록에서와 유사한 네 가지 부분으로 구성된 틀에 의존한다. 흔히 사용되는 제목은 다음과 같다(오창순 외, 2001).

① 기본정보
② 내용 요약
③ 케어복지 전문인력의 느낌
④ 앞으로의 계획

요약기록의 기본정보 부분에는 접촉 날짜와 장소, 피면접자, 그리고 목적 등이 기록된다. 마지막 두 부분에는 면접 동안 일어난 일들에 대한 케어복지 전문인력의 느낌과 케어복지 전문인력과 체계가 함께 지속적으로 수행할 앞으로의 계획이 기록된다.

3) 문제중심기록

문제중심기록(POR: Problem Oriented Recording)은 더욱 정교하고 진일보한 기록방법으로 단순히 기록 차원을 넘어 문제해결 접근방법을 반영한다. 이 방식은 원래 병원에서 의료기록을 표준화하고 이에 대한 일치 정도를 점검하기 위한 방법에서 유래되었다. 이 방법은 초기에 병원에 소개되었고 이후 정신의료 분야와 부분적으로 다양한 서비스 분야에도 보급되었다. 이와 같은 문제중심기록의 내용으로는 다음과 같다(조추용 외, 2020).

① 문제를 파악하기 위한 자료 수집(데이터베이스 구축)
② 문제의 규정, 구체적 문제 목록(문제목록 작성)
③ 문제에 대한 치료 계획(치료 계획)
④ 문제가 해결될 때까지 치료 개입의 수행 및 점검 영역(계획 실행)의 요소로 구성

문제중심기록의 내용을 바탕으로 한 구체적인 기록방법은 다음과 같다(조추용 외, 2020).

① 클라이언트와 면담에 관련된 기본적인 자료-나이, 성별, 결혼관계 등
② 초기 단계에서 클라이언트와 관련된 사람들이 언급한 문제목록
③ 각 문제에 대한 목표와 계획
④ 활동을 통해 이룬 것과 결과에 대한 진행 기록

따라서 문제중심기록은 개입 시작부터 서비스 이용대상자의 조건이 어떤지 분명하게 보여주고, 계획을 기록하며, 무엇이 수행되고, 서비스 이용대상자가 어떻게 반응하는지를 서술하며, 마지막으로 종료 단계에서 서비스 이용대상자의 상황을 서술하게 된다. 이 방법은 초점을 극대화하고 효율성을 향상시킨다(조휘일 외, 2001).

이와 같은 문제중심기록의 장점으로서는 첫째, 타 전문직과의 의사소통을 촉진하며, 여러 분야 간의 공조를 원활하게 해 준다. 둘째, 목록화된 각 문제에 초점을 맞추어 다루어야 하고 모든 치료계획에 대해 문서화된 추후 점검을 할 책임이 있으므로 책무성을 향상시킨다. 셋째, 기록이 간결하고 통일되므로 기관감독자, 조사연구자, 외부의 자문가 등이 더욱 쉽게 질 높은 기록검토를 할 수 있다. 단점으로서는 첫째, 클라이언트의 강점, 욕구, 자원보다는 문제를 강조함으로써 사회복지실천의 관심 폭을 한정시킬 수 있다. 둘째, 주관적 정보와 객관적 정보를 토대로 전문가의 판단에 따라 사정을 하게 되는데, 이를 위한 훈련이 되지 않으면 항목 간 구분이 안 되고, 중복하여 기록되는 경우가 많다(김정진 외, 2007).

2. 기록장소에 따른 유형(김기태 외, 2002)

기록장소에 따른 유형은 입소시설, 이용시설, 재가방문 등 돌봄의 장에 따라 그 종류와 방식이 다르다. 또한 노인 개인에 관한 것과 시설 전체에 관한 것, 직종과의 연계에 관한 것에 따라 다르다. 요양시설에서도 그 시설의 방침에 의해 같은

노인 원조의 기록이라도 명칭이 다른 경우도 많다. 사회복지사가 관계하는 기록의 유형을 살펴보면 다음과 같다(山本かな子, 2000).

1) 생활시설에서의 기록

(1) 노인 개인에 관한 기록

① 개별기록(face sheet)

노인과 그 가족의 상황을 한눈으로 볼 수 있는 기록으로 성명, 연령, 주소, 직업, 생활력, 건강상태 등을 모두 사실에 기초하여 기록한다.

② 면접기록

입소 전에 사전 면접을 하여 노인과 가족의 생활환경이나 가지고 있는 문제, 기대사항 등 개별기록에 기록되어 있지 않는 개인정보를 기록한다.

③ 케이스 기록

입소 후 노인의 상황에 대해서 객관적으로 기록하는 것으로서 정신적 · 신체적인 면을 총체적으로 관찰하고 기록한다.

④ 돌봄계획표

개별기록, 면접기록, 케이스 기록을 토대로 해서 노인의 자립 원조를 위해 통합된 원조를 하는 지침이 되는 것으로서 개별원조에 대해서는 계획을 작성하여 실시한 후에 노인의 상황의 변화에 대응하여 수시로 재검토할 필요가 있다.

⑤ 기타, 개인 관찰표

기초건강검진표(일반적으로 체온, 호흡, 맥박, 혈압 등을 체크한 관찰표), 배설관찰표, 수분섭취표, 식사섭취표, ADL표 등이 있다.

⑥ 연락수첩

이용시설에서 사용하는 것으로서, 기본 건강상태, 식사, 배설, 목욕, 기타 시설 이용 중의 활동내용이나 상태 등의 정보를 가족에게 제공하기 위한 것으로서, 가족한테서도 가정 내에서의 정보를 제공받아 시설과 재가에서의 생활원조의 연계를 도모하도록 한다.

(2) 업무에 관한 사항

① 노인복지 전문인력(사회복지사, 생활지도원) 일지로서 시설 전체의 업무에 관한 것, 노인의 변화 등을 기록한다.
② 야근일지는 야간 근무자가 야간의 업무, 노인에 대한 대응 등을 기록한다.
③ 집단활동일지는 여러 집단 활동에 대해서 노인의 참가 상황, 대처 방법 등을 기록한다.
④ 목욕일지는 목욕에 관한 상황을 기록하는 것으로서 기온, 수온, 기계욕 · 개조(介助)욕 · 일반욕의 구별, 누가 목욕했는지, 목욕돌봄제공자 등을 기록한다.
⑤ 행사계획서 · 보고서는 계절별 시설행사에 대해서 그 기획, 실시, 보고(실시내용과 반성 등)를 기록한다. 시설에 따라서는 생활지도원이나 사회복지사가 쓰는 경우도 있다.

2) 재가시설에서의 기록

(1) 노인 개인에 관한 기록

① 케이스 기록은 개별기록에 기입된 노인과 그 가족의 정보에 추가해서 사회자원의 활용 상황이나 경제 상황 등 노인의 모든 정보를 담은 기록으로써 타 직종과의 정보교환에 유용하다.
② 건강기록은 기본 건강상태(체중, 혈압 등), 식사, 배설, 목욕 등 일상생활의 상태를 기록하기 때문에 상태의 변화를 알기 쉽다.

(2) 업무에 관한 사항

업무에 관한 사항으로는 업무일지(활동기록)가 있으며, 하루의 방문활동 상황을 기록한다. 노인의 성명, 시간, 돌봄 내용 등을 기록하며 노인의 상황도 기입한다. 시설원조나 재가원조의 경우 기록의 양식이나 명칭에 구애받지 말고 이 기록이 누구를 위한 것인지, 무엇을 위한 것인지를 항상 생각하면서, 이러한 목적에 타당한 기록을 하는 것이 무엇보다도 중요하다.

3. 기록의 내용

돌봄기록에는 다양한 양식이 있다. 이러한 것 중에 사례기록(실시기록)은 매일 이용자의 생활과 요양보호사의 관계에서 얻어진, 그 사람의 생활을 하나의 형태로서 남긴 유일한 자료이다. 또한 돌봄의 실시내용을 기록으로 남기기 위하여 바이탈체크(vital check, 혈압, 맥박, 호흡, 체온 측정)표나 배설체크표 등도 중요하다. 그러한 것들은 한 이용자의 생활을 전인적으로 알고, 다각적으로 분석하고, 뒷받침이 있는 생활원조와 연결되도록 하기 위하여 중요한 정보원이 된다(梅澤佳裕, 2012).

돌봄기록의 개인정보가 없으면 여러분은 어떻게 자신에 제공한 돌봄을 되돌아보고, 지원방법을 검증해 나갈까? 또한 기록이 있어도 그 내용이 부족하고, 돌봄내용이나 이용자의 생활 상황, 중요한 욕구가 파악되지 않으면 어떻게 될까? 기록을 위한 기본적인 내용은 다음과 같다(津田祐子, 2012).

1) 이용자를 존경하는 것에서 모든 것이 시작

시설이용자는 손님이고, 돌봄서비스 제공자는 접객업으로서 매너가 필요하다. 그런데 아무리 강조해도 친절한 언어나 경어를 정확하게 사용하지 않는 돌봄서비스 제공자가 있다. 잘 살펴보면 그것은 이용자와 돌봄서비스 제공자와의 시선 높이가 맞지 않기 때문이다.

그래서 돌봄을 제공할 때 시선의 높이에 대해서 생각해 보자. 그림에 나타낸 것처럼 왼쪽은 돌봄서비스 제공자가 이용자를 위에서 내려다보고 있다. 이용자는 불쾌감을 느낀다. 그러면 오른쪽 그림과 같이 시선을 맞추어 보자. 그러나 이용자는 경계하고 있는 모습으로 안심하고 있다고 말할 수 없다. 이용자로부터 안심과 신뢰를 얻기 위해서는 그림과 같이 아래에서 쳐다보는 시선이 필요하다. 그림은 외관상의 각도만이 아니고, 돌봄서비스 제공자 측이 돌봄대상노인에 대해서 인생의 선배로서 존경하고, "부족한 나와 같은 사람이 서비스를 제공해서 미안하다. 야무지게 해야 한다"라고 겸허한 자세와 항상 변함없는 태도로 대하는 것이 중요하다.

이러한 마음으로 대하면 기록 면에서도 이용자를 향한 매너나 경의가 표현되고, 상대방에게 친절함과 호감을 주는 기록이 된다. 더욱이 그 기록을 읽는 사람에게 사는 보람, 용기, 위로 등을 주게 되는 것이다.

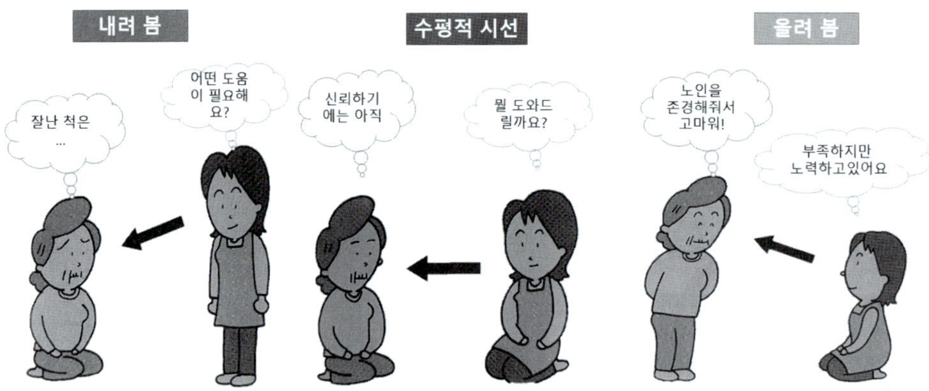

[그림 6-1] 돌봄서비스 제공자와 이용자의 시선

2) 정확한 기록을 남기기 위한 모든 것

일상의 돌봄 현장에서는 관찰과 동시에 돌봄기록을 기재하는 시간적 여유가 없다. 업무의 빈 시간을 이용해서 손 빠르게 기록하거나, 일상업무를 끝내고 기록하는 경우가 대부분이다. 그렇기 때문에 관찰에서 수 시간이 경과한 후에 그 상황을 기억하면서 기록한다.

정말로 기록할 때는 "누구와 누구랑 무엇을 하고 있었는가", "어떠한 의견을 나누었는가", "장소는 어디였는가", "몇 시쯤이었는가" 등 기억이 점점 엷어져 가게 된다. 메모가 없으면 상황을 기억하는 시간이 많이 걸리고, 요점의 정리가 안 되고, 애매한 기록이 되어 버린다. 돌봄기록의 기본은 담당자가 상황의 재현을 빠르고 정확하게 파악할 수 있다.

관찰한 중요한 사항이나 시간은 반드시 메모해 두자. 이용자의 반응과 거기에 부수되는 사항은 간단한 키워드로 마중물이 되고, 상황을 복원할 수 있다. 메모를 잘하면 기록시간을 단축할 수 있고, 잊지 않도록 신경을 곤두세우고 있지 않아도 오히려 조금 전의 상황을 잊어버리고, 새로운 사태에 대처하는 여유가 생겨서 바람직하다.

이와 같이 관찰한 상황을 재빠르게 재현하고, 정확하게 기록하기 위하여 돌봄스탭 스스로가 잊어서는 안 되는 것, 일지 쉬운 것은 주의해서 메모해 두는 습관을 체득하여야 한다.

3) 돌봄기록을 수정하는 경우 주의점

돌봄기록에서 기재한 상황을 재현하고, 적절한 문장으로 정리한 다음, 신경써야 하는 것은 빠뜨리는 것이 없는지 정서하는 것이다. 예를 들어 기재해야 할 것을 빠뜨리면 수정액 등으로 수정하면 안 된다. 기록의 수정은 오해를 불러일으키지 않도록 주의할 필요가 있다. 틀린 곳을 이중선으로 긋고, 틀린 문장과 개정문을 구별할 수 있도록 한다. 서두르지 않고 차분히 문자를 틀리지 않도록 기록하자. 긴 문장이라면 빠뜨리지 않도록 미리 정리하여 정서하면 틀리지 않고 문장을 잘 쓸 수 있다.

03 기록의 적용 및 보고

1. 기록적용의 기본원칙

기록내용은 기록장소에 따라 달라진다. 즉 입소시설, 이용시설, 재가방문 등 장소 유형에 따라 기록방식이 다르다. 또한 서비스 이용대상자에 관한 것과 시설 전체에 관한 것, 직종과의 연계에 관한 것에 따라서도 다르게 기록된다. 하지만 기록은 어떠한 장소와 이용대상자의 상황이든 기본적으로는 다음과 같이 적용되어야 한다(津田祐子, 2012; 조추용 외, 2020).

1) 단어를 바르게 사용하자

다른 사람이 읽어서 이해할 수 있도록 돌봄기록에서 중요한 기본사항의 첫 번째는 단어를 바르게 사용하는 것이다. 메모는 자기가 알면 되는 것이기 때문에 약자, 흘린 글씨 등 어떤 것이라도 괜찮다. 그러나 돌봄기록은 다른 사람이 읽어도 내용을 정확하고 바르게 이해할 수 없으면 그 역할을 달성하지 못하고, 팀에게 전달되지 않는다.

2) 구두점을 바르게 사용하자

구점(.)은 문장의 끝에 하나로 넣는 것이다. 두점(,)은 틀리기 쉬운 곳과 쉬는 곳에 넣어서 정보를 정확하게 전달하자. 예를 들면 [A씨는 B씨와 C씨의 송영을 위해 농협 앞에 나갔다.] 이 의미는 A씨 혼자서 B씨와 C씨의 두 사람을 맞이하러 갔다는 뜻이다. [A씨는 B씨와, C씨의 송영을 위해 농협 앞에 나갔다]는 A씨와 B씨 두 사람이 C씨를 맞이하기 위해서 갔다는 의미가 된다. 이와 같이 독점을 읽는 사람이 틀리게 하지 않도록 적절한 곳에 넣는다.

3) 접속어를 바르게 사용하자

돌봄기록은 접속어를 잘 사용하여, 문자의 전후 관계를 연결하면 이용자의 태도, 케어플랜, 돌봄제공의 판단·이유를 기재할 수 있다. 일반적으로 문장에는 다양한 접속어가 사용되고 있는데, 돌봄기록의 경우, 돌봄서비스를 제공하는 이유에는 "○○이기 때문에 ○○한다", "○○ 때문에 ○○했지만", "○○이(가), ○○ 때문에" 등 서비스 제공의 이유, 근거가 기재되어 있는 경우가 적지 않다.

4) 문장을 만든다

문장은 구점으로 자르고, 완결한 내용을 나타내는 언어의 최소 단위로, 주어와 술어로부터 수식어가 추가되어 내용이 풍부해진다. 돌봄기록에서는 어떠한 상태에 있는가는 것을 상세하게 기재하는 것이 필요하다. 예를 들면 "주어=A씨가"에 "술어=식사를 하지 않는다"를 연결하는 것이 문장의 최소 단위인데, 이것으로 상세한 상태를 알 수 없다. "서술어=1일만"을 넣으면 "어느 정도"는 이해할 수 있지만 "언제부터", "왜 먹지 않는가", "상태가 나쁜가", "오늘만일까?" 등 의문이 남는다. 먹지 않는 기간, 고통의 유무 등을 파악하고, 상황을 알 수 있도록 많은 수식어가 필요하다.

5) 문장의 구성

일반적으로 뉴스, 기사, 보고서 등은 5W1H로 구성되고, 그 순서에 따라 쓰면 상황이 이해된다고 한다. 일반적으로 보도의 경우는 현장에 있는 사람에게 상황을 청취하여 "왜=why"의 부분의 설명이 가능하다. 그러나 돌봄기록의 경우, 인지장애나 언어장애가 있으면 "왜=why"를 설명할 수 없다.

예를 들면 "A씨가 6시에 화장실에서 나체로 나왔다"라는 기록의 경우, 언제, 어디서, 누가, 무엇을, 어떻게의 기재는 없지만, "왜"가 없다. 원인과 이유가 불명확하고 말끔하지 않은 돌봄기록으로, 돌봄서비스는 어떻게 제공되었는지는 모른다.

원래 돌봄기록이란 돌봄서비스를 제공하는 것에 있다. 거기서 "왜=why"의 부분은 돌봄스탭이 추측하여 돌봄기록에 기록하지 않으면 안 된다.

〈표 6-1〉 6하원칙과 기록

언제	when?	발생의 시기	아침 6시
어디서	where?	발생의 장소	화장실에서
누가	who?	누가	A씨가
무엇을	what?	내용	나체로
왜	why?	어떻게	??
어떻게	how?	결말이나 결론	나왔다.

배설을 끝냈지만, 왜 나체인가? 입고 있던 옷은 어디에 있는가? 어디에서 옷을 벗은 것인가? 오염이 되어서 벗었는가? 춥지는 않았는가? 혼란스러워하지 않았는가? 괴로워하지 않았는가? 곤란을 겪고 있는 것은 무엇인가? 등 다양한 의문이 솟아난다. 돌봄서비스 제공자가 추측해 보는 것이 중요하다(津田祐子, 2012).

2. 기록적용의 유의점

케어복지 전문인력이 케어복지서비스를 제공하고 서비스 내용 및 결과를 기록할 때에는 다음과 같이 유의할 필요가 있다(中島紀惠子, 2001).

1) 문장연습과 알기 쉽게 쓸 것

문장연습을 많이 하여 쓰는 것이 습관화되어야 한다. 문장연습을 많이 하게 되면 문장의 포인트나 순서 등을 쉽게 터득할 수 있고, 쓰는 속도가 빨라지게 된다. 간단한 메모라도 작성하는 습관을 길러 글을 쓰는 데 익숙해져야만 기록을 잘할 수 있게 된다.

누가 읽어도 간결하고 알기 쉽도록 하기 위해서는 객관적이고 구체적인 내용이 되어야 한다. 이를 위한 방법으로서는 핵심내용을 잘 파악하고 불필요한 어미나 사족을 가능한 생략하고 짧은 문장으로 작성하는 것이 좋다. 주관적인 내용이나 객관적인 내용을 구분하여 쓰고 그림이나 도표 등을 활용하는 것도 좋다.

2) 다른 사람이 작성한 기록을 많이 읽고, 당일날 기록할 것

소설이나 에세이를 쓰는 것은 아니지만 표현력을 배양하기 위해서는 많은 문장을 읽는 것이 중요하다. 이를 위해서는 케어복지와 관련된 전문학회지나 다른 사람이 작성한 기록을 모방하는 것도 좋다.

기록은 케어서비스를 지원한 당일날 쓰는 것이 좋다. 인간의 기억은 한계가 있기 때문에 시간이 지남에 따라 흐려지거나 잊어버리는 경향이 있기 때문이다. 매일매일 기록하는 습관을 붙이고 기록하는 시간이 충분하지 못하다면 요점만 메모하여 잊어버리지 않은 동안에 기록하도록 한다. 하여튼 기록하는 것을 습관화하는 것이 중요하다.

3) 간결하고 평의하게 작성할 것

문장은 길지 않고 주어가 확실하면서 간결하여야 한다. 누가 행한 행위인지, 누구의 의견인지 명확하지 않으면 오해가 발생할 수 있다. 구어체로 기록하는 경우에는 대화 내용의 그대로를 쓰는 것이 좋다. 예를 들어 '○○하는 것 같다'라든지 '○○라고 생각된다'라는 애매하고 주관적인 표현보다는 '○○했다', '○○해서 판단하기 어렵다'라는 사실적이고 직접적인 표현으로 쓰는 것이 좋다.

또한 문장은 알기 쉽고 평이한 단어를 사용하는 것이 좋다. 의사, 간호사 등 다른 전문직종 사람들과 함께 일하기 때문에 굳이 어려운 단어를 선택하여 쓰는 사람들도 많이 있으나 이는 바람직하지 못한 방법이다. 케어기록은 자신의 관찰과 생각을 정확하게 전달하는 것이 중요하다. 기록사항을 전문직종의 전문가들만 읽는 것이 아니라 자원봉사자, 가족 등도 읽기 때문에 가급적 누구나 알기 쉽고 파악하기 쉬운 내용이 되어야 한다.

4) 정확하고 객관적인 표현으로 할 것

사실을 정확하게 객관적으로 기술하는 것은 매우 어려운 일이다. 이용대상자를 세심하게 관찰하고 체계적으로 케어하지 않으면 기록이 정확하지 않고 애매한 기록이 되기 쉽다. 예를 들어 '○○와 같다', '○○와 같이 생각된다', '○○이 필요할 것 같다' 등의 문장이 많다면 케어서비스의 내용을 한번 생각해 보아야 할 것이다. 만약 그 장면이 확실하게 생각나지 않고 판단이 서지 않는다면 그 사실을 있는 그대로 쓰는 것이 좋다.

또한 본인의 생각을 기술할 때에도 '○○라고 생각된다', '○○라고 판단되어진다'라는 개인의 주관적인 표현보다는 '○○라고 생각했다', '○○라고 판단했다'라는 객관적인 문장이 바람직하다.

5) 기록의 비밀 유지

기록은 이용대상자에 대해 질 높은 서비스를 제공하기 위한 필수불가결한 것이다. 그러나 기록으로 남긴다는 것은 이용대상자나 가족의 사생활이 표현되고 많은 사람들의 눈에 들어가게 된다. 따라서 사생활 보호 측면의 의미에서 기록에 대한 취급은 신중하게 다루어져야 한다.

이를 위해서는 이용대상자나 가족에 관한 정보를 어디까지 기술할 것인지의 판단이 중요하게 된다. 써야 할지 쓰지 말아야 할지 판단이 잘 서지 않는다면 케이스 회의를 통하여 판단하는 것이 좋다. 사생활에 관한 구체적인 내용을 쓴다고 하더라도 업무상 알게 된 내용이기 때문에 기록물을 업무 이외에 사용해서는 안 된다.

예를 들어 연구목적으로 사용하게 된다면 개인의 성명과 신상은 익명으로 처리하는 것이 원칙이다. 또한 기록물은 업무와 관련 없는 사람들의 손에 들어가서도 안 되며 책상 위에 방치해서도 안 된다. 보관이나 취급에 신중을 기하는 것이 중요하며 사생활을 지켜준다는 책임감도 있어야 한다(田形隆尚, 2012).

3. 기록양식

케어복지실천 영역에서의 기록방식은 개방적 양식이나 혹은 고정선택 양식을 많이 활용하고 있다. 어떤 양식들은 실제로 이야기체 보고를 위한 개요를 담고 있으나 대부분은 단답이나 체크마크를 하도록 설계되어 있다. 양식들은 이용대상자, 서비스 내용과 진행과정, 결과 등을 특성화하고 비교하는 데 필요한 특정 정보를 수집한다. 따라서 양식을 이용대상자의 케어지원에 적합하도록 개발하고 선택하는 일이 중요하다고 할 수 있다. 양식을 개발하는 데는 계획과 설계라는 중요한 2단계가 있다. 새롭거나 최신의 양식을 구성하는 데 있어서는 다음의 사항들을 고려해야만 한다(조추용 외, 2003).

첫째, 기록보존 체계에 대한 양식의 연관성

둘째, 양식의 목적 혹은 기능

셋째, 양식을 완성하는 데 어떤 정보를 포함시킬 것인가

넷째, 효율적인 활용을 위하여 양식의 내용을 어떻게 제한시킬 것인가

준비 단계에서는 수집된 정보에 중복이나 누락이 있는지 여부를 평가하기 위해 기존에 사용하고 있던 모든 양식을 분석하는 것이 좋다. 그리고 일단 양식의 목적과 기능을 정의하고 나면 양식에 포함시킬 수 있는 모든 정보의 목록을 작성하고 계획과정의 초기에서는 가능한 한 범위를 확대시키는 것이 양식의 포괄성을 높이게 된다. 새로운 양식을 개발하거나 오래된 양식을 최신화할 때에는 양식을 잘 조직화하고 양식을 잘 설계하는 것이 완벽하고 정확한 문서화를 가능하게 한다. 양식을 잘 조화한다는 것은 정보를 쉽게 기록될 수 있고, 정보가 수집되는 순서대로 문서화될 수 있음을 의미한다.

4. 보고

보고는 케어복지 전문인력이 업무상 알게 된 정보나 케어행위 시 실천 내용과 결과사항 등을 직장의 동료나 상사, 타 영역 관련 전문가에게 전하는 것을 말한다.

따라서 케어서비스에 있어서 보고라는 것은 업무달성상에 필요한 정보나 임무의 수행상황, 업무상 알게 된 정보 등이다. 보고는 내용의 중대함이나 유형에 따라 구두로 하든지 기록으로 행하게 된다. 보고의 목적은 정보를 전달하는 것이지만 케어에 있어서의 보고에서는 필요한 정보를 정확하게 전달함으로써 계속적인 케어를 행하는 데 있다. 또한 보고 시 유의점으로서는 다음과 같이 언급할 수 있다(조추용 외, 2003).

1) 내용 정리

정확하게 구체적으로 보고한다. 필요한 정보를 바르게 보고하고 의사를 교환한다. 특히 '누가', '무엇을 위하여', '무엇에 대해', '언제', '어디서', '어떻게'라는 6하원칙에 의해 보고하는 것이 좋다.

2) 보고상대 확인

보고하는 상대가 적절한지, 주지시켜야 할 내용이 정확한지, 정확한 내용인지, 불필요한 내용과 부적절한 내용이 파악되어 있는지 등이 확인되어야 한다.

3) 적절한 시기와 수단의 선택

보고하는 시기를 잘 판단하여 빠르지 않은지, 늦지는 않은지 등 타이밍을 잘 맞추어서 간결하고 알기 쉬운 언어를 사용하여 이해하기 쉽게 보고하는 방법을 터득하여야 하고 필요시에는 반복하여 보고하는 것도 좋다.

4) 보고내용의 확인

보고한 내용이 상대방에게 정확하게 전달되었는지 또는 이해하고 있는지 확인하는 것이 좋다. 구두로 보고를 받은 사람은 복창이나 복명의 방법으로 보고된 사항이나 내용을 확인하여야 한다.

참고문헌 REFERENCES

김기태, 성명옥, 박봉길, 이경남, 최희경(2002). **노인복지실천론**. 양서원.
김정진, 임은희, 권진숙(2007). **사회복지실천기술론**. 서현사.
김혜영, 석말숙, 최정숙, 김성경(2010). **사회복지실천론**. 공동체.
오창순, 윤경아, 김근식(2001). **사회복지실천론**. 아시아미디어리서치.
이영호(2008). **사회복지실천기술론**. 공동체.
조추용, 이채식(2003). **케어복지실천기술론**. 학현사.
조학래(2016). **사회복지실천론**. 신정.
홍순혜, 한인영 역(2010). **사회복지기록**. 시그마프레스.
白澤政和(2000). **實踐テキストブック**. 中央法規出版.
日本醫療企劃(2002). **介護技術の基礎と實踐**. 日本醫療企劃社.
長壽社會開發センター(2001). **家事援助・相談援助・關聯領域(第3券)**. 第一法規出版.
田形隆尚(2012). **介護記録の書き方**. 中央法規.
中島紀恵子(2001). **介護福祉の基礎知識(上)**. 中央法規.
津田祐子(2012). **状況別・症状別介護記録の書き方マスター**. 日總研.
片山信子(1999). **見てわかる 介護技術の實習**. メジカルフレンド社.
Wilson, S. J.(1980). *Recording Guideline for Social Workers*. New York: The Free Press.

Chapter 07

제7장

의사소통과 관찰

의사소통은 두 사람의 이상이 서로의 생각과 의미를 주고받으며 점검하는 상호작용 과정이다. 의사소통에서 말을 듣는 사람은 적절한 반응을 보이며 상대방의 말을 듣고, 자신이 어느 시점에 말하는 것이 적절할지 판단해야 한다(조학래, 2016). 케어복지실천에서 의사소통의 중요한 원칙은 케어복지 전문인력이 서비스 이용인의 수준과 보조를 맞추는 것이다. 이를 위해서는 케어복지 전문인력은 전문가로서 활동하기 위해서는 전문인력에 어울리는 적절한 의사소통기술을 필요로 한다. 따라서 본 장에서는 의사소통의 의의와 의사소통의 유형 그리고 케어복지실천에서의 주로 활용하는 의사소통 기법을 살펴보고자 한다. 아울러 본 장에서는 케어복지실천에서 의사소통을 통한 관찰도 중요한 영역이기 때문에 관찰의 의의와 시점, 그리고 관찰의 내용 등을 중심으로 살펴보고자 한다.

01 의사소통의 의의와 유형

1. 의사소통의 의의

우리들은 일상생활을 영위함에 있어서 다양하고 많은 사람들과 인간관계를 맺기도 하고 때로는 어떠한 이유로 단절하기도 한다. 하루하루를 즐겁고 건강하게 보내기 위해서는 사람들과의 관계를 잘 유지시켜 나가는 것이 중요하며, 이를 위해 중요한 요소로서 작용하는 것이 의사소통이다. 의사소통에는 언어에 의한 언어적 의사소통과 몸짓, 동작, 표정, 느낌 등 비언어적 의사소통이 있으며, 전달하는 사람과 받는 사람이 함께 공동행위를 해야만이 성립될 수 있다. 즉, 전달자의 내용에 따라 전달받는 자가 반응을 하면서 상호 진행시켜 나가는 것이다(조추용 외, 2003).

케어복지실천에 있어서도 쌍방 간에 의식적으로 의사소통을 잘 활용함에 따라 서로가 의도하는 것이나 정서적 교류 등이 가능하게 되며, 그 결과 케어복지 전문인력과 서비스 이용인 간에 원만한 인간관계가 이루어진다. 또한, 의사소통에 있어서는 태도가 중요하다. 상대방에게 적극적으로 관심을 가지고 수용적인 태도로서 대하는 것이 기본이다. 상대방이 안고 있는 문제나 현재의 기분, 장애 정도나 상태, 생활의 어려움 등 상대방의 입장이 되어 생각하는 것도 중요하다(中島紀惠子, 2001).

완전하게 상대방의 입장이 된다는 것은 불가능하지만 적어도 이와 같은 태도로서 대하는 것이 상대방과의 신뢰관계를 형성하는 데 밑거름이 된다. 아울러 케어복지실천 전문인력이라는 전문직업인으로서 가치관이나 감정도 의사소통에 있어서 중요하다. 케어복지실천 전문인력 개개인의 감정이나 가치관이 있겠지만 본인의 가치관이나 주관적인 생각을 우선으로 할 것이 아니라 케어복지 전문직업인으로서의 가치관을 우선으로 하여 서비스 이용인의 주체성과 자기존중을 중요한 과제로 삼아야 한다. 이를 위해서는 상대방의 말을 신중하게 듣고 충분하게 대화를 나눌 수 있는 환경과 마음가짐이 중요하다.

2. 의사소통의 유형

1) 언어적 의사소통

말과 글의 발달은 인간으로 하여금 지극히 복잡한 사회를 만들게 하였고, 정확한 지식을 발전 소유하게 했으며, 또한 그것을 다음 세대로 전달할 수 있도록 하였다. 일단 언어가 발달된 이상 표면적으로는 언어적 의사소통이 가장 간편하고 솔직하며, 또한 만족스러운 과정으로 생각되어진다. 의도적으로 의미하는 바를 말로써 전달한다는 것은 지극히 복잡하고 어려운 과정인 것이다. 이러한 어려움은 사용하는 언어의 차이 또는 같은 언어 내에서도 방언 간의 차이, 특정한 단어의 의미나 용법의 차이, 단어의 정확한 의미에 대한 지식이나 대중합의의 결여, 특별한 감정이나 뉘앙스를 표현하는 어휘의 제한 등에서 비롯될 수 있으며, 그 난점을 열거하면 수없이 많다(조추용 외, 2003).

흔히 말하는 사람은 실제로는 그 말이 무엇을 의미하고 있는지, 또는 듣는 사람에게 미치는 메시지의 영향이 무엇인지를 깨닫지 못한 채 자신의 일부인양 매우 습관적으로 어구나 단어들을 사용하곤 한다. 사람이 말로서 자신의 생각이나 감정을 표현한다는 것은 쉬운 일이 아니다. 왜냐하면 듣는 사람의 문화가 자유로운 표현을 금지하고 있으며, 말하는 사람은 듣는 사람의 반응을 두려워할 뿐 아니라 애써 표현할 바를 찾으려는 자신을 용납할 수 없기 때문이다. 말하는 사람이 이러한 상황에 처할 경우 자신이 말하는 진정한 의미를 숨기는 위장된 방식을 취할 수 있다. 만일 표현하는 것이 고통스럽거나 그에게 위협적인 경우 그는 과잉행동을 취하거나 참된 의미와는 반대되는 말을 할 수도 있는 것이다(한국케어복지협회, 2001).

언어적 의사소통이라고 하는 것은 말을 사용해서 전달하는 방법이다. 연령이나 사고방식, 경험, 가치관의 차이 등으로 받아들이는 방식이 다르든지 오해가 발생한 경험은 없는지, 상대에 의해서 언어가 의사소통의 도구가 되기 위해서는 언어가 가진 의미를 공유할 필요가 있다. 이때 말의 의미를 이야기하는 것이 대단히 중요하다. 또한 언어적 의사소통에는 문자로 전달하는 방법도 있다. 문자는 이야기하는 말과 달라서 사라지지 않도록 몇 번이고 다른 발음으로 읽는다. 내용을 확실하게 전달할 수 있는 이점이 있다.

2) 비언어적 의사소통

언어를 사용하지 않는 의사소통은 한 사람에게서 다른 사람에게로 정보가 전달되는 가장 기본적이고 원시적인 형태로서 신호에 대한 메시지이다. 메시지가 타당한지, 긴급한지, 내용이 유머러스한지, 심각한지 또는 비꼬아서 하는 말인지를 비언어적 의사소통을 통해서 알게 된다. 적의 있는 말도 웃거나 윙크하면서 혹은 등을 치면서 하면 부드러워진다. 보내는 메시지에 참으로 관심이 있는지, 무관심한지, 화가 났는지 등 그 사람의 태도를 알 수 있다. 이처럼 듣고 있는 메시지를 비언어적 의사소통을 통해서 해석할 수 있다.

언어적 커뮤니케이션이 '무엇'을 얘기하느냐에 관한 것이라면 비언어적 의사소통은 '어떻게' 얘기하느냐에 관한 것이다. 즉 비언어적 의사소통은 보다 정확하게 언어적 의사소통을 해석하게 해 준다. 눈으로 보는 것은 들은 것을 더 잘 이해하게끔 해 준다. 전화를 통한 경우에서는 말하는 사람을 볼 수 없기 때문에 그 말의 진정한 의미라든지 감정을 파악하기 어렵다.

비언어적 의사소통의 중요한 몇 가지 형태를 보면 시선접촉, 목소리의 어조, 얼굴표정, 팔과 손의 동작, 몸의 자세, 옷차림과 외모 등을 들 수 있다. 비언어적 의사소통은 말 이외의 방법을 사용해서 표현하는 방법으로 음성의 크기, 속도, 말의 상태, 표정, 태도, 눈 움직임, 몸짓, 손짓거리 등에 의해서 나타나게 된다. 이러한 방법은 무의식적으로 사용하는 경우가 많지만 말보다도 강한 표현이 될 수도 있는 경우가 있으므로 주의할 필요가 있다. 나이가 많다든가, 질병 때문에 말하고 듣는 것이 부자유한 고령자에게는 보통 이상으로 의사소통을 취할 수 있도록 연구와 노력이 필요하며 비언어적 의사소통이 중요하게 된다. 비언어적 의사소통은 언어적 의사소통 대신 한다든지 보충하는 것이 가능하다(한국케어복지협회, 2001).

02 케어복지실천에서의 의사소통과 기법

1. 케어복지실천에서의 주요 의사소통

일반적으로 케어복지실천에서 가장 많이 활용되는 수단은 비언어적 의사소통이다. 일상생활 속에서 큰 비중을 차지하는 대인관계도 '말하기, 듣기'를 반복하는 언어적 의사소통에 의해서 상대방의 기분을 이해하고 반응이나 행동에 따라 의사를 전달하는 경우가 많다. 따라서 말하는 내용이나 서로의 이해 정도에 따라 상대방에게 좋든 싫든 반응하면서 대인관계가 좋게 되든지 나쁘게 되든지 하게 된다.

말할 때에는 정확한 단어사용과 표현방법, 말의 속도에 주의하고 상대방의 반응을 보면서 이해 정도를 확인하는 것이 중요하며, 또한 상대방이 말한 것을 본인은 이렇게 이해하고 있다고 상대방에게 확인하는 것도 중요하다. 그러나 케어복지를 필요로 하는 사람 중에는 언어적 의사소통이 원활하지 못한 사람도 많기 때문에 언어의 형태가 아닌 비언어적 의사소통으로 자기의 기분이나 상태를 전달하고자 하는 사람도 적지 않다. 비언어적 의사소통의 영역에는 다음과 같은 것을 들 수 있다(片山信子, 1999).

① 신체적 동작: 손발의 움직임이나 머리의 움직임, 얼굴표정, 눈 동작, 자세 등 동작이나 몸짓으로 자기의 기분을 전달하는 것
② 소유적 행위: 자기 소유물에 대한 관심이나 반응, 자기 생활공간을 지키려는 행위 등으로 자기의 소유물이나 생활을 지키려고 표현하는 것
③ 심리적 공간 활용: 공감이나 사랑, 분노나 적의 등 자기의 심정을 침묵으로 표현하여 전달하는 것
④ 시간적 공간 활용: 조금 서둘면서 말을 건넨다든지, 빠른 걸음을 한다든지 평상시와는 다른 시간 활용을 하면서 자기의 기분을 전달하는 것
⑤ 스킨십: 손을 잡아주고, 아픈 다리를 주물러주고, 머리 매무새를 바로 고쳐주고, 상대방의 신체에 접촉하는 등 자기 속에 있는 배려, 이해, 동정, 안정 등 긍정적인 감정을 전달하는 것

2. 케어복지실천에서의 의사소통 기법

1) 의사소통의 태도

의사소통에 있어서 케어복지 전문직 종사자의 태도로서는 지지적 태도와 공감적 태도가 바람직하다. 이와 같은 태도가 상대방이 말하고 싶은 내용을 자연스럽게 말할 수 있는 분위기를 만들어내기 때문이다. 의사소통의 태도는 다음과 같이 분류할 수 있으며 이를 토대로 평상시 의사소통의 태도에 있어서는 가급적 지지적 태도와 공감적 태도로서 의사소통이 이루어져야 한다(片山信子, 1999).

① 평가적 태도: 상대방에 대한 선악 등 판단을 내리는 것
② 해석적 태도: 상대방의 호소에 일방적인 이유를 붙이는 것
③ 조사적 태도: 상대방을 배려하지 않고 사적인 것을 탐문하는 것
④ 도피적 태도: 상대방의 불안 등에 대해 받아들이는 것을 피하는 것
⑤ 지지적 태도: 상대방의 행동이나 생각을 인정하고 지지하는 것
⑥ 공감적 태도: 상대방의 입장이 되어 이해하도록 노력하는 것

2) 경청과 공감(수용)

원만한 의사소통을 위해서는 공감적 태도가 중요하다는 것은 말할 필요가 없지만 공감하기 위해서는 먼저, 상대방의 말에 귀를 잘 귀울일 필요가 있다. 물론, 경청을 잘해도 공감할 수 없는 내용이 많지만 공감할 수 없는 자신을 의식하면서 경청을 계속하는 것이 공감으로 연결되는 과정이 된다(조추용 외, 2003).

경청과 공감에서 우선 공감에 대해 살펴보기로 한다. 좋은 관계를 형성한다는 것은 타인과의 공감 혹은 감정이입에서 시작한다고 해도 과언이 아니다. 공감을 효과적으로 잘 활용하는 것은 케어복지 전문인력과 서비스 이용인과의 상태에 달려 있다. 공감이란 케어복지 전문인력이 서비스 이용인의 입장에 서서 이용인이 느끼는 감정, 사고, 행동, 동기 등과 같은 이용인의 경험을 민감하게 그리고 주의 깊게 이해하는 것이다. 공감을 한다는 것은 케어복지 전문인력이 서비스 이용인에게 반응하는 데 있어 완벽하다든지 혹은 기계적이어야 함을 의미하는 것이 아니다. 또한 그렇게 할 수도 없다. 오히려 케어복지 전문인력이 서비스 이용인에게 진실한 인간적인 모습으로 이용인에 대한 관심과 신뢰, 존경을 보여주는 것이다(엄명용 외, 2005).

경청은 서비스 이용인이 하는 말을 주의 깊게 듣는 것뿐만 아니라 서비스 이용인의 비언어적 제스처나 자세를 관찰하고, 서비스 이용인이 자유로이 표현할 수 있도록 적극 격려하고, 케어복지 전문인력과 서비스 이용인의 양자 간의 대화 내

용을 기억하는 것을 모두 포함한다. 경청에서는 적극적인 경청이 중요한데 이에 대한 요령과 경청에 대한 기본기술은 다음과 같다(엄명용 외, 2008).

(1) 적극적 경청 요령

① 서비스 이용인이 표면적으로 나타내는 말뿐만 아니라 그 이면에 숨겨져 있는 감정까지도 세심하게 살핀다.
② 분명하고 침착하며 흥미를 나타내는 어조를 구사한다.
③ 관심과 열린 마음을 갖고 서비스 이용인의 말을 잘 듣고 있다는 것을 나타내는 몸짓(표정, 눈빛, 고개 끄덕이는 일)을 적절히 사용한다.
④ 서비스 이용인이 한 말 중에서 불분명하거나 추가적인 정보가 필요하면 적절한 질문을 한다.
⑤ 무엇을 주장하거나 의견 제시를 위한 말보다는 서비스 이용인을 보다 더 잘 이해하기 위한 말을 한다.

(2) 경청의 기본기술

① 가급적이면 최대한 개방적이고 직관적이며 공감하고 자기인식을 할 수 있도록 한다.
② 눈맞춤을 유지한다.
③ 개방적이고 주의를 기울이는 몸자세를 취한다.
④ 비언어적 형태의 의사소통 방법에 주의를 기울이고 이러한 형태의 의사소통이 주는 의미를 파악한다.
⑤ 의사소통의 한 방법으로 침묵을 허용하고 활용할 수 있도록 한다.
⑥ 적절한 신체적 거리를 유지한다.
⑦ 주요한 단서를 파악하고 이를 확인한다.
⑧ 케어복지 전문인력 자신이 보일 수 있는 산만한 행동과 매너리즘에 빠져 있는 행동을 인식한다.

⑨ 모호하고 혼돈스러운 언급을 회피한다.

⑩ 사람들이 자신들의 시대에 맞는 적절한 언어를 활용하는 중요성을 인식한다.

⑪ 면담 장소와 일반적인 물리적 환경의 중요성을 인식한다.

⑫ 간섭되거나 산만해질 가능성을 최소화한다.

⑬ 면담에서 정서적인 내용을 경청하면서 이에 적절한 질문을 한다.

⑭ 가능할 때마다 그리고 적절할 때 피드백을 제공한다.

3) 질문

사회복지실천의 면접에서는 주로 폐쇄형 질문과 개방형 질문을 사용하는 경향이 있다. 폐쇄형 질문은 서비스 이용인의 정확한 정보나 구체적 상황에 초점을 맞출 때에 사용한다. 즉 폐쇄형 질문은 "결혼하셨습니까?" 혹은 "이전에 우리 기관을 이용한 경험이 있습니까?"와 같이 '네' 또는 '아니오'의 대답을 이끌어내는 것으로 서비스 이용인의 대답 방법과 초점을 제한하고 확실한 사실에 대해서만 묻는 질문 방식이다. 반면에 개방형 질문은 서비스 이용인이 자유롭게 대답함으로써 자신에 대해 더 많은 것을 표현하도록 하는 것으로 "그 일은 어떻게 일어났습니까?" 혹은 "무엇이 가장 힘드십니까?"와 같은 질문 방법이다(조학래, 2016).

그러나 케어복지실천 영역에서는 사회복지실천에서 주로 활용되는 개방형과 폐쇄형 질문 이외에도 다양한 질문방법이 있을 수 있다. 질문은 질문방법에 따라 상대방으로부터 대답 내용이 달라진다. 상대방이 자기의 의사나 감정을 충분히 표현할 수 있도록 하는 질문과 '네', '아니오'라는 짧은 단답형의 질문이 있다. 따라서 질문은 상대방의 의사소통 능력을 판단한 다음 구분해서 활용하면 좋다. 케어복지실천에서 활용할 수 있는 질문법을 보면 다음과 같다(中島紀惠子, 2001).

① 자유질문법: 상대방이 자유스럽게 대답을 하도록 하는 질문으로서 대답 자유도가 매우 높음

② 집중적 질문법: 특정한 화제에 초점을 맞춘 질문으로서 대답 자유도가 약간

높음

③ 중립적 질문법: 말의 흐름을 끊지 말고 계속해서 이어지도록 하는 질문

④ 다항적 질문법: 선택할 수 있는 사항을 제시하고 선택하도록 하는 방법으로서 대답의 자유도가 조금 낮음

⑤ 직접적 질문법: '네', '아니오' 정도 밖에 대답할 수 없는 질문으로서 대답의 자유도가 매우 낮음

03 관찰의 의의와 시점

1. 관찰의 의의

관찰이란 어떤 것을 주의해서 잘 본다든지 호감을 가지고 주의 깊게 의식적으로 실태나 실정, 상태, 욕구, 건강상태 등을 보는 것이다. 유의해야 할 점은 선입관이나 편견을 버리고 그대로 보는 것이며, 왜 무엇이 어떻게 일어나고 있는가를 밝혀내는 과학적인 태도를 갖는 것이다.

관찰은 모든 것을 관찰할 수 없기 때문에 케어복지 전문인력이 알고자 하는 것을 선택하여 대상으로 삼는 의도적이고 계획적인 활동을 의미하는데 훌륭한 케어복지 전문인력은 훌륭한 관찰자가 되지 않으면 안 된다. 왜냐하면 케어서비스를 필요로 하는 서비스 이용인 생활상의 장애와 심신기능상의 장애를 갖고 있기 때문이다. 그들을 위한 적절한 지원은 먼저 그 사람의 건강상태와 장애 정도를 정확히 파악하는 것에서부터 시작된다. 일상생활에 어떠한 불편함이 있으며 무엇을 어떻게 지원하며 건강할 때와 비슷한 생활리듬과 습관을 유지할 수 있을까를 판단해야 한다. 케어복지서비스 과정에서 가능한 한 빨리 불편함의 징후를 잘 판단한다면 필요한 대처를 빨리 할 수 있고 상태가 크게 악화되지 않을 수 있다. 따라서 케어복지 전문인력이 개발해야만 하는 가장 중요한 기술 중의 하나가 관찰기술이

다(케어복지협회, 2001).

케어복지실천에서 관찰이란 시각·청각·후각·촉각 등 모든 감각을 동원하여 상대방의 상태를 정확하게 파악하는 것을 말한다. 관찰하는 상대방이 사람이기 때문에 항상 변화하여 간다는 것을 잊어서는 안 된다. 신체적인 외견뿐만이 아니라 심리적 상태, 미묘한 감정의 움직임 등 전반적으로 종합하여 관찰하여야 하며 다음의 사항에 유의하면서 관찰하여야 한다(介護福祉ハンドブック 편집위원회, 2001).

첫째, 막연하게 단지 관찰하는 것이 아니라 평상시 상태와 어떻게 다른지, 어제와 비교하여 어떤 상태인지를 살펴야 한다.

둘째, 작은 변화라도 놓치지 말고 파악하여야 한다. '어쩐지 이상해', '평상시 상태하고는 달라'라는 느낌을 받음으로써 위험상황을 예방하고 문제를 발견할 수 있다.

셋째, 질병이나 장애 부분을 중점적으로 관찰하기 쉬우나 건강하고 생기있는 부분을 중요하게 여기면서 잔존 능력을 유지하고 향상시키는 데 노력하여야 한다.

따라서 고령자나 장애인의 케어장면에서 관찰 목적으로서는 먼저, 이용인의 건강상태나 장애에 의한 생활상의 문제를 파악하는 것에서부터 시작하게 되며, 구체적인 목적은 다음과 같다.

첫째, 일상생활에 있어서 어떠한 불편함이 어느 정도인지를 파악한 다음 건강했을 때에 가장 근접한 상태의 생활습관을 유지하는 데 어떠한 케어가 필요한지를 판단할 수가 있다.

둘째, 가급적 빠른 시일 내에 좋지 않은 징후를 발견함으로써 필요한 조치를 신속하게 행하여 큰일이 일어나지 않도록 한다.

2. 관찰 시점

케어복지서비스 이용인의 상태를 적절하게 지속적으로 관찰해 나간다는 것은 이용자의 건강상태를 체크하고 이상을 조기에 발견하여 질병의 악화를 예방하거나 이용자의 가족의 심리상태를 파악한다는 점에 있어서 매우 중요한 일이다. 지난번 관찰했을 때와 다른 점이나 염려되는 점 등이 있으면 그 원인을 찾아내어 사전에 대처하지 않으면 안 된다(日本醫療企劃, 2002).

예를 들어 재가복지 케어서비스의 경우에는 가정을 방문한 시점부터 관찰은 시작된다. 우선, 이용자를 둘러싼 전반적인 가정환경을 관찰하기 위하여 방안의 냄새나 청결상태, 가족들의 반응이나 표정, 분위기 등 오감을 활용하여 관찰을 하여야 한다. 다음으로는 이용자의 안색, 표정, 말투, 생기 등을 살펴야 한다. 게다가 케어를 행하면서 구체적인 심신의 상태를 살필 수가 있다. 식사케어 시에는 식욕의 유무, 저작 상태(씹는 정도), 사레가 들리지 않는지, 삼킬 때의 상태는 어떤지, 치아의 상태 등을 관찰할 수가 있다. 기저귀 교환 시에는 소변이나 대변의 상태, 피부의 상태나 체온, 사지의 운동능력이나 관절구축 유무 등을 살펴야 하며, 아울러 피부의 건조나 부종, 습진 등을 관찰할 수가 있다. 특히, 재택 케어의 경우에는 케어하는 가족의 건강상태에도 주의를 기울여야 한다. 가족의 표정을 관찰하거나 케어를 하는 데 어려움 점은 없는지, 케어자의 질병이나 요통, 정신적 스트레스 등이 없는지 체크하는 것도 중요하다.

이와 같이 관찰을 하면서 평상시와 다른 상태를 감지했을 때에는 본인이나 가족의 호소를 잘 들어보는 것과 객관적인 방법으로 확인을 할 필요가 있다. 객관적인 방법으로서 가능한 것은 체온, 맥박, 호흡, 혈압 등을 측정해보는 것이다. 신체의 내부에 어떠한 이상이 일어날 경우에는 이러한 측정들이 이상치를 나타내어준다. 감기에 걸렸을 경우에는 발열, 심장에 이상이 있는 경우에는 맥박수가 높거나 맥의 리듬이 일정치가 않게 되는 것이 그 예이다. 체온, 맥박, 호흡 등을 측정하고 이상을 발견하면 가족이나 간호사에게 보고하거나 필요에 따라서는 의사의 진찰을 받도록 조치한다. 질병상태를 체크하기 위해 측정하는 체온, 맥박, 호흡 등은 매일 일정 시간에 측정하고 결과를 잘 기록해 두어야 한다(岩橋成子一, 2001).

04 관찰의 유형 및 내용

1. 언어적 측면의 관찰

케어복지 전문인력은 이용자와의 대화를 통하여 케어에 필요한 중요한 정보를 얻을 수가 있다. 만남의 첫인사인 "안녕하세요"라는 짧은 인사의 경우에도 목소리의 높낮이, 건강상태, 표정 등 건강상태의 체크 포인트로서 중요하며, 만남의 첫 관찰이 된다(岩橋成子一, 2001).

2. 신체적 측면의 관찰

서비스 이용인 환자의 경우 건강한 사람과는 달리 증상의 변화 정도가 심하고 특히, 고령자의 경우에는 젊은 사람과는 달리 증상이 확연히 나타나는 경우가 드물기 때문에 가족이나 케어자가 모르는 사이에 갑자기 증상이 악화하는 경우가 많다. 따라서 케어자는 주의깊게 세심하게 관찰하는 것이 중요하다. 전신의 신체적인 관찰을 위한 포인트로서는 〈표 7-1〉과 같다(日本醫療企劃, 2002).

〈표 7-1〉 신체적 측면의 관찰 포인트

① 안색 · 표정	② 눈
• 안색은 나쁘지 않은지 • 고통, 불안, 고뇌하는 표정 유무 • 멍하지 않은지 • 생기가 있어 보이는지 • 의식의 정도는 어떤지	• 충혈, 눈곱, 눈물의 유무 • 눈언저리의 부종 유무 • 안구결막 황색 유무
③ 귀	**④ 코**
• 청력 • 이루(귀 고름), 귀지, 이명 유무 • 귀 통증 유무	• 콧물, 코막힘, 재채기 유무 • 후각의 저하 유무

⑤ 입	⑥ 목
• 혀의 상태(거무스름하지 않은지) • 입안 건조 유무 • 입 각도나 구강 내 상태 확인 • 혀나 잇몸 색깔이 나쁘지 않은지 • 구취 유무	• 통증은 없는지 • 기침이나 가래의 유무 • 목안이 부어있지 않은지 • 목소리가 가라앉아 있지 않은지 • 삼키는 것이 원활한지
⑦ 피부	**⑧ 손톱**
• 피부의 색깔, 탄력성 • 건조, 발진, 부종 유무 • 열감, 냉감, 발암, 가려움, 저림	• 색깔, 형태 • 길지 않은지, 불결하지 않은지
⑨ 관절	**⑩ 뇨**
• 관절의 움직임, 통증, 부종 유무	• 회수, 량, 색깔, 냄새, 혼입물
⑪ 변	**⑫ 자세 · 움직임 · 보행**
• 회수, 량, 색깔, 냄새, 혼입물 • 변비나 설사 유무 • 배변 시 고통 유무	• 수면 중에 항상 같은 방향의 자세로 있거나 다리를 쪼그리고 있지는 않은지 • 선 자세에서 신체의 안정감 확인 • 손발의 경련이나 움직임의 둔화 정도 • 보행 상태
⑬ 기타	**-**
• 식욕 상태 • 수면 • 표현 언어 상태 • 급격한 체중 감소 • 구토, 통증, 현기증 유무 • 의식 상태	

출처: 日本醫療企劃(2002)

3. 심리 · 정신적 측면의 관찰

상기에서 기술한 신체적인 측면의 관찰과 동시에 정신적인 면의 관찰도 중요하다. 특히 고령자의 심리적 상태 변화는 증상의 악화에 많은 영향을 미치게 된다. 나이가 들어감에 따른 심리 · 정신적 측면의 변화에 대한 관찰은 평소 그 고령자의 상태를 충분히 파악하고 나서 행하는 것이 바람직하다. 왜냐하면 개인차가 크기 때문이다. 결국 기억력의 저하나 감정의 기복 등이 그 사람의 보통 모습에 비해 어떤지를 관찰하고 사정하게 된다. 따라서 평소에 충분한 의사소통을 통하여 이용자와의 신뢰관계를 구축한다면 정신적인 이상 징후를 빨리 발견할 수 있다. 심리·정신적 측면의 구체적인 관찰 포인트는 〈표 7-2〉와 같다(日本醫療企劃, 2002).

〈표 7-2〉 심리 · 정신적 측면의 관찰 포인트

관찰 영역	관찰 내용
기억력 · 이해력 · 판단력	• 인사나 간단한 대화에 대해 여느 때보다 반응이 둔하며 멍하니 하고 있다. • 가족이나 친근한 사람을 잘 못 알아본다. • 평소에 흥미를 보이고 있던 취미나 TV 프로그램에 집중할 수 없다. • 자주 졸고 잠이 많아졌다. • 진지하게 말을 걸어도 의미없는 말로 대답한다. • 화장실에 가려고 하다가 다른 장소에서 배뇨를 해 버린다. • 망상, 감정상실, 배회 등 치매증상이 악화된 것 같다.
감 정	• 불안, 초조한 표정, 긴장 등의 증상이 없는지 확인한다. • 걸핏하면 화를 잘 낸다. • 짜증을 잘 부린다. • 마음이 약해져서 그다지 슬프지 않은 일에도 이내 눈물을 흘린다. • 감정의 기복이 심하여 이내 웃다가 우울한 듯한 얼굴을 하기도 한다. • 의심이 심해졌다. • 표정에 변화가 없고 얼빠진 느낌이 든다.
지 각	• 건강하지 않는데도 스스로는 건강하다고 느낀다. • 열이 나는데도 고통을 호소하지 않는다. • 온열이나 냉방에 대한 감각이 둔해졌다(주위 사람들이 땀을 흘리고 있는데도 춥다고 한다든지, 뜨거운 욕조에 태연하게 들어가려고 한다).

출처: 日本醫療企劃(2002)

참고문헌 REFERENCES

김기태, 성명옥, 박봉길, 이경남, 최희경(2002). 노인복지실천론. 양서원.
김정진, 임은희, 권진숙(2007). 사회복지실천기술론. 서현사.
김준환, 남미숙, 구재관, 신후경(2008). 케어복지의 이해와 실천기술. 창지사.
김혜영, 석말숙, 최정숙, 김성경(2010). 사회복지실천론. 공동체.
모선희, 김형수, 유성호, 윤경아, 정윤경(2018). 현대 노인복지론. 학지사.
보건복지부(2019). 요양보호사 공통 표준교재. 들샘.
보건복지부(2020a). 내부자료.
보건복지부(2020b). 요양보호사 공통 표준교재. 들샘.
엄명용, 김성천, 오혜경, 윤혜미(2005. 사회복지실천의 이해. 학지사.
엄명용, 노충래, 김용석(2008). 사회복지실천기술의 이해. 학지사.
오창순, 윤경아, 김근식(2001). 사회복지실천론. 아시아미디어리서치.
이영호(2008). 사회복지실천기술론. 공동체.
이채식, 김귀환, 문혜숙, 서화정, 오정옥, 이기량, 장우심, 전영록, 조추용(2006). 케어복지개론. 나눔의집.
장애우권익문제연구소(2015). 함께걸음.
조추용, 이채식(2003). 케어복지실천기술론. 학현사.
조추용, 정미경(2020). 노인복지실천기록. 양서원.
조학래(2016). 사회복지실천론. 신정.
조휘일, 이윤로(2001). 사회복지실천론. 학지사.
한국케어복지협회(2001). 케어기술론. 나눔의 집.
홍순혜, 한인영 역(2010). 사회복지기록. 시그마프레스.
介護福祉ハンドブック(2001). 介護福祉ハンドブック. 久美.
古川孝順, 佐藤豊道(2001). 介護福祉. 有斐閣.
福祉士養成講座偏執委員會(2005). 介護概論(第5判). 中央法規出版.
成淸美治(2003). 新 介護福祉概論. 學文社.
岩橋成子一(2001). 知っておきたい 介護技術の基本. 誠信書房.
日本醫療企劃(2002). 介護技術の基礎と實踐. 日本醫療企劃社.
長壽社會開發センター(2001). 家事援助・相談援助・關聯領域: 第3券. 第一法規出版.
莊村多加志(2003). 介護概論. 中央法規出版.
田形隆尚(2012). 介護記録の書き方. 中央法規.

中島紀恵子(2001). **介護福祉の基礎知識(上)**. 中央法規.
中島紀恵子(2001). **介護福祉の基礎知識(下)**. 中央法規.
中鳥紀恵子, 京極高宣, 蜂塚昌克(2001). **介護福祉 基礎知識**. 中央法規.
津田祐子(2012). **狀況別・症狀別介護記録の書き方マスター**. 日總硏.
片山信子(1999). **見てわかる 介護技術の實習**. メジカルフレンド社.
Wilson, S. J.(1980). *Recording Guideline for Social Workers*. New York: The Free Press.

Chapter 08

제8장

케어복지실천: 일상생활수행능력과 이동케어

01 일상생활수행능력(ADL)과 케어

일상생활수행능력이란 자신의 신체를 돌보는 데 필요한 기술을 말하며 누구나 매일 반복하여 수행하는 자조활동으로 인간으로서 기능 수준 유지를 위해 필요한 활동으로 인간은 누구나 일상생활을 영위할 기본적인 권리와 욕구가 있다. 일상생활 지원의 목적은 질환 및 장애로 일상생활이 어려운 대상자에게 생활의 불편함을 최소화하고 가능한 한 대상자 스스로 일상생활을 할 수 있도록 지원하는 것이다.

사회복지실천에서 사회복지사 또는 사회복지서비스를 제공하는 인력이 다양한 클라이언트를 대상으로 하여 그 상태와 욕구에 맞게 다양한 서비스를 지속해서 제공함으로써 삶의 질을 높이거나 유지해 인간답게 더불어 살아갈 수 있도록 도우려는 접근이다. 이러한 맥락에서 일상생활동작 지원은 사회복지의 중요한 실천으로서 스스로 일상생활을 영위하기 어려운 클라이언트를 대상으로 사회복지사와 같은 직원이 그 상태와 욕구에 맞게 신체 수발 지원 · 인지 정서 지원 · 가사활동 지원 · 사회활동 지원 · 건강 지원 · 가족 관계 지원 · 일상생활 위험 관리 등을 제공하는 서비스이다.

노인에게 있어 일상생활수행능력은 자립생활을 위한 최소의 필요한 능력을 개인이나 가정생활, 사회생활을 위한 매일의 동작을 의미하기 때문에 노인 생활의 전반적인 면에 크게 영향을 준다. 이처럼 일상생활수행능력은 노후 건강의 가장 기본적인 조건으로 그 기능이 어려워지면 만병의 원인이 되기 때문에 일상생활동작 시 독립성을 유지하는 것이 노인의 건강증진에 중요하다고 할 수 있다. 이러한 맥락에서 일상생활수행능력의 감소는 노인에게 어느 형태로는 자기관리의 자립에 위협을 받을 수 있고, 이러한 요인은 인간관계 축소와 노인의 역할상실 등을 가져온다(조유향, 1995; 조추용, 정미경, 2017 재인용). 한편, 노인장기요양보험제도의 도입으로 일상생활수행능력의 등급판정을 위한 측정 도구로 K-ADL(한국형 일상생활수행능력 측정 도구, Korean Activities of Daily Living Scale)을 사용하고 있으며 일상생활 지원은 노인장기요양보험의 표준서비스 하나로 케어 제공자는 대상자의 잔존 능력을 최대한 활용하여 편안히 생활할 수 있도록 일상생활을 지원해야 한다.

케어자가 일상생활 동작을 지원할 때 대상자의 질환 및 특성을 이해하고, 대상자의 욕구를 충분히 파악하여 지원하고 그들의 생활방식과 가치관을 존중하며 케어자의 방식을 따르도록 강요해서는 안 된다. 또한, 케어자는 대상자와의 신뢰관계를 형성하고, 대상자의 안전을 최우선으로 하여 배려하며, 잔존 능력을 파악하여 스스로 할 수 있는 것은 최대한 스스로 하도록 격려하고 스스로 할 수 없는 것은 케어자가 지원한다.

서비스에 대해서는 케어자의 판단으로 결정하지 않으며 반드시 대상자에게 충분히 설명하고 동의를 얻으며, 인지능력이 없는 대상자에게는 케어자의 판단에 따라 수행할 수 있으나, 이 경우 가급적 보호자에게 설명하고 동의를 얻는다.

케어 제공 시 물품은 대상자의 동의를 얻어 사용하고, 함부로 옮기거나 버리지 않으며 서비스 제공에 대해 상세하게 기록한다. 또한, 모든 자원은 계획성 있게 필요한 만큼만 사용하고 환경오염을 최소화하기 위해 일회용품 사용을 가급적 자제한다.

노인장기요양보험의 표준서비스 중 요양보호사가 제공하는 서비스는 크게 신체활동 지원과 일상생활 지원으로 구분할 수 있다. 신체활동 지원은 세면 도움, 머리 감기기, 몸단장, 배설 도움, 식사 도움, 목욕 도움, 체위변경 도움 등과 같이 대상자의 신체에 관한 직접적인 도움을 의미한다. 반면 일상생활 지원은 신체활동을 지원하는 데 필요한 조건이나 수단을 마련하기 위한 간접적인 활동이다. 이에 본 장에서는 일상생활수행능력 케어와 관련하여 식사, 배설, 개인 위생 돕기, 옷 갈아입히기를 중심으로 살펴보고자 한다.

1. 식사

1) 노인과 식사

노인은 나이가 들어감에 따라 신체적 변화와 심리적, 사회적 변화로 영양상태가 나빠진다. 미각, 후각, 시각이 둔해지면서 식사 시 느끼는 즐거움도 감소한다. 대상자의 질환에 따라 적절한 식재료와 조리 방법을 선택하고, 체계적인 영양 관리를 통해 건강한 식습관을 형성하고 균형 잡힌 식사를 통해 질병의 악화를 예방할 수 있다.

식사란 생존에 필요한 영양분을 섭취하기 위해서 매일의 습관으로서 먹는 것 또는 그 음식물을 말한다. 배식이란 만들어 낸 음식물을 배달하거나 식사를 차리는 것이다. 급식이란 식사를 지급한다는 의미로 이상의 내용을 포괄하는데 본 장에서는 구분하지 않고 사용한다.

먼저 사회복지실천 현장에서의 재가노인을 위한 급식서비스를 식사서비스, 배식서비스, 급식서비스 등으로 말한다. 이러한 재가노인을 위한 식사서비스는 재가생활을 유지·발전시키는 서비스 중에서 식사서비스는 다른 어느 것과도 대체될 수 없고 선택의 여지가 없는 기초적 욕구이며, 가사·케어·원조의 일상적 생활 욕구 중에도 가장 보편적·기초적인 욕구이다. 특히 인간에게 음식을 먹는다는 것은 생명을 유지하는 데에 필수적인 행위라고 할 수 있다.

따라서 충실한 식사서비스는 가정에서 생활하고 있는 장애인이나 노인이 더욱 좋은 건강상태를 유지하고, 가정에서 자립할 수 있도록 도와줌과 동시에 생활의 질을 높인다. 또 인간으로서 주체적인 삶을 살도록 도와준다. 후생성 노인복지전문관이었던 모리(森幹朗, 1976)는 식사서비스에 대한 공적 책임을 강조하면서 노인의 식사서비스는 최후의 노인복지이고 뛰어난 공적인 성격을 갖는 사회복지의 일환으로서 대단히 중요한 의미가 있다고 주장하며 식사서비스의 중요성을 강조했다. 이러한 맥락에서 식사서비스는 단지 식사 제공뿐만 아니라 재가 장애인이나 노인의 안부 확인과 고독의 완화, 인간적 교류, 복지서비스와 케어의 정보교환 등 막대한 효과를 발휘하는 것이고, 더욱이 건강상 혹은 가정적 이유로 인해 식사에 곤란을 느끼고 있는 장애인이나 노인에 대하여 매일 식사를 제공함으로써 육체적·정신적 활동을 위한 영양을 공급하며 식사의 기쁨과 즐거움을 안겨주는 것이다(조추용, 2015).

2) 식사 관리

(1) 식이 제공

식이 제공은 대상자의 영양 상태를 고려한 적절한 식사 제공과 그들의 기능 상태에 따른 적절한 식사 제공과 대상자의 신체활동 유지·증진 및 심리적 안정감 등을 위하여 침대 외의 장소에서 스스로 식사할 수 있도록 하는 것을 목적으로 한다.

장기요양시설에서는 영양사가 작성한 1식 3찬 이상의 식단표를 잘 보이는 곳에 게시하고 식단표에 따라 보온상태로 음식을 제공한다. 또한, 수급자가 상시 식수를 마실 수 있도록 식수대나 정수기 등을 마련하고 스스로 이동을 못하는 수급자도 식수를 마실 수 있도록 침실 내 개인용 물통을 마련해야 한다.

식이 제공 시 식단표, 노인 기능 상태별 식이 제공 계획, 수급자 음식섭취량 기록지를 준비하고 대상자의 선호도, 기능 상태를 확인하여 식이를 준비하여 식사 제공 시 잔존 능력으로 식사할 수 있도록 돕는다.

식단은 다섯 가지 식품 구성을 활용하여 균형 식이가 되도록 주간 식단표를 작성하고 계절 식품 및 자연식품을 활용한다. 또한, 어르신들이 섭취하기 쉽고, 소화가 잘되는 식품으로 식단을 구성하고, 될 수 있는 대로 어르신들에게 익숙한 조리법을 사용하여 조리하는 것이 중요하다.

노인의 영양섭취 기준을 적용하는 데 질환에 따라 요구량이 증가하거나 대사 상태에 따라 증가하는 영양소를 고려하여 보충하고 필요하면 질환에 따른 치료식(저염식, 당뇨식)을 제공한다. 또한, 노인의 기능 상태별로 적합한 음식(일반식, 죽식, 저작 보조식, 경관식, 연하곤란식 등)을 제공하고 영양보충을 위하여 간식을 제공하는 데 식사에 영향을 주지 않을 정도의 양으로 매일 2회 이상 제공한다. 이때 노인의 기능 상태나 건강 특성에 따라 간식의 종류를 차별화하여 제공한다.

(2) 식이 종류

수급자의 씹는 기능 및 소화 기능 등을 고려한 적절한 식사 제공은 영양분 섭취 및 기도흡인 예방을 위하여 중요하다. 이에 노인의 기능 상태별 음식 제공은 일반식, 다진식, 유동식, 기타로 구분할 수 있다.

일반식은 밥과 반찬으로 구성된 식으로 제공되며, 될 수 있으면 노인의 기호도 등을 고려하여 제공하도록 한다. 예를 들면 매운 음식을 못 드시는 경우 고춧가루, 고추장 등을 제외하고 조리법을 다르게 한다. 일반식은 부식을 잘게 써는데 써는 방법은 크게 썰기, 중간 썰기, 잘게 썰기, 아주 잘게 썰기 등으로 나눌 수 있다. 너무 잘게 썰어서 원형을 알아볼 수 없게 되거나 색깔이 보기 싫게 변색하는 경우도 있으므로 필요한 크기로 써는 편이 좋다.

다진식(죽)은 치아가 약하고 씹는 데 다소 불편한 자들을 위해 잘게 다져서 나간다. 예를 들면 죽이나 다진 반찬 등이 해당된다. 아주 잘게 다진 것조차도 삼키기 힘든 경우는 믹서식으로 하는데 일반식을 믹서로 갈아 만든다. 식단에 따라서는 수분을 첨가하지만, 양이 증가하거나 감소하기 때문에 조정할 필요가 있다. 잘게 썬 음식보다 훨씬 더 원형을 알아볼 수 없게 되므로, 한 가지씩 소재의 맛을 알 수 있도록 보기 좋게 담는다.

일반식 다진식

메뉴: 잡곡밥, 얼갈이 된장국, 삼겹살 수육, 새우젓, 고추, 마늘, 부추 콩나물무침, 통배추나물 & 겉절이, 열무김치, 상추쌈, 죽(소고기 야채죽)

출처: 증평노인전문요양원 홈페이지

[그림 8-1] 식사 유형

유동식은 씹지 않고, 삼킬 수 있도록 소화하기 쉽게 만든 음식으로 제공하는 데미음, 갈은 반찬이 해당된다. 유동식은 경구 유동식과 경관 유동식으로 구별된다. 일시적인 편의를 위하여 일단 유동식을 시작하면 계속하여 유동식을 제공해야 하므로 조심하여야 한다. 경구 유동식은 맛을 즐길 수 있으므로 질리지 않도록 기호를 우선시하고, 맛의 변화, 배색, 적온(보온, 보냉)에 유의한다. 경관 유동식은 연하능력의 저하로 잘못 삼킬 위험성이 높고 의식장애가 있는 경우에 사용된다. 관이 막히지 않도록 식품의 질을 살핌과 동시에 온도에도 주의를 기울인다.

[그림 8-2] 유동식 및 비위관 도구

기타는 식사 제공 시 저 나트륨을 원칙으로 하여 제공하되 대상자의 특성에 따라서 추가로 소금 및 간장 등을 제공하고 노인들의 영양상태 측정을 통해 정상 체중을 유지하도록 하며, 필요에 따라 단백 파우더를 제공한다. 또한, 적정 식사량을 유지하기 위해 어르신들이 원하는 반찬 등을 제공 가능한 범위 내에서 추가로 제공할 수 있도록 한다.

(3) 식사보조

식사보조는 대상자가 노인, 장애, 아동인지, 와상인지, 수전증이나 채머리[1] 증세가 있는지에 따라 식사보조의 방법은 차이가 있을 수 있다. 이러한 식사보조를 위해 우선 대상자의 장애 유형, 노화 및 치매, 중풍 등 혼자서 식사하기 어려운 대상자들의 유형별 특성 및 체크리스트의 기록에 대한 선지식이 필요하다.

대상자에게 있어 식사는 영양 보급뿐 아니라 생명이나 건강 유지, 질병 회복을 위해 매우 중요하다. 식사에 대한 욕구인 식욕은 심리적인 영향을 받기 쉬워 식사보조 시 이용자가 안정된 상태에서 즐겁게 식사를 할 수 있도록 배려하는 것이 중요하다. 식사량이 적다고 무리하게 권하면 식사시간이 즐겁지 않을 수 있어 케어자는 1회 섭취량에 너무 신경쓰지 말고 하루 전체 섭취량과 복용상태, 운동량 등을 고려하여 대상자가 편안하고 안정적으로 식사할 수 있도록 환경을 조성한다.

한편, 식사보조에 있어 대상자가 가능한 한 스스로 식사를 할 수 있도록 도우며, 식사 시에는 케어자와 대상자가 가까이 위치하여 인내를 가지고 지지와 격려를 해주며, 대상자의 식사습관이나 버릇, 장애 상황 등을 고려해서 수발한다. 예를 들면 대상자가 시력이 좋지 않으면 반찬의 종류를 설명하고 반찬의 위치를 시계방향을 설명해준다.

가급적 식사는 규칙적으로 정해진 시간에 하도록 하며, 식사 시에는 편안하고 안정적인 자세와 삼키기 쉬운 자세에서 식사하게 하는 것이 중요하다. 식사 도중에는 질문하는 듯한 대화는 피하고 식사시간은 충분히 주고 재촉하지 않도록 하며 식후에는 식사시간, 식사량, 식사의 만족도 등을 파악하여 다음 식사케어 시 참고해야 한다. 구체적인 식사 돕기의 기본원칙은 다음과 같다.

① 케어자는 대상자가 편안히 식사하도록 도와야 한다. 식사 전에 대상자가 균형 잡힌 식사를 하고 있는지, 적절한 양의 식사를 하고 있는지, 불편한 점이 있는지 살핀다.

---

1) 채머리: 풍두선이라고도 하는 머리가 의지와 상관없이 떨리는 현상

② 식사 전에 몸을 움직이거나 잠시 밖에 나가서 맑은 공기를 마시면 기분이 좋아지고 식욕이 증진된다.

③ 입맛이 없는 경우에는 다양한 음식을 조금씩 준비하여 반찬의 색깔을 보기 좋게 담아내 식욕을 돋운다.

④ 노인요양시설에 입소한 대상자는 균형 잡힌 식단을 규칙적으로 받으므로 케어자는 적절한 양을 섭취하도록 도와야 한다.

⑤ 재가서비스 대상자는 음식 준비부터 섭취까지 모든 과정을 돕는다.

⑥ 대상자의 씹고 삼키는 능력을 고려하여 일반식, 잘게 썬 음식, 갈아서 만든 음식, 유동식 등의 식사를 준비한다.

⑦ 식사할 때 대상자가 사레들리거나 숨쉬기가 어려울 때는 식사를 중단하고 즉시 시설장이나 관리책임자에게 알려야 한다.

⑧ 대상자가 식사 도중 사레에 들리지 않도록 예방해야 한다.

- 가능하면 앉아서 상체를 약간 앞으로 숙이고 턱을 당기는 자세로 식사한다.
- 의자에 앉을 수 없는 대상자는 몸의 윗부분을 높게 해주고 턱을 당긴 자세를 취하게 한다.
- 배 부위와 가슴을 압박하지 않는 옷을 입힌다.
- 음식을 삼키기 쉽게 국이나 물, 차 등으로 먼저 목을 축이고 음식을 먹게 한다.
- 대상자가 충분히 삼킬 수 있을 정도의 적은 양을 입에 넣어 준다.
- 완전히 삼켰는지 확인한 다음에 음식을 입에 넣어 준다.
- 음식을 먹고 있는 도중에는 대상자에게 질문하지 않는다.

⑨ 대상자가 천식이나 폐에 질병이 있는 경우에는 평소에도 숨쉬기 힘들므로 음식을 줄 때 더욱 주의해야 한다.

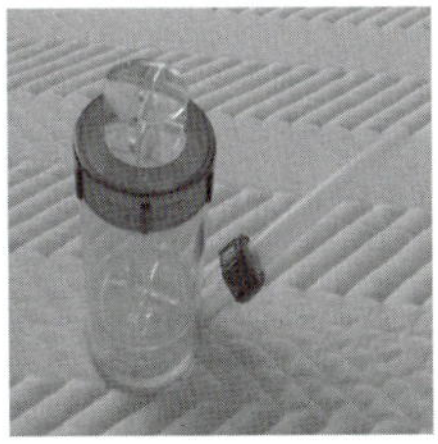

식사 보조 도구

손목형 유니버설 식사 도구
출처: m.gosaehan.com

손 떨림, 관절염 노인용 컵
출처: m.ko.aliexpress.com

[그림 8-3] 식사 보조 도구

한편 입으로 식사를 할 수 없고 영양공급이 불충분한 대상자는 관을 통해 영향을 공급해야 한다. 경관 영양 돕기의 경우의 기본 원칙은 다음과 같다.

① 대상자가 의식이 없어도 식사 시작과 끝을 알린다. 청각 기능이 남아 있어 들을 수 있기 때문이다.

② 판매되는 영양액을 사용하는 경우에는 유효기간 이내의 것만 사용한다.

③ 영양 주머니는 매번 깨끗이 씻어서 말린 후 사용한다.

④ 대상자가 무의식적으로 빼려고 할 때 빠지지 않도록 비위관을 반창고 등으로 잘 고정한다.

⑤ 비위관이 새거나 영양액이 역류하는지 살펴본다. 새거나 역류하면 간호사에게 연락해야 한다.

⑥ 관이 막히지 않도록 해야 하며 위관영양액은 체온 정도의 온도로 데워 준비한다. 너무 천천히 주입하는 경우 음식이 상할 수 있으므로 주의해야 한다.

⑦ 너무 진한 농도의 영양을 주입하거나 너무 빠르게 주입하면, 설사나 탈수를 유발할 수 있다.

⑧ 경관 영양을 하는 대상자는 입안 건조와 갈증을 예방하기 위해 입안을 자주 청결히 하고, 입술 보호제를 발라준다.

⑨ 콧속에 분비물이 축적되기 쉬우므로 비위관 주변을 청결히 하고 윤활제를 바른다.

2. 배설

배설은 생리적 현상으로 인간의 자립 생활에 있어 배설 통제는 필수적이기 때문에 배설의 지원은 생활 전반의 지원에 도움이 된다. 이처럼 배설케어는 생활 케어의 기본 중 기본이라 할 수 있는 중요한 케어다.

1) 배설 행동 관찰 및 일반적 원칙

노인의 경우 스스로 배설하는 것만이 자립이 아니고 케어를 필요로 하는 자립과 공구나 기기를 필요로 하는 자립이 있다. 이에 각각의 잔존 능력에 따라 대상자가 기분 좋게 배설을 할 수 있게 하는 것을 목표로 하는 것이 자립의 첫걸음이라 할 수 있다. 그러나 배설 자립이 쉽지 않아 타인의 도움을 받을 때 대상자가 수치심이나 절망감을 느낄 수 있다. 왜냐하면, 타인에게 배설 도움을 받을 때 벗은 몸은 물론 자신의 중요 부위를 타인에게 보여줘야 하므로 대상자는 불쾌감, 수치심, 혐오감 등의 정신적 고통을 느낄 수 있다. 또한, 케어자에게 부담을 느껴 식사량과 수분의 양을 줄이려고 노력도 할 수 있으므로 케어자는 대상자의 심리적 상태를 잘 이해하고 대상자가 혼자서 할 수 있는 부분은 가능한 할 수 있도록 지원하여 자존감을 유지할 수 있도록 해야 한다. 이를 위해 케어자는 대상자와 함께 할 수 있는 것과 할 수 없는 것을 확인하는데 충분한 노력을 기울여야 한다. 특히, 대상자가 배설을 스스로 해결하지 못하고 다른 사람의 도움을 받을 때는 수치감이나 불안감, 절망감을 느낄 수 있으므로 주의해야 한다.

한편 배설 행동은 다양한 감각 의식과 동작이 복잡하게 얽혀 구성되어 있다. 배설케어 관리를 위해서는 대상자에게 어떠한 과정에 문제가 있는지를 확인해야 한다. 배설의 행동과정을 대상자가 변의나 뇨의를 느끼면 화장실로 이동하고 화장실에 도착하면 입고 있던 옷을 벗고 변기에 앉아 배설 준비 후 배설을 한다. 배설이 끝난 후에는 뒤처리를 하며 대상자는 배설과정의 행동마다 대상자 본인의 능력과 환경을 점검하고 관리하는 것이 중요하다.

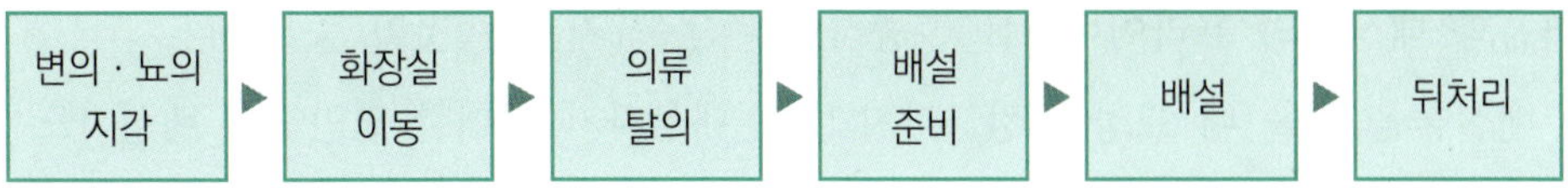

출처: 조추용(2017) 재인용

[그림 8-4] 배설의 행동 과정

케어자는 배설 행동의 과정에 대해 문제를 확인하고 〈표 8-1〉의 배설 행동 사정표의 테이블 체크란에 대상자가 수행할 수 있으면 ○, 대상자가 수행하려 하지 않으면 △, 수행하지 못하면 ×라고 기재한다. 환경 면에서는 '대상자가 수행하면 ○'라 표기하고 대상자가 '하지 않으면 ×'로 파악하고 대상자가 화장실에 배설하는데 필요한 일상생활수행능력(ADL)을 검토하여 대상자의 잔존 능력을 최대한 살려 자립 배설의 한계까지 지원하는 것이 중요하다. 예를 들어 화장실에 가서 배설할 때 자세를 유지하고 바꾸고 이동하는데 대상자가 어떤 힘이 어디까지 남아있는지 파악하여 대상자의 취할 수 있는 한계의 힘까지 사용하게 하는 것이 중요하다.

〈표 8-1〉 배설 행동 사정표

행동과정	능력	환경
변의 · 변뇨의 지각	○	○
화장실 이동	△	×
의복 탈의	○	×
배설 준비	△	×
배설	△	○
뒤처리	×	×

배설케어는 화장실에서 자립하고 배설하는 것이 목표이지만 무조건 화장실에서 대상자가 배설하는 것은 본인이나 보호자에게 부담감으로 케어의 역효과가 발생할 수도 있다. 대부분 배설을 남의 손에 맡기는 것은 사람으로서 존엄을 잃은 듯한 기분이 들 수 있다. 이에 배설케어 시 대상자의 환경 정비와 배설 공구의 활용, 치료의 가능성 등의 다양한 요인을 충분히 고려하는 것이 중요하며, 배려하는

마음과 대상자의 프라이버시를 존중하여 존엄을 지키는 것이 중요하다.

배설물을 치울 때 표정을 찡그리지 말고 대상자가 최대한 편안하게 배설하도록 배려해야 하며, 배설할 때는 배설하는 모습이 보이지 않게 가려주어 프라이버시를 배려한다. 또한, 배설물은 오래 두지 말고 바로 깨끗이 치우며, 대소변이 묻어 피부가 헐 수 있으므로 피부 상태도 살펴보고 항문은 앞에서 뒤로 닦아야 요로계 감염을 예방할 수 있다.

대상자가 요의나 변의를 느낄 때 케어자는 도움이 필요한 부분만을 도와주며, 대상자가 할 수 있는 부분은 스스로 하게 하는 것이 대상자의 자존감을 높여주고 자립심을 키워줄 수 있으며 대상자의 요구를 최대한 반영하고 존중하는 것이 중요하다. 배설케어 시 대상자의 생활 리듬과 습관적 배변을 보도록 해야 하고 잔존능력을 최대한 유지하도록 해야 한다. 만일 대상자가 배변에 실패하더라도 떠들지 않고 안심시켜야 하며 대상자와 케어자 모두 간단한 도구를 이용하도록 하는 것에 유의하여야 한다.

한편 케어자는 대상자의 배설요구가 있는지 스스로 배설할 수 있는지, 배설물의 상태는 어떤지 관찰을 해야 한다. 대상자가 언어적 표현이 가능할 경우는 화장실에 가고 싶다고 말을 하지만 언어적 표현이 불가능할 경우 케어자는 대상자의 비언어적 표현을 관찰하여야 한다. 배설요구의 비언어적 표현은 끙끙거림, 안절부절못함, 손으로 배 또는 엉덩이를 가리킴, 얼굴표정이 일그러짐, 허리를 들썩임, 바지를 내리려고 함 등이다. 배설 시에 대상자를 관찰하는 것은 건강에 이상이 있는지를 판단할 좋은 기회이므로 〈표 8-2〉와 같이 배설 전·중·후를 빠짐없이 관찰한다.

〈표 8-2〉 배설 시 관찰내용

구분	관찰내용
배설 전	요의나 변의 유무, 하복부 팽만, 이전 배설과의 간격, 배설 억제
배설 중	통증, 불편함, 불안 정도, 배변 어려움, 배뇨 어려움
배설 후	색깔, 혼탁 여부, 배설 시간, 잔뇨감, 잔변감, 배설량

또, 대상자의 배설 패턴을 파악하기 위해 대상자가 화장실 가는 시간, 배설량, 누설하면 시간과 전후 관계 등 〈표 8-3〉의 배변관찰 기록지에 기록하고 이를 토대로 배설케어의 방향성을 정해야 한다.

배설관찰 기록지는 구체적으로 1일 배설 횟수, 배설 시간, 배설을 한 시간을 기록하고 가능하면 3일 이상 실시하는 것이 이상적이다. 대상자의 수분 섭취량과 섭취 시간도 기록해 두면 수분과 배뇨의 균형도 알 수 있다. 소변량을 재기 어려운 경우에는 소변 소리를 귀로 듣는 것만으로도 판단할 수 있다. 요실금량도 속옷이 젖은 정도나 옷까지 젖은 정도, 이불까지 젖을 정도 등의 표현도 상관없다. 대상자에게 부담이 되지 않도록 상황을 보면서 기록한다.

〈표 8-3〉 배설관찰 기록지

<table>
<tr><td>입소자</td><td colspan="2"></td><td>등 급</td><td></td><td>호 실</td><td></td><td>기록일</td><td></td></tr>
<tr><td>상 태</td><td colspan="8">일반( ) / 기저귀 착용( ) / 장루(요루)( ) / 도뇨관 삽입( ) / 기타( )</td></tr>
<tr><td>표기방법</td><td colspan="8">⊙: 적음, ●: 많음, ○: 없음</td></tr>
<tr><td rowspan="2">상태 / 시간</td><td colspan="2">소변량</td><td rowspan="2">섭 취 량</td><td colspan="2">배설 여부</td><td rowspan="2">기저귀 또는 옷교환</td><td rowspan="2" colspan="2">확인자</td></tr>
<tr><td>기저귀</td><td>장루 도뇨관</td><td>소변</td><td>대변</td></tr>
<tr><td>01:00</td><td></td><td></td><td></td><td></td><td></td><td></td><td colspan="2"></td></tr>
<tr><td>02:00</td><td></td><td></td><td></td><td></td><td></td><td></td><td colspan="2"></td></tr>
<tr><td>03:00</td><td></td><td></td><td></td><td></td><td></td><td></td><td colspan="2"></td></tr>
<tr><td>04:00</td><td></td><td></td><td></td><td></td><td></td><td></td><td colspan="2"></td></tr>
<tr><td>·
·</td><td></td><td></td><td></td><td></td><td></td><td></td><td colspan="2"></td></tr>
<tr><td>22:00</td><td></td><td></td><td></td><td></td><td></td><td></td><td colspan="2"></td></tr>
<tr><td>23:00</td><td></td><td></td><td></td><td></td><td></td><td></td><td colspan="2"></td></tr>
<tr><td>24:00</td><td></td><td></td><td></td><td></td><td></td><td></td><td colspan="2"></td></tr>
</table>

출처: 조추용(2017) 재인용

2) 배설 돕기

배설 돕기는 화장실 이용 돕기, 침상 배설 돕기, 이동 변기 사용 돕기, 기저귀 사용 돕기, 유치 도뇨관의 소변 주머니 관리로 구분할 수 있다.

(1) 화장실 이용 돕기

화장실 이용 돕기 중 대상자가 화장실에 가다가 주저앉거나 넘어지면 낙상이 발생하기 때문에 케어자는 항상 대상자를 관찰하고, 손을 뻗으면 닿을 수 있는 위치에 있다가 필요하면 즉각 개입하여 낙상사고에 대비하여야 한다. 그러나 케어자가 낙상사고를 예방하기 위해 처음부터 끝까지 대상자를 돕는 것은 대상자를 의존하게 만들고 자존감을 저하할 수 있으므로 대상자가 스스로 할 수 있는 부분은 최대한 스스로 할 수 있도록 격려하는 것이 중요하다.

대상자가 화장실 이용 시 다치거나 넘어질 수 있어 아래와 같이 안전한 환경을 조성해야 한다.

① 화장실까지 가는 길에 불필요한 물건이나 발에 걸려 넘어질 우려가 있는 물건을 치워 넘어지지 않게 한다.

② 화장실은 밝고 바닥에 물기가 없어 미끄러지지 않게 해야 한다.

③ 화장실이 어두우면 찾기가 어려우므로 화장실은 밤에도 찾을 수 있도록 표시등을 켜둔다.

④ 변기 옆에 손잡이를 설치하여 필요하면 노인이 잡을 수 있도록 배려한다.

⑤ 응급 상황을 알릴 수 있는 벨을 설치한다.

휠체어를 사용하는 대상자는 휠체어에서 타고 내릴 때나 움직이지 않고 있을 때 반드시 휠체어 잠금장치를 걸어 둔다. 잠금장치를 하지 않으면 휠체어가 미끄러져 다칠 수 있으며, 발이 걸리지 않도록 발 받침대는 접어 올리도록 한다. 또한, 휠체어 이동 중 바퀴나 팔걸이에 옷깃 등이 걸리지 않도록 주의한다(보건복지부, 2020).

(2) 침상 배설 돕기

대상자가 와상 상태이거나 침대에서 내려올 수 없어 화장실에 가지 못하는 경우 침대에서 배설할 수 있도록 도와야 하는데 대상자가 변의를 호소할 때 케어자는 즉시 배설할 수 있도록 도와준다. 또한, 대상자가 케어자에게 도움 요청을 꺼리거나 스스로 몸을 움직이는 것이 어려워 요의나 변의를 참고 있을 수도 있으므로 배변 시간 간격을 가늠해 두는 것이 중요하다. 배설 시 프라이버시 보호를 위해 불필요한 노출을 방지하고 가려주며 편안한 상태에서 배설하게 하며 대상자가 스스로 배설할 수 있도록 돕고 배변, 배뇨 훈련에 적극적으로 참여하도록 격려한다.

원활한 배설을 위해 규칙적인 식사와 섬유질도 적절히 섭취하도록 하며, 장운동이 활발해질 수 있도록 복부 마사지를 시행하고, 대상자가 참지 못하고 실수하는 경우, 대상자가 부끄러워하거나 심리적으로 위축되지 않도록 주의해야 한다. 침상 배설 돕기의 순서는 아래와 같다.

① 대상자를 확인하고 절차를 설명한 후 커튼이나 스크린으로 가린다.

② 손을 씻거나 손 소독제로 깨끗이 한 후 일회용 장갑을 낀다.

③ 차가운 변기는 피부에 바로 닿을 때 대상자가 놀랄 수 있고 피부와 근육이 수축하여 변의가 감소할 수 있으므로 변기는 따뜻한 물로 데워서 침대 옆이나 의자 위에 놓는다.

④ 대상자가 배설 시 소리 나는 것에 부담을 느낄 수 있어 용변 보는 소리가 나는 것을 방지하기 위해 변기 밑에 화장지를 깔고 TV를 켜거나 음악을 틀어 놓는다.

⑤ 대상자를 바로 눕힌 상태로 무릎을 세우고 발에 힘을 주어 왼손으로 대상자의 허리를 가볍게 들어 올려 둔부 밑에 방수포를 깔아둔다.

⑥ 허리 아랫부분을 무릎 덮개로 늘어뜨린 후 바지를 내린다.

⑦ 변기를 대어줄 때 남성의 경우 손을 사용할 수 있으면 소변기를 주고 스스로 댈 수 있도록 하고, 대상자가 협조할 수 없으면 옆으로 돌려 눕힌 후 누운 자

세에서 댄다. 여성의 경우는 밑에 기저귀 등을 깔거나 소변기의 입구가 밀착하도록 대어주고, 회음 부위에 화장지를 대어 소변이 튀지 않도록 한다.

⑧ 배설이 끝난 것을 확인한 후 무릎 덮개를 걷어내고 화장지로 회음부나 항문 부위를 닦는다. 이때 배설물로 인해 피부가 짓무르지 않았는지 등 대상자의 피부 상태를 확인하며 닦는다. 이후 한 손으로 허리를 들어 올리고, 다른 손으로 변기를 뺀다.

⑨ 회음부와 둔부를 따뜻한 수건이나 물티슈로 앞에서 뒤로 잘 닦아주는데 물기가 남아 있으면 대상자의 피부가 짓무르거나 피부 손상을 일으킬 수 있으므로, 마른 수건으로 물기를 닦아준다. 대상자가 허리를 들지 못하면 옆으로 뉘어서 한다.

⑩ 방수포를 걷어낸 뒤 일회용 장갑을 벗고 대상자의 손을 씻은 후 옷과 이불을 정리하고 대상자의 프라이버시 보호를 위해 사용한 커튼과 스크린을 제거한다.

⑪ 물과 비누로 손을 씻고 대상자의 배설물에 특이사항이 있는 경우 건강상의 이상 징후이므로 배설물을 버리지 말고 의료진이나 상급자에게 직접 보여주거나 양상(색깔, 냄새, 특성 등)을 정확히 기록하여 보고한다.

(3) 이동 변기 사용 돕기

대상자가 서거나 앉는 것은 가능하지만 화장실까지는 걷기 어려운 경우 이동 변기를 이용하여 배설을 돕는다. 이동 변기 사용은 대상자가 변의를 호소할 때 즉시 배설할 수 있게 활용할 수 있으며 대상자가 변의를 말로 표현하지 못하더라도 대상자의 의도를 파악하여 배설할 수 있게 도와준다. 또한, 배설시 불필요한 노출을 줄여 프라이버시를 보호하도록 하고 대상자가 스스로 배설할 수 있도록 하고, 배변, 배뇨 훈련에도 적극적으로 참여하도록 격려한다.

배설이 어려울 때는 미지근한 물을 항문이나 요도에 끼얹어 변의를 자극하고 이동 변기는 매번 깨끗이 씻어 배설물이 남아있거나 냄새가 나지 않게 한다. 이동 변기 사용 돕기 방법은 다음과 같다.

① 대상자를 확인하고 절차를 설명하고 이동식 변기 사용에 대하여 설명하여 거부감을 줄여 주고, 대상자가 당황하지 않도록 한다.
② 커튼이나 스크린 등으로 가려준다.
③ 손을 씻거나 손 소독제로 깨끗이 한 후 일회용 장갑을 낀다.
④ 침대와 이동 변기의 높이가 같도록 맞추고, 안전을 위해 변기 밑에 미끄럼방지 매트를 깔아주는데 대상자가 변기에 앉을 때 흔들리지 않도록 주의한다.
⑤ 대상자가 편마비일 경우 이동 변기는 건강한 쪽으로 침대 난간에 빈틈없이 붙이거나 30~45° 정도의 각도로 조정한다.
⑥ 변기에 손잡이가 없는 경우 케어자는 이동변기로부터 먼 발을 대상자 발 사이에 넣고 일으켜 대상자 무릎을 이동 변기 쪽으로 밀며 몸을 회전시켜 변기에 앉힌다. 배설 중에는 하반신을 수건이나 무릎 덮개로 덮어준다.
⑦ 호출 벨을 손 가까이 두어 용변 종료 시 즉시 알리도록 하고 배설 후 즉시 처리하고 환기한다.
⑧ 대상자 손에 남아있는 잔변물이나 세균이 신체 내 감염을 일으킬 수 있으므로 배설 후 대상자의 손을 즉시 씻거나 물수건으로 닦게 하고 케어자도 장갑을 벗고 물과 비누로 손을 씻는다.

(4) 기저귀 사용 돕기

기저귀 사용은 배설물로 인한 시트나 의복의 오염을 방지하고 배뇨 또는 배변 장애 없이 활동할 수 있도록 한다. 대상자가 몇 번 실금했다 해서 기저귀를 바로 사용하는 것은 바람직하지 않다. 왜냐하면 대상자에게 기저귀를 쓰게 되면 대상자가 기저귀에 의존하게 되어 스스로 배설하던 습관이 사라지고 치매 증상 및 와상 상태가 더욱 심해질 수 있기 때문이다. 기저귀 사용은 대・소변을 전혀 가리지 못하는 경우나 배설 욕구를 느끼지 못하는 경우 또는 치매 등으로 실금이 빈번해서 부득이한 경우에만 사용하도록 한다.

기저귀 케어 시 대상자가 의식이 있는 경우 수치심을 느낄 수 있으므로 불쾌한 표정을 짓지 않으며, 대상자가 마음이 상하거나 부끄럽지 않도록 신속하게 기저귀를 교환하도록 한다.

기저귀 사용 시 피부 손상과 욕창이 발생할 수 있으므로 배뇨, 배변 시간에 맞추어 자주 살펴보고 젖었으면 속히 갈아주어 피부에 문제가 생기지 않도록 하는 것이 중요하다. 특히 대상자의 프라이버시 보호를 위해 불필요한 노출은 피하고 장기적으로 기저귀를 사용하는 경우 피부가 붉어지는지, 상처가 생기는지, 통증을 호소하는지 등을 살펴보고 욕창 예방 조치를 한다.

기저귀 교환 시 냄새가 불쾌감을 주므로 환기를 하고 기저귀를 사용했던 대상자라고 해도 약간의 도움으로 대상자가 이동할 수 있으면 이동 변기 사용을 시도해 보고, 허리를 들어 올릴 수 있다면 간이변기 사용을 시도해본다. 가능하면 대상자가 화장실이나 변기에서 배설할 수 있도록 돕는다. 기저귀 사용 돕기의 방법은 아래와 같다.

① 기저귀 교환 설명이나 손 씻기, 프라이버시를 위한 스크린 등은 침상 배설 돕기나 이동 변기 돕기와 같다.

② 면 덮개를 이불 위에 덮은 후 이불은 다리 아래로 접어 내리고 면 덮개의 밑에서 윗옷을 허리까지 올리고 바지를 내린다.

③ 기저귀의 배설물을 안으로 말아 넣고, 대상자를 옆으로 눕혀 더러워진 기저귀를 뺀다.

④ 둔부 및 항문 부위, 회음부를 따뜻한 물티슈로 닦아낸다. 이때 회음부는 앞에서 뒤로 닦고 마른 수건으로 물기를 닦아 건조시킨다.

⑤ 둔부 주변부터 꼬리뼈 부분까지 피부의 발적, 상처 등을 세심하게 살펴보고 가볍게 두드려 마사지한다.

⑥ 옆으로 누운 상태에서 새 기저귀와 커버를 둔부 밑에 대고, 바로 눕힌 다음 기저귀의 테이프를 붙이고 기저귀가 뭉치지 않도록 잘 펴서 마무리한다.

⑦ 바지를 입히고 침구의 주름을 펴서 정리하고 면 덮개 위로 이불을 덮은 후 면 덮개를 뺀다.

⑧ 사용한 물품을 정리하고, 일회용 장갑을 벗고 손을 씻는다.

(5) 유치 도뇨관 소변 주머니 관리

대상자가 유치 도뇨관을 삽입하고 있는 경우 유치 도뇨관을 통한 감염증이 생기기 쉬우므로 감염 예방에 세심한 기울여야 한다. 소변 주머니는 방광 위치보다 높게 두지 않아야 하는데 소변 주머니가 높이 있으면 소변이 역류하여 감염의 원인이 될 수 있기 때문이다. 또한, 유치 도뇨관을 통해 소변이 제대로 나오는지 확인하고 소변량과 색깔을 2~3시간마다 확인하여야 한다.

케어자는 유치 도뇨관을 통한 소변이 원활히 배출되고 감염이 생기지 않게 돕고 연결관이 꺾여 있거나 눌려 소변이 소변 주머니로 제대로 배출되지 못하는지 살핀다. 또한, 유치 도뇨관을 삽입하고 있어도 침대에서 자유로이 움직일 수 있으며 보행도 할 수 있음을 대상자에게 알려주고 항상 주변을 청결하게 한다. 금기 사항이 없는 한 수분 섭취를 권장하고 유치 도뇨관을 강제로 빼면 요도 점막이 손상되므로 심하게 당겨지지 않게 주의한다.

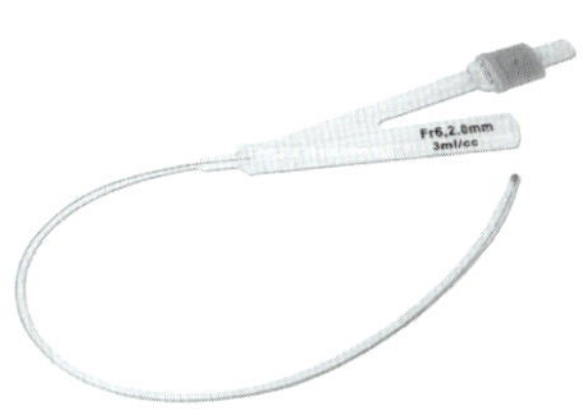

유치 도뇨관

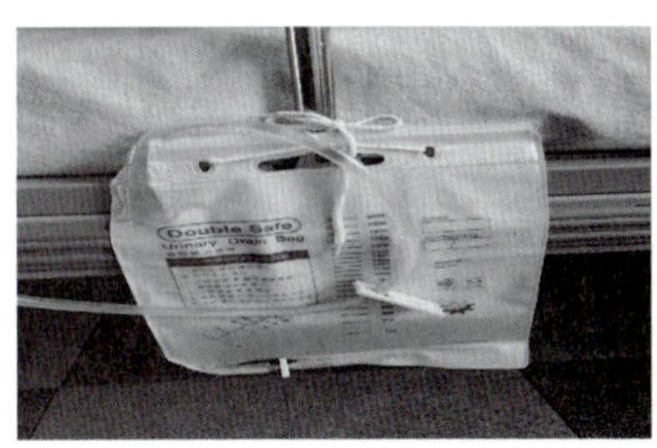

유치 도뇨관 주머니

출처: http://browse.gmarket.co.kr

[그림 8-5] 유치 도뇨관

3) 개인위생 돕기

개인위생은 피부, 모발, 손톱, 치아, 구강 및 비강, 눈, 귀, 회음 및 생식기 등 신체의 위생과 외모 다듬기 활동을 포함한다. 개인위생 돕기에는 목욕이나 샤워, 회음부, 구강, 손톱 및 모발 관리 외에도 대소변 처리 등의 서비스를 직접 제공하거나, 스스로 하도록 지켜보며 도와주는 것도 포함된다.

(1) 구강청결 돕기

구강은 점막으로 덮여있어 상처 입기가 쉽고 음식물 찌꺼기 등에 의해 세균이 번식하기 쉬운 장소이기 때문에 구강 청결은 입술, 치아, 잇몸과 혀 등 입안을 건강한 상태로 유지하는 데 필수적이라 할 수 있다. 칫솔질은 음식 찌꺼기, 프라그 및 세균이 있는 치아를 깨끗이 하고 잇몸을 자극하여 순환을 촉진하고, 불쾌한 냄새와 맛으로 인한 불쾌감을 완화한다.

구강 청결 돕기 시 케어자는 입안에 염증이 있는지 확인하고, 상처가 있다면 그 부분을 더 다치지 않도록 주의해야 한다. 또한, 치료받아야 할 치아가 있는지, 잇몸, 입천장, 혀, 볼 안쪽 등이 헐었는지 세심하게 관찰하고 이상이 있으면 즉시 조치를 취해야 한다. 입안을 닦아낼 때 혀 안쪽이나 목젖을 자극하면 구토나 질식을 일으킬 수 있으므로 너무 깊숙이 닦지 않도록 주의한다. 구강 청결 돕기는 입안 닦아내기, 입안 헹구기, 칫솔질하기, 의치 관리 등이다.

입안 닦아내기는 치아가 없거나 연하장애가 있는 대상자, 의식이 없는 대상자, 사레들리기 쉬운 대상자의 입안을 깨끗이 닦아내는 방법이다.

입안 헹구기는 식사 전과 후에 모두 할 수 있는데 식전 입안 헹구기는 구강 건조를 막고, 타액이나 위액 분비를 촉진하여 식욕을 증진한다. 반면, 식후 입안 헹구기는 구강 내 음식물을 제거하여 구강을 청결히 하고, 음식물로 인한 질식을 예방한다. 칫솔질하기는 치아에 붙은 음식 찌꺼기를 없애고 치아 세균막을 제거할 수 있다.

의치 관리는 의치 빼기, 세척, 보관, 끼우기로 구분할 수 있는데 대상자의 잇몸 압박 자극을 해소하기 위해 자기 전에는 의치를 빼서 보관한다. 또한, 의치를 세척할 때는 의치 세정제를 사용하고 주방세제를 대신 사용할 수 있다. 의치는 뜨거운 물에 삶거나 표백제에 의치가 변형될 수 있으므로 삶거나 담그면 삶거나 안 된다. 특히, 의치를 빼둘 때는 찬물이 담긴 용기에 보관해야 의치의 변형을 막을 수 있다.

(2) 두발청결 돕기

대상자의 두발청결을 위해 머리 감기기를 시행할 경우 머리를 감기기 전 대상자의 기분이나 안색, 통증 유무 등을 확인하고, 동작 가능 정도에 따라 자세와 장소를 정한다. 모발과 두피 상태를 관찰하여 대상자에게 맞는 머리 감기 방법을 적용하는데 머리를 감을 때는 귀에 물이 들어가지 않도록 귀막이 솜으로 양쪽의 귀를 막기도 한다. 머리 감기는 공복이나 식후는 피하고 추울 때는 비교적 덜 추운 낮 시간대에 실시하고 머리를 감기 전에 대·소변을 보게 한다. 케어자는 대상자에게 머리 감기의 모든 절차에 대하여 대상자에게 미리 설명하여 편안하게 해주는 것도 중요하다.

대상자가 물을 사용하기 물을 사용하기 어려운 상황이거나 신체적으로 힘든 상황에는 두발전용 세정제를 사용할 수 있다. 두발 세정제는 즉시 사용할 수 있고 물이 없어도 머리카락을 깨끗하게 할 수 있는데 머리에 발라 거품을 내고 수건으로 닦고 빗겨주면 된다.

모발에 내용물이 충분히 적셔지도록 바른 후 거품이 나도록 머리를 마사지한다.

거품에 머리때와 기름기가 묻어나온다.

마른 수건으로 충분히 닦아 말려준다. 모발이 많이 더러워진 경우 같은 방법으로 반복하여 사용한다.

두발전용세정제 사용 방법

두발세정제

출처: 보건복지부(2020). 요양보호사 양성 표준교재.

[그림 8-6] 두발세정제

(3) 손발청결 돕기

노인의 피부는 건조하고 거칠며 윤기가 없고 피부 각질이 생기기 쉬우므로 피부 건조 예방을 위해 보습이 중요하다. 이에 보습을 고려한 클렌저나 비누를 선택해야 하며 주기적으로 오일이나 로션 등을 사용하여야 한다. 손발 청결 케어 시 피부에 상처가 나지 않도록 조심해야 하며 피부에 자극을 주는 침구나 모직 의류 등은 피하고 면제품을 사용하는 것이 좋다. 만일 피부의 색이나 상처, 분비물 유무 관찰 시 시설장이나 간호사 등에게 보고하고 조치를 취해야 한다. 손발 청결 유지는 악취나 무좀을 예방하고 손발의 말초 부위를 따뜻하게 하여 혈액순환을 촉진하고 기분을 상쾌하게 한다. 손발 청결 돕기 수행 시 따뜻한 물을 대야에 담은 후 손과 발을 10~15분간 담가 온기를 느끼게 하면 혈액순환을 촉진시켜 이물질을 쉽게 제거할 수 있다.

(4) 회음부 청결 돕기

대상자가 목욕이나 샤워를 할 수 없는 경우 회음부는 분비물과 배설물로 더러워지기 쉽다. 또한, 분비물이나 배설물로 인해 악취가 나고, 여성의 경우 방광염, 요로감염의 원인이 되므로 청결을 유지하는 것이 중요하다.

회음부나 음경을 닦을 때는 전용수건, 거즈나 솜을 사용해야 하며 회음부는 요도, 질, 항문 순서로 되어 있어 뒤쪽에서 앞쪽으로 닦을 때 감염을 일으킬 수 있으므로 앞쪽에서 뒤쪽으로 닦아낸다. 이때 회음부에서 악취나 염증, 분비물 등의 이상이 있으면 의료진이나 상급자에게 보고하거나 기록을 한다.

(5) 세수 돕기

대상자가 스스로 세수할 수 없는 경우, 케어자는 얼굴을 깨끗이 씻어주어 혈액순환을 촉진하고 청결을 유지함으로써 자존감과 정서적인 안정감을 제공한다.

세수 돕기 수행 시 노인의 눈은 눈물과 눈곱으로 염증이 잘 생기는데, 만약 눈곱이 끼었다면 눈곱이 없는 쪽 눈부터 먼저 닦고 한 번 사용한 수건의 면은 사용하지 않는다. 또한, 대상자가 안경을 사용하는 경우에는 하루에 한 번 이상 안경 닦는 천으로 안경을 잘 닦거나 물로 씻어 깨끗하게 한다.

노인은 귀지가 쌓여 중이염이나 난청을 일으키기도 하기 때문에 정기적으로 면

봉이나 귀이개로 귀 입구의 귀지를 닦아내고, 귓바퀴나 귀의 뒷면도 따뜻한 물수건으로 닦아낸다. 또한, 노인은 콧물이 자주 나오며 이물질로 코가 잘 막히고 비염 등이 발생하기 쉬우므로 세안 시 코 안을 깨끗이 닦고 콧방울도 세심히 닦아주며 만약 코털이 코 밖으로 나와 있다면 깎아준다. 이후 수건에 비누를 묻혀 입술과 주변을 깨끗이 닦은 후, 이마와 볼, 목의 앞, 뒤를 골고루 세심하게 닦은 후 깨끗한 수건으로 닦아준다.

(6) 목욕 돕기

대상자에게 목욕 케어 제공은 피부의 노폐물을 제거하여 몸을 청결하게 유지할 수 있으며, 적당한 온도의 목욕물은 대상자의 긴장을 풀어주어, 심신을 편안하게 하고 숙면에도 도움이 된다. 또한, 전신의 신진대사를 촉진하며, 혈액순환을 돕고 근육 및 관절의 이완을 도우며, 피부 문제 등 대상자의 전신을 꼼꼼히 살필 수 있는 효과가 있다.

신체가 불결하면 세균이 번식하기 쉽고 습진과 욕창을 악화시켜 상태가 나빠지게 되므로 목욕의 습관화를 통해 피부의 청결을 유지하는 것이 중요하다. 그러나 모든 대상자에게 목욕만이 최고의 방법은 아니며 대상자의 신체 기능과 상태에 따라 목욕 전·후를 비교하여 안색이나 기분이 평소와 다르거나 발열, 어지러움, 두통, 가려움, 통증 등이 없는지 확인하는 것이 중요하다.

목욕 후에도 목욕 중에 관찰한 것과 같이 잘 살펴보아야 하고, 목욕 후 20분이 지났는데도 힘들어하면 의사와의 상담이 필요하다. 목욕은 무엇보다도 인간 존엄을 바탕으로 대상자의 특성에 대한 존중 및 대상자의 자기 결정에 대한 신념을 존중해 주어야 한다.

대상자에게 목욕 케어 시 목욕물 온도는 따뜻하게(40°C 내외) 맞추며 샤워를 하는 경우 샤워기를 틀어주고 대상자가 샤워기 밑에 서기 전에 물의 온도를 맞춘다. 목욕은 식사 직전·직후에는 피하고 목욕 전에 소변 또는 대변을 보도록 하고 대상자의 몸 상태(표정, 얼굴색, 열, 혈압상승 여부, 맥박, 체온, 피부, 설사, 콧물, 재채기, 기침)를 확인한다.

특히 안전사고 예방을 위해 욕조에 손잡이를 붙이거나 미끄럼방지 매트를 깔고 대상자가 할 수 있는 부분은 스스로 하도록 하여 성취감을 경험하게 한다. 목욕 중에는 대상자의 상태를 자주 확인하며 20~30분 이내로 목욕을 끝내고 체온이 떨어지지 않도록 목욕 중에는 자주 따뜻한 물을 뿌려준다.

치매노인일 경우 목욕을 거부할 수 있는데 이 경우 강제로 목욕을 시키지 말고 부드러운 말로 유도하며 세탁, 걸레 빨기, 손 씻기 등의 평소 좋아하는 것으로 화제를 돌려 목욕하도록 유도한다.

4) 옷 갈아입히기

옷은 체온을 조절하고 외부로부터의 자극에 대해 몸을 보호하는데 땀이나 분비물로 더러워진 옷을 갈아입어 청결을 유지하면 기분의 전환, 삶의 의욕을 높일 수 있다. 그러나 더러워진 의류를 방치하면 악취가 발생하고, 흡수성과 보온성이 저하되며, 발진이나 가려움 등의 원인이 되므로 속옷은 매일 교환하는 것이 바람직하다. 의류 세탁 시에는 헹굼을 충분히 하여 햇빛에 말리고 잘 건조된 것을 입도록 한다. 새로 구입한 의류는 한번 세탁한 후 사용하고, 감염이 의심되는 대상자의 의류는 다른 의류와 구분하여 세탁하며 입지 못하게 된 의류를 버릴 때는 대상자에게 미리 양해를 구한다.

대상자에게 옷을 갈아입힐 때는 대상자의 기분 상태, 안색, 통증, 어지러움, 열이 있는지 확인하고 실내온도를 따뜻하게 유지하고 겨울에는 케어자의 손, 의복온도를 따뜻하게 유지한다. 또한, 목욕수건 등을 몸에 걸쳐서 노출되는 부분을 최대한 적게 하여 수치심을 느끼지 않게 하고 상·하지의 마비 유무, 걷거나 서는 동작, 앉는 자세의 가능성 유무를 확인한다. 만일 대상자가 편마비나 장애가 있는 경우, 옷을 벗을 때는 건강한 쪽부터 벗고 옷을 입을 때는 불편한 쪽부터 입히고 옷의 색상, 개인의 생활 리듬을 고려하며 상·하의가 분리되어 입고 벗기 쉽고 가볍고 신축성이 좋은 옷을 선택하는 것이 좋다.

(1) 상의 입히기

① 체위변경이 필요한 대상자-단추 있는 옷

케어자는 대상자의 마비된 쪽에 서서 상의의 한쪽 소매 끝에서 어깨선, 목선까지 모아 쥐고 악수하듯 대상자의 마비 측 손을 잡고 대상자의 마비된 쪽 손을 모아 쥐고 상의를 어깨 위까지 올려 입힌다.

대상자를 건강한 쪽으로 돌아눕게 하고 등 뒤쪽에 펼쳐져 있는 상의의 소매 부분을 계단식으로 접어놓으며 마비된 쪽으로 대상자를 눕힌 후 등 아래쪽에 접혀 있는 상의를 펼친다. 케어자는 대상자의 건강한 쪽 손을 잡아 팔을 넣을 수 있도록 도와주며 마지막으로 단추를 잠근다.

② 앉을 수 있는 대상자(편마비)-단추가 있는 옷

대상자는 침대나 의자를 건강한 쪽 팔로 짚고 앉으며 케어자는 상의의 한쪽 소매 끝에서 어깨, 목선까지 모아 쥐고 대상자의 마비된 쪽 손을 감싸듯 모아서 잡는다. 마비된 쪽의 손을 잡고 한쪽 소매를 어깨 위까지 올리며 케어자는 대상자의 등 뒤로 상의를 돌려 건강한 쪽 어깨에 펼쳐 잡아준다. 건강한 쪽 소매 끝과 앞섶을 잡고 어깨 위 방향으로 올려 대상자가 건강한 쪽 팔을 넣어 입을 수 있게 하고 건강한 쪽 손을 잡고 앞섶을 당겨 옷을 바르게 입힌 후 단추를 잠그고 상의를 단정히 한다.

③ 체위변경이 필요한 대상자-단추가 없는 옷

케어자는 대상자의 마비된 쪽 손을 잡고 대상자의 마비된 쪽 손부터 상의를 입히고 상의의 머리 부분을 크게 벌려 입기에 편리하도록 하여 머리 쪽을 입힌다. 남은 한쪽 소매를 건강한 쪽 어깨 위에 놓고 케어자는 대상자가 건강한 쪽 팔을 스스로 소매에 넣을 수 있도록 도와준 후 옷을 펴고 바르게 입힌다.

④ 수액이 있는 대상자-단추 있는 옷

대상자의 마비된 쪽 팔을 끼고 대상자를 건강한 쪽으로 돌아눕게 하고 등 뒤쪽에 펼쳐져 있는 상의의 소매 부분을 계단식으로 접어놓는다. 바로 누운 자세에서 수액을 먼저 건강한 쪽 소매의 안에 밖으로 빼서 걸고 건강한 쪽 팔을 끼우고 단추를 잠근다.

(2) 상의 벗기기

체위변경이 필요한 대상자의 옷을 벗길 때는 입히기의 역순으로 하며 수액을 맞고 있는 건강한 쪽 팔을 먼저 벗긴 후 수액을 빼서 건강한 쪽 팔 소매의 밖에서 안으로 뺀 후 수액을 걸고 마비된 쪽 팔을 벗긴다.

(3) 하의 갈아입히기

하의를 벗길 때 케어자는 침대의 난간을 내리고 대상자의 곁에 선 후 대상자의 두 다리를 모아 무릎을 세운다. 두 팔과 두 발을 바닥에 지지하고 엉덩이를 들어 올리게 하는데 이때 마비된 쪽 발이 미끄러지지 않도록 케어자의 무릎으로 살짝 지지해 준다. 케어자는 양손으로 대상자의 허리 부분 양옆을 모아 쥐고 허리에서 엉덩이, 허벅지 순으로 바지를 두 발목까지 내려놓고 건강한 쪽을 먼저 벗기고 마비된 쪽을 벗긴다.

하의를 입힐 때는 침대에 누워 지내는 대상자라도 엉덩이를 들어 올릴 수 있으면 두 다리를 모아(건강한 쪽 다리를 아래로) 무릎을 세우게 하고 케어자는 바지의 한쪽 발목에서 허리 부분까지 모아 잡는다. 케어자는 한쪽 손은 마비된 쪽 발목을 잡고 다른 한쪽 손으로 마비된 쪽 발을 하의에 끼우고 건강한 쪽 바지의 허리 부분을 크게 벌린다. 이후 대상자에게 건강한 쪽 다리를 바지에 넣게 하고 건강한 쪽 무릎을 세워 엉덩이를 들게 한다. 케어자는 바지의 양쪽 허리선을 잡고 올려서 입힌다.

02 이동 케어

1. 일상생활을 위한 이동

이동능력이란 일상생활을 수행하는 데 요구되는 기동성을 의미한다. 이러한 이동능력은 대상자가 정상적인 일상생활을 유지할 수 있는가를 평가하는 데 필수적 요소이다. 그러나 이동의 자유가 손상되면 일상생활의 불편은 물론이고, 사회생활 능력도 저하되며 심한 경우에는 자아존중감이 상실되기도 한다. 이처럼 인간의 생활에 있어서 이동은 매우 중요한 의미를 지니는데, 이동권의 문제는 사회적 약자에 해당된다.

이동은 모든 케어를 위한 가장 기본적인 지원기술로서 모른 일상행동을 위한 토대라고 할 수 있는데 움직임에 장애가 일어나면 이동을 보충하는 수단으로써 휠체어, 보행 보조기, 지팡이 등을 사용하여 생활의 자립을 추구한다. 이동은 인간의 의욕과 동기 부여에 밀접한 관계를 갖는 행위임을 기억해야 한다. 보행 능력은 체력, 질병 및 장애 증상에 따라 각각 다양하다. 생각대로 움직여지지 않아도 대상자가 목표를 가지고 한발 한발 노력해 보도록 시도한다. 이때 몸을 움직이는 것은 노화로 체력이 약한 사람이나, 질병 및 장애 증상에 따라 중노동일 수 있다. 직원이 부자연스러운 자세로 보조하면 대상자가 피로를 느끼거나 생각지도 못한 사고가 일어날 수 있으며 케어자도 근골격계에 질환을 유발할 수 있다. 이에 전면적으로 몸을 지지할 수 없으면 이동에 체력이 많이 요구되므로 이동의 보조 방법에 관한 기술을 습득해야 한다.

이동 보조 방법으로는 우선 이동을 해도 좋은지를 판단하기 위해 우선 대상자의 몸 상태를 확인하고 대상자의 신체 상황을 고려해야 하는데 대상자의 안정도 및 운동 능력, 마비, 장애, 통증, 질병 상황, 심리적 측면 등을 고려하여 안전이나 안락에 충분히 신경 써야 한다. 또한, 잔존 능력을 최대한 발휘할 방법을 선택하여 가능한 한 스스로 할 수 있도록 격려하고 할 수 없는 부분만을 케어하도록 한다.

이동할 때에는 이동 상태를 잘 설명하고 동의를 구한 후 상대방의 속도에 맞추어 대상자 자신의 움직이려는 힘을 이용한다. 대상자의 동의를 구하는 것은 대상자 스스로 하려고 하는 의욕이나 의지를 촉진하는 기회가 되기도 한다. 몸을 움직일 때는 한 번에 움직이지 않고 하나, 둘, 셋 소리를 내어 함께 하며, 몸을 일으킬 때는 안정되게 골반을 지지한다. 직원은 대상자에게 몸을 밀착시켜 힘이 분산되지 않게 하고 여유 있게 서서히 진행한다.

1) 일으켜 세우기

일어나는 것은 걷기 위한 준비로 꼭 필요한데 가능한 한 자신이 할 수 있도록 유도한다. 이때 주의할 것은 보조자는 팔 힘이 아닌 몸 전체의 힘을 사용하여 대상자를 일으키도록 한다. 일으켜 세우기 보조 시 대상자가 혼자 침대에 걸터앉아 있으면 대상자가 중심을 잡는 것이 힘들어 낙상 위험이 크기 때문에 특히 조심해야 한다.

(1) 앞에서 보조하는 경우

① 대상자의 허리를 앞으로 당기고, 의자에 걸터앉게 하는데 발을 무릎보다 살짝 안쪽으로 옮겨준다.

② 케어자는 자신의 무릎으로 대상자의 마비된 쪽 무릎 앞쪽에 대고 지지하여 준다.

③ 양손은 허리를 잡아 지지하고 대상자의 상체를 앞으로 숙이며 천천히 일으켜 세운다.

④ 대상자가 좀 더 많은 보조가 필요하다면 케어자의 어깨로 대상자의 가슴(어깨 앞쪽)을 지지하여 상체를 펴는 데 도움을 줄 수 있다

⑤ 대상자가 완전하게 양 무릎을 펴고 선 자세를 취하면 케어자는 앞쪽으로 넘어지지 않도록 선 자세에서 균형을 잡을 수 있을 때까지 잡아준다.

(2) 옆에서 보조하는 경우

① 대상자를 침대 끝에 앉혀 양발을 무릎보다 조금 뒤쪽에 놓는다.
② 케어자는 대상자의 마비된 쪽 가까이에 서고, 발을 대상자의 마비된 발 바로 뒤에 놓는다.
③ 케어자는 한 손으로 대상자의 마비된 대퇴부를 지지하고, 다른 한 손은 대상자의 반대쪽 허리를 부축하여 천천히 일으켜 세운다.
④ 대상자가 양쪽 무릎을 펴서 일어서면 대퇴부에 있던 손을 대상자의 가슴 부위로 옮겨 대상자가 상체를 펴서 자세가 안정될 수 있게 한다.

2) 보행 돕기

보행은 인간의 가장 기본적인 신체 동작이며 좌우 하지의 상호 운동으로 직립 자세를 유지하며 걷는 것이다. 또한, 전신운동으로서 평범하고 흔히 행해지는 일이지만 뼈·관절·근육의 운동기계, 신경계, 순환기계, 호흡기계가 밀접하게 관련하고 있는 매우 정교하고 치밀한 동작이다. 그러나 노화에 따른 기능 저하와 만성질환으로 장기간 누워있는 대상자는 혼자서 보행하기가 어려우므로 똑바로 선 자세를 유지하여 걷도록 돕는 것이 중요하다.

케어자는 대상자가 자세와 균형을 유지하도록 불편한 쪽을 지지해 주고 대상자가 의자나 손잡이를 잡고 똑바로 서 있는 자세를 취하고, 제자리걸음과 같은 준비운동을 하거나 전후좌우로 이동할 수 있도록 보조해야 한다. 보행 돕기는 마비가 있는 경우의 보조와 삼각건의 이용, 앞으로 걷기로 구분할 수 있다.

첫째, 마비가 있는 대상자의 걷기 돕기를 할 경우, 대상자의 마비가 있는 쪽부터 일어나게 하고 허리에 손을 감고 지지한다. 만일 대상자가 허리벨트 등을 하는 경우는 이를 지지하는 것이 좋다. 마비 측의 손을 가볍게 지지하고 노인의 속도에 맞추어 천천히 걷는다.

둘째, 삼각건의 이용을 통한 돕기로 대상자가 걸을 때 마비가 있는 쪽 손이 쳐져서 저절로 흔들릴 수 있는데 이때 케어자가 가볍게 묶어주는 방법도 있으나 삼각건으로 묶어주면 안전하다. 삼각건은 삼각건의 정점을 팔꿈치에 맞추어 팔을 감싼 후 삼각건의 끝을 목 뒤로 돌려 머리 뒤에서 묶는다.

셋째, 앞으로 걷기 돕기를 지원할 경우 단거리는 서로 마주 향하여 양손을 잡고 걷는다. 이때, 파킨슨병을 앓는 대상자의 경우 갑자기 돌진하듯이 걷기 시작하면 위험할 수 있으므로 걸을 때는 '걸읍시다'라고 말을 하면서 시작한다. 한편, 이동보조기구를 활용하여 걷기 도움을 줄 수 있는데 이동 보조기구는 보행 벨트, 보행기, 지팡이 등이다.

(1) 보행 벨트 사용 돕기

보행 벨트는 대상자를 침대에서 휠체어로 또는 휠체어에서 침대로 이동시킬 때와 보행시킬 때 사용하는 도구이다. 보행 벨트를 사용한 돕기 방법은 아래와 같다.

첫째, 보행 벨트의 안전 잠금을 위한 끈이나 패드의 상태, 벨트 손잡이의 바느질 상태를 확인하고 대상자의 허리 부분(벨트 부분)에 맞춰 벨트를 묶는다.

둘째, 보행 전 벨트나 끈이 풀리지 않았는지 확인한 후 케어자는 대상자의 불편한 쪽 뒤에 서서 벨트 손잡이를 잡는다. 이때 케어자는 다른 한 손으로 반대편 벨트 손잡이를 잡는다.

(2) 보행기보조기 사용 돕기

보행기 사용은 걸을 수 있지만 혼자서는 걷기 힘든 대상자들의 실내 또는 실외의 보행을 보조해 주는 도구로 종류가 다양하므로 신체 기능 및 사용 공간, 체형에 맞는 것을 선택하는 것이 중요하다. 또한, 보행기구의 손잡이나 고무 받침이 닳지 않았는지를 확인하고 접이식 보행기라면 잠김 버튼이 완전히 채워졌는지 점검한다. 보행기는 대상자의 팔꿈치가 약 30°로 구부러지도록 대상자 둔부 높이로 조절한다. 구체적인 보행기 사용법을 살펴보면 대상자에게 적합한 보행기 종류 선택하여 점검한 후 대상자를 보행기 앞에 바른 자세로 선 후 보행기를 앞으로 한걸음 정도 옮긴다. 대상자는 보행기 쪽으로 한쪽 발을 옮기고 나머지 한쪽 발을 먼저 옮긴 발이 나간 지점까지 옮긴다. 이때 케어자는 대상자의 뒤쪽에 서서 보행 벨트를 잡고 걷는다. 보행이 끝나면 케어자는 침대로 돌아와 눕는 것을 돕고 대상자가 혼자 보행기를 사용할 수 있다면 대상자의 손이 닿는 곳에 보행기를 둔다.

(3) 지팡이 이용 보행 돕기

지팡이는 보행을 돕기 위해 짚는 막대기 종류이다. 신체의 근력 또는 균형감각 저하, 통증, 관절염 등으로 걷기 힘든 대상자들이 사용한다. 지팡이를 결정할 때는 지팡이를 한 걸음 앞에 놓았을 때 팔꿈치가 약 30° 구부러지는 정도, 지팡이의 손잡이가 대상자의 둔부 높이, 평소 신는 신발을 신고 똑바로 섰을 때 손목 높이에 해당하는 것을 선택한다.

지팡이를 이용하여 보행할 경우 우선 지팡이 종류를 확인하고 지팡이의 고무 받침이 닳지 않았는지, 손잡이가 안전한지를 확인한다. 케어자는 대상자가 보행 시 미끄러지지 않는 양말과 신발을 신도록 돕고 낙상의 위험이 있는 물건을 치운다.

대상자의 건강한 쪽 손으로 지팡이를 잡고 설 때 [그림 8-7]과 같이 지팡이를 사용하는 쪽 발의 새끼발가락으로부터 앞 15cm, 옆 15cm 지점에 지팡이 끝을 놓고 마비 쪽 다리를 앞으로 옮겨 놓은 후 건강한 쪽 다리를 옮겨 놓는다.

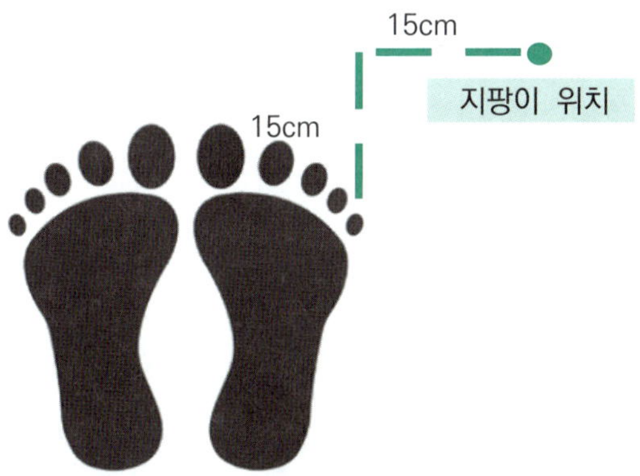

[그림 8-7] 지팡이의 바른 위치

한편 지팡이 이용 보행 돕기 중 케어자가 옆에서 보조할 경우 지팡이를 쥐지 않은 옆쪽에 위치하여 겨드랑이에 손을 넣어 대상자가 넘어지지 않도록 잡고 대상자와 호흡을 맞춰 보행한다. 또, 케어자가 뒤에서 보조할 경우는 대상자의 뒤쪽에 위치하여 한 손은 대상자의 허리 부위를 지지하고 다른 한 손은 대상자의 어깨 부위를 지지하며 대상자와 호흡을 맞춰 보행한다. 지팡이를 이용하여 계단을 오를 때는 지팡이 → 건강한 다리 → 마비된 다리 순서로 이동하고 반대로 계단을 내려올 때는 지팡이 → 마비된 다리 → 건강한 다리 순서로 이동한다.

3) 휠체어 이동 돕기

휠체어는 다리가 자유롭지 못한 사람이나 몸이 불편한 사람이 앉아서 이동할 수 있도록 만들어진 보조기구로 '의자차'라고도 한다.

휠체어를 선택할 때는 신체 기능 및 사용 공간, 체형에 맞는 것을 선택하고 휠체어 상태(타이어 공기압, 잠금장치, 바퀴 손잡이, 팔걸이, 발 받침대, 안전벨트 등)를 확인한다. 보조물품 필요시 의자, 지팡이, 보행 벨트 등을 준비한다.

휠체어 이동 시 케어자는 항상 대상자 가까이에서 위치해서 대상자를 지지하고 대상자의 몸 상태를 확인하고, 마비, 장애, 통증 등을 고려하여 안전이나 안락에 주의를 기울여야 한다. 또한, 이동에 관해 설명을 하고 대상자에게 협조를 구하고 케어자 자신의 안전을 확보한 후 동작을 시작하는데 이동 중에 옷이나 물체에 바퀴가 걸리지 않도록 유의하며 이동할 때 속도는 보통 걸음을 걷는 속도로 천천히 이동하는 것이 안전하다.

(1) 휠체어 다루기

휠체어 잠금장치를 할 때는 휠체어 옆에서 손잡이를 잡고 한 손으로 잠금장치를 한다. 한편 휠체어를 접거나 펴는 법을 살펴보면 먼저 휠체어를 접을 때 잠금장치를 잠근 후 발 받침대를 올리고 시트를 들어 올리고 나면 팔걸이를 접는다.

반면 휠체어를 펼 때는 잠금장치를 잠그고 팔걸이를 펼친 후 시트를 눌러 편다.

휠체어 사용 시 발판의 높낮이를 조절할 수 있다. 발판의 높낮이를 조절할 경우 휠체어 뒷주머니에 있는 스패너로 발판 밑의 볼트를 왼쪽으로 두세 바퀴 돌려 푼 후 발판을 좌우로 움직이며 대상자의 다리 길이에 맞춘 후 볼트를 오른쪽으로 돌려 조여주면 된다.

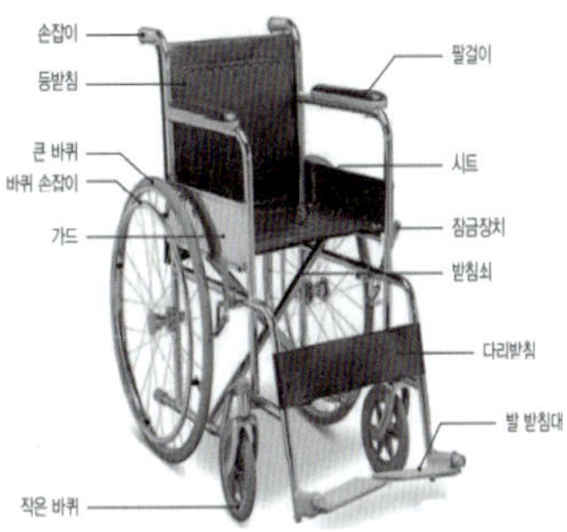

휠체어 세부 명칭

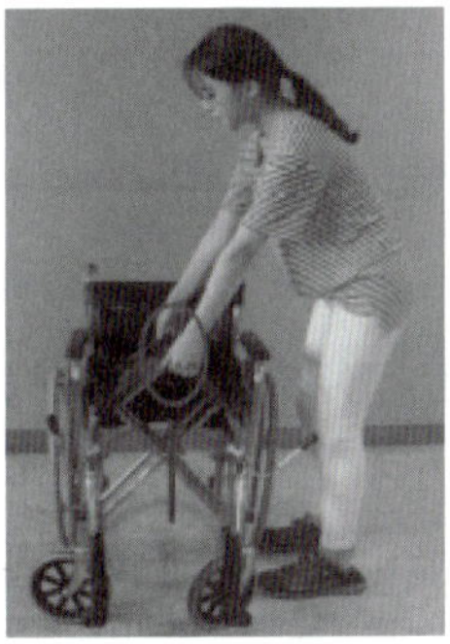
휠체어 접는 법

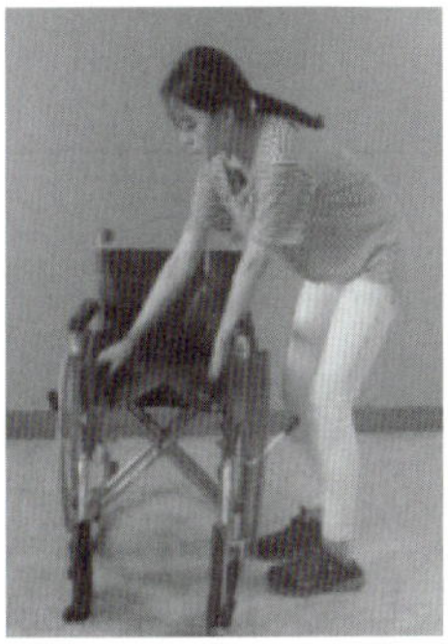
휠체어 펴는 법

출처: 보건복지부(2020). 요양보호사 양성 표준교재.

[그림 8-8] 휠체어

(2) 휠체어 이동 시 작동법

휠체어로 평지를 갈 경우는 휠체어는 뒤에 서서 양손으로 핸들을 단단히 잡은 뒤 전후좌우로 살피며, 천천히 밀고 간다. 반면 문턱이나 도로 턱을 오를 때는 케어자가 양팔에 힘을 주고 휠체어 뒤를 발로 조심스럽게 눌러 휠체어를 뒤쪽으로 기울이고 앞바퀴를 들어 문턱을 오른다. 반대로 문턱이나 도로 턱을 내려갈 때는 휠체어를 뒤로 돌려 내려가는데 케어자는 뒤에 서서 뒷바퀴를 내려놓고, 앞바퀴를 들어 올린 상태로 뒷바퀴를 천천히 뒤로 빼면서 앞바퀴를 조심히 내려놓는다.

오르막길을 갈 때는 가급적 자세를 낮추고 다리에 힘을 주어 밀고 올라간다. 만일 대상자의 체중이 많이 나가거나 경사도가 큰 경우 지그재그로 밀고 올라가는 것도 방법이 될 수 있다.

내리막길을 갈 때 케어자는 지지 면을 유지하면서 휠체어를 뒤로 돌려 뒷걸음으로 내려간다. 오르막길 갈 때와 동일하게 대상자의 체중이 많이 나가거나 경사도가 큰 경우 지그재그로 내려간다. 이때 케어자는 반드시 고개를 뒤로 돌려 가고자 하는 방향을 살펴야 한다.

휠체어 이동 시 울퉁불퉁한 길 나타났을 때는 휠체어 앞바퀴를 들어 올려 뒤로 젖힌 상태에서 이동한다. 왜냐하면, 크기가 작은 앞바퀴가 지면에 닿게 되면 휠체어를 앞으로 밀기가 힘들고, 대상자가 진동을 많이 느끼기 때문이다.

마지막으로 휠체어를 이용하여 엘리베이터를 타고 내릴 때는 휠체어를 뒤로 들어가서 앞으로 밀고 나온다. 왜냐하면 엘리베이터 층 버튼에 쉽게 접근할 수 있으며, 엘리베이터를 나갈 때 돌려야 하는 불편함을 피할 수 있기 때문이다. 또한, 엘리베이터에서 나갈 때 작은 바퀴가 엘리베이터와 복도 바닥 사이 틈에 끼일 수 있으므로 주의해야 하며 엘리베이터에서 완전히 나올 때까지 복도 상황이 관찰되지 않을 수 있으므로 주의해야 한다.

2. 외출 동행

노인장기요양보험의 표준서비스 중 하나는 대상자의 외출 시 동행 및 일상업무 대행에 해당하는 것이 개인활동 지원서비스이다. 개인활동 지원서비스는 신체적·정신적 장애로 일상생활이 어려운 대상자에게 외출 동행, 병원 동행, 산책, 은행과 관공서 업무대행, 물품 구매 등을 제공하여 더 편리하게 살 수 있도록 지원하는 서비스이다. 이러한 맥락에서 외출 동행은 장보기, 병원 방문, 나들이 물품 구매 등을 목적으로 대상자와 함께 외출하는 것을 의미한다.

개인에게 있어 외출은 주거지 밖으로 어떤 목적을 달성하기 위해 나가는 것으로 사회구성원으로서의 사회 참여 활동에 중요한 의미를 부여한다. 대상자가 사회활동에 어려움을 가지고 있을 때 외출지원서비스를 제공함으로써 대상자는 타인과 교류하고 자신의 역할 수행을 토대로 행복한 삶을 추구할 수 있고 사회구성원으로서 소속감을 느낄 수도 있다. 외출서비스 영역은 크게 산책 및 운동, 장보기 또는 물품 구입, 취미생활, 종교 활동, 관공서나 복지시설 이용, 병원 방문, 은행 이용, 가족 · 친척 · 친구 등의 지인 방문 등으로 구분될 수 있다.

외출 동행은 대상자가 사회 활동을 위한 출발점이라는 의미에서 그 중요성이 부각되고 있으며 성공적인 외출에 대한 경험을 통해 대상자는 삶의 활력과 자신감을 가질 수 있다.

이처럼 대상자의 사회활동을 위해 중요한 외출 동행을 수행할 때에는 먼저 대상자의 욕구를 확인하여 사전에 외출계획을 세운 후 외출 목적지에 대한 정보를 충분히 파악하여 필요한 사항이나 준비물 등을 사전에 점검하여야 한다. 또한, 대상자의 건강상태를 고려하여 계획을 조정하고, 외출 후에는 대상자의 만족 정도를 확인하는 것도 중요하다.

외출 동행 시 케어자는 대상자의 건강상태와 주변에 대한 상황을 고려하여 대상자 또는 가족의 지나친 요구는 적절히 조절하여야 한다. 더불어 케어자는 대상자의 안전에 각별히 유의하여야 하며 대상자의 개인물품이 분실되지 않도록 주의해야 한다.

1) 외출 동행 방법

외출 동행 방법은 동행 전과 동행 중, 동행 후로 구분하여 살펴볼 수 있다.

(1) 외출 동행 전

대상자에게 외출 동행을 하기 위해서는 대상자가 외출하는 이유와 장소에 대해 정확히 파악하는 것이 필요하다. 이는 외출 목적에 따라 소요 시간과 장소가 달라질 수 있기 때문이다. 그래서 대상자가 원하는 외출을 보조해 주는 역할도 중요하지만, 외출 전 계획과 준비과정 역시 중요하다고 할 수 있다. 또한, 외출 시 이동방법, 비용부담, 안전사고에 대한 보호자 협의, 건강상태 등을 면밀하게 준비해야 하며 대상자의 상황에 맞는 서비스 제공을 위한 사전 조사를 하여 외출로 인한 부작용이 발생하지 않도록 주의해야 한다. 구체적인 외출 동행 전 방법은 아래와 같다.

① 대상자의 외출 목적을 파악하고 상황에 맞게 외출 준비를 돕는다.
② 외출 장소를 정확하게 파악하고, 교통정보 및 교통수단 등을 숙지한다.
③ 대상자의 신체상태 등을 고려하여 이동 보조기구 및 장비를 점검한다.
④ 외출에 필요한 준비물과 개인 소지품을 확인한다.
⑤ 병원 진료 시 신분증 등을 준비하며, 항상 다니는 병원과 대상자의 건강상태, 복약상태를 보호자에게 확인한다. 필요시 기저귀, 여벌옷, 약, 물 등을 준비한다.

(2) 외출 동행 중

외출 동행은 외출 목적에 맞게 신속히 활동한다. 그러나 예기치 못한 외부 요인이 있는 경우는 대상자 및 가족과 상의하여 상황에 맞게 대처하여야 한다. 도보 시 보폭을 작게, 계단을 오를 때는 몇 걸음에 한 번씩 혹은 걸음마다 두 다리를 한곳에 모아 쉬면서 천천히 이동한다. 만일 외출 동행 시 차량을 이용할 때는 대상자의 몸을 케어자와 밀착시켜 안전하게 오르내리게 하고, 승차를 지원하되 무릎과 허리에 부담이 가지 않도록 주의하여야 한다.

(3) 외출 동행 후

외출 지원이 종료된 후에도 대상자에 대한 관리가 필요하다. 외출에서 돌아오면 환기를 하고 얼굴과 손발을 씻게 하며 평상복으로 갈아입히고 충분한 휴식을 취하게 한다. 또한, 외출 시 착용한 소지품 및 의복 등을 제자리에 보관하고 대상자의 건강상태를 체크해 본다.

외출 동행 시 대상자가 의도한 대로 만족스러웠는지 확인하고 서비스 제공 계획에서 벗어난 제공 범위와 과정에 대해서도 평가해 봐야 한다. 또한, 외출 지원 서비스 과정에서 갑작스럽게 발생한 사건이나 상황에 대해서는 보호자나 대상자에게 설명하고 만일 외출 지원 과정에서 발생한 부정적인 상황이나 문제점이 발생한 경우 차후 서비스 계획에 보완·제거할 수 있도록 노력해야 한다.

2) 여가 활동

여가는 일에 대치되는 개념으로 일과 비교하면 임의적인 면이 강한 것으로 구분되지만 경제적 보상과 개인, 가족 및 사회적 의무감에서 하는 활동이 아니면서 자발적으로 선택하여 자유와 평화의 감정을 느낄 수 있는 활동의 시간이다. 노년기를 일에 대한 압박, 긴장감에서 해방되어 자유로이 여가를 즐길 수 있는 기간으로 볼 때, 여가는 노년기 생활을 만족스럽게 보낼 수 있느냐 하는 것을 좌우하는 중요한 요소가 될 것이다.

노인의 여가는 개인적으로는 노후 생활의 즐거움을 줄 수 있고, 사회적으로는 생산적으로 될 수 있는 두 가지 측면이 모두 고려되어야 할 것이다. 여가 활동은 가정, 직장 등 인간 관계망들이 요구하는 책임과 역할 수행이 주는 스트레스뿐만 아니라 노인층과 같이 사회적 역할을 부재로 인한 고립으로 인한 스트레스를 해소하고 주변 사람들과 관계의 질을 향상하고, 자아존중감, 정신건강, 신체적 건강 또한 증진하는 등 개인의 삶의 질에 상당히 긍정적인 효과가 있다(이한혁, 2001; 이동현·김승철, 2003; 조추용·정미경, 2018 재인용). 이러한 맥락에서 노인은 사회와 가족 내에서 역할의 상실과 소외로 인해 어느 연령층보다 여가가 중요한 의미를 지니며 노인의 여가 활동은 남은 삶을 어떻게 마무리하느냐는 측면보다는 삶의 질을 어떻게 높일 것인가라는 방향으로 접근할 필요가 있다.

한편, 노인에게 여가 활동이 필요한 이유를 들면 첫째, 신체적 기능 감소를 예방하고, 둘째, 노후적응, 심리적 안정감, 생활만족도를 높인다. 셋째, 시간을 효율적으로 활용하여 자기효능감을 높이고 긍정적 영향을 주며 마지막으로 자기발전에 도움이 되어 정신건강에 좋다고 긍정적 영향을 미친다.

그러나 신체적·정신적 제약으로 인해 거동이 불편하거나 인지기능이 저하된 노인을 위한 여가 활동은 건강한 노인의 여가 활동과는 다르다고 할 수 있다. 건강한 노인의 여가 활동은 동적인 사교 오락 활동이나 활동량이 비교적 많다. 반면 거동이 불편한 장기요양 대상자들의 여가 활동은 정적인 자기계발 활동이나 소일 활동 등이 많다. 〈표 8-4〉는 장기요양 대상자의 여가 활동 유형과 그 내용이다.

〈표 8-4〉 장기요양 대상자의 여가 활동 유형과 내용

유형	내 용
자기계발 활동	미술 활동, 창작 활동, 독서, 서예, 시 낭송, 음악 관련 활동, 백일장, 민요, 풍물, 다도, 아로마테라피, 요리 등
가족 중심 활동	가족 소풍, 대면 또는 비대면 가족과의 대화, 외식 나들이, 가족음악회 및 명랑운동회 등
종교 참여 활동	기독교, 천주교, 불교 등의 종교 활동 및 행사 등
사교 오락 활동	영화, 연극, 음악회, 전시회, 꽃구경 및 근교 나들이, 장기, 바둑 등
운동 활동	건강체조, 가벼운 산책, 인지 자극 활동 등
소일 활동	텃밭 가꾸기, 반려식물 키우기, 신문보기, TV 시청, 종이접기, 퍼즐 맞추기 등

한편 케어자가 대상자의 여가 활동을 돕기 위해서는 우선 거동이 불편하거나 인지기능이 저하된 대상자를 위한 여가 활동 프로그램은 어렵지 않고 흥미를 느낄 수 있는 프로그램을 선택하여야 한다. 또한, 케어자는 대상자 스스로가 적극적으로 여가 활동에 참여할 수 있도록 동기를 부여하고 대상자의 욕구에 맞는 여가 활동을 지원하여야 하는데 가능한 집단보다는 개인의 욕구에 맞는 프로그램을 선택할 수 있도록 배려해야 한다. 그러나 실질적으로 노인복지시설의 경우 개인의 욕구에 기반한 다양한 프로그램 운영에는 한계가 있으므로 집단대상 여가 프로그램을 선호할 수 있다. 의사소통이 어려운 대상자가 집단 여가 프로그램 참여 시 케어자는 대상자가 프로그램 참여에 흥미를 느끼고 적극적으로 참여하는지 아니면 지루해하거나 불편해하는지를 지속해서 관찰하여 욕구를 파악하는 것도 중요하다.

대상자의 신체적 기능이나 상태에 맞는 개별적인 프로그램을 지원하고 대상자의 성격, 선호 등에 따라 개인적 차이를 고려하여 지원하여야 한다. 특히, 여가 활동 참여 시 대상자에게 여가 활동에 대해 충분히 설명하고 동의를 얻어야 한다.

참고문헌 REFERENCES

보건복지부(2020). **개정 요양보호사 양성 표준교재.**

조추용(2015). **노인을 위한 영양과 식사케어.** 공동체.

조추용(2016). **노인을 위한 배설케어.** 공동체.

조추용, 정미경(2017). 농촌노인의 일상생활수행능력과 생활의 어려움이 정신건강에 미치는 영향요인에 관한 연구: 사회적지지 매개효과를 중심으로. **노인복지연구,** 71(1), 31-353.

조추용, 정미경(2018). 노인의 일상적 스트레스와 고독감 간의 관계에서 여가만족의 매개효과에 관한 연구. **한국케어매니지먼트연구,** 26, 53-76.

http://browse.gmarket.co.kr

http://www.jpywelfare.com

Chapter 09

제9장

케어복지실천 : 치매노인의 케어

01 고령화와 치매

치매는 신체적, 인지적, 행동적인 장애를 유발하는 질환으로 다른 질환보다는 타인의 돌봄에 의존하게 되는 대표적인 노인성 질환이다. 특히, 고령사회로 진입하면서 치매 인구의 증가와 함께 치매 환자의 돌봄 부담에 따른 가족의 실직, 정서적 고립, 경제적 부담과 함께 가족의 갈등, 가족해체 등과 같은 불행한 상황으로 이어지기도 하며 많은 사회적 비용 증가에 따라 사회적 관심도 매우 높다.

세계보건기구(WHO: World Health Organization)와 국제알츠하이머병협회(ADI: Alzheimer's Disease International)에서는 1995년 매년 9월 21일을 '세계 알츠하이머의 날'로 정하였다. 이후 세계보건기구는 2017년 5월 치매의 심각성에 대응하기 위한 전 세계 행동계획을 채택하였다. 특히, 치매대책을 마련하고자 많은 국가들은 1996년 치매 국가책임제를 채택하게 되었으며 이는 최초의 시설인 스웨덴의 왕립치매지원센터 '실비아헴메트(Silviahemmet)'를 모델로 하였다.

우리나라의 경우 유례를 찾아보기 힘들 정도로 빠르게 고령화사회로 진입하는 것을 감안할 때, 의료계에서는 2030년에는 대략 127만 명, 2050년에 이르면 치매 노인은 271만 명으로 예상하고 있다. 이와 같이 고령사회와 치매 인구의 증가는 치매 가족들에게 정서적 · 신체적 부담, 가족관계의 부정적 변화, 경제적 부담 등과 같은 복합적인 부담으로 고통은 심화되는 실정이다. 때로는 가족해체, 극단적 선택과 같은 사회문제 등이 발생하기도 하므로 이는 단순한 가족의 문제가 아닌 국가적 난제이므로 이를 해결하고자 치매관리를 위한 '치매국가책임제'라는 적극적 정책을 도입하였으며, 이는 매우 큰 의의가 있다.

우리나라에서는 2008년 '치매와의 전쟁' 선포와 함께 제1~3차 국가치매관리종합계획을 수립하였다. 이후 2011년 8월 4일에는 「치매관리법」을 제정 · 공포하였으며 2012년 2월 5일부터 중앙치매센터 및 전국 17개 시 · 도에 광역치매센터를 설치 · 운영하게 되었다.

이에 치매예방 및 치매관리 정책을 종합적으로 수립·시행함은 치매로 인한 개인적 고통과 사회적 부담을 경감시키고 국민건강증진을 목적으로 하는 것뿐만 아니라 이를 통해 치매관련 정책 수립 및 사업수행의 국가적 당위성이 마련되었다.

최근 치매에 대한 인식 개선과 관심의 증대로 예방 활동의 다양화가 필요함을 인식하고 치매예방사업의 사회적 공감대 확산 및 급속한 고령화로 치매의료비의 90%를 건강보험으로 보장하는 치매정책을 실시하게 되었다. 즉, 치매는 더 이상 개인과 가족의 문제가 아니라 국가와 사회의 지원과 도움 없이 부담을 완화하기에는 매우 힘든 과제로 인식하였고 이에 정부에서는 2017년 '치매국가책임제'를 주요 국정과제로 세웠으며 보건복지부는 2017년 9월 '치매국가책임제 대국민 보고대회' 이후 '치매국가책임제' 추진 계획을 발표하기에 이르렀다.

1. 치매에 대한 이해

1) 치매의 정의

세계보건기구의 국제질병분류 ICD-10(ICD: The International Statistical Classification of Diseases and Related Health Problems, 1992)에 의하면 치매는 보통 뇌의 만성, 또는 진행성 질환에서 생긴 증후군이며 이로 인해 기억력, 사고력, 지남력, 이해, 계산, 학습능력, 언어 및 판단력을 포함한 고도의 대뇌피질 기능의 다발성 장애라고 정의하였다. 즉, 뇌에 발생한 여러 가지 질환으로 인지기능을 상실하여 일상생활의 수행이 어려운 상태가 되는 것을 말한다.

치매를 영어로는 'Dementia'라고 하며 'De'는 '없다'라는 뜻과 'mentia'는 '정신'이라는 뜻의 합성어로 '정신이 없거나, 정신이 나갔다'는 의미이다. 한문으로는 어리석을 '痴(치)'와 어리석을 '呆(매)'로 어떤 사실에 대해 '제대로 판단하지 못한다.'라는 의미로 일상생활에 지장을 초래하는 상태를 말한다.

우리나라에서는 치매를 '노망(老妄)'이라고 부르며 질병이라기보다는 노화현상의 일부로 생각하였다. 인간은 나이가 들어감에 따라 기억력이 떨어져 건망증이 생긴다. 건망증은 어떤 사실을 기억은 하지만 저장된 기억을 불러들이는 과정에서 주로 장애가 발생하게 되는 것이나 치매는 '사실 그 자체'를 잊어버리게 되는 것이다. 예컨대, "중요한 약속을 했는데 어디서 몇 시에 모이기로 했더라?"라고 한다면 건망증이라고 할 수 있다. 그러나 "뭐? 나는 그런 약속을 한 적이 없다"라고 한다면 이는 치매에 의한 기억장애일 가능성이 있다. 즉, 아침에 밥을 먹을 때 어떤 종류의 반찬을 먹었는지 기억이 나지 않는 것과 밥을 먹었다는 사실조차 생각이 나지 않는 것의 차이처럼 건망증과 치매는 다르다. 즉, 치매는 단순한 기억장애가 아니라 다른 여러 인지기능의 장애가 동반되어 사회생활이나 일상생활에 지장을 주는 것이다.

기억장애만 있고 다른 장애는 없는 경우를 흔히 '경한 인지기능장애'라고 하는데 독립적 생활은 가능하나 이들 중 20% 정도는 치매로 발전하기 때문에 지속적인 관찰이 필요하다.

치매는 정상적으로 성숙한 뇌가 후천적인 외상이나 질병 등 외부적인 원인에 의하여 손상 또는 파괴되어 전반적으로 지능 학습, 언어 등의 인지기능과 고등정신기능이 떨어지는 증상들이 나타난다. 즉, 치매는 그 자체가 하나의 질환을 의미하는 것이 아니라 여러 가지 원인에 의한 뇌손상으로 기억력과 함께 인지기능의 장애가 생겨 기억 및 언어장애, 시공간능력 저하 및 지남력장애와 사회적 활동을 할 수 있는 능력이 소실됨으로써 예전과 같은 일상생활을 유지할 수 없는 상태를 이른다.

치매는 일상적인 생활을 해오던 사람이 다양한 원인으로 인지기능장애 및 일상생활 능력의 장애를 초래하는 것으로 이는 하나의 질환이 아닌 증후군이다. 또한 치매는 대표적인 신경퇴행성 질환으로 대개 65세 이후에 주로 발병한다.

치매유병률은 65세 이상 인구 중 약 10% 정도이며 연령이 5세 증가할 때마다 유병률이 2배씩 증가하기도 한다. 그러나 완치를 가능케 하는 근본적인 치료제는 현재까지 부재하므로 치매노인에 대한 지속적인 관심과 관리를 해야만 하는 인식개선 활동은 매우 중요하다.

2) 치매의 원인과 유형

치매의 원인은 다양하다. 퇴행성 질환(알츠하이머병, 루이소체 치매, 전두측두엽 치매 등), 뇌혈관 질환(혈관성 치매, 경막하 혈종 등), 뇌종양, 뇌손상 등과 지속적인 알코올 섭취나 약물의 오남용, 과도한 음주와 흡연, 고혈압이나 당뇨병으로 인한 동맥경화로 인해 생기는 뇌경색, 대사성질환(갑상선기능저하증 등), 결핍성 질환(비타민 B12 결핍증 등), 수두증, 감염성 질환(뇌염, AIDS 등)의 발병이 치매의 원인이 되기도 한다. 때로는 학자에 따라 가역성치매와 비가역성치매로 나누기도 하는데 가역성치매란 회복이 가능한 경우를 말하고 비가역성 치매는 치료가 불가하여 회복이 불가능한 경우를 이른다.

치매 유형으로는 알츠하이머형 치매, 혈관성 치매, 루이소체 치매와 전두엽과 측두엽 치매 등이 있다. 우리나라의 경우 대표적인 치매 1순위는 알츠하이머형 치매가 가장 많고, 2순위가 혈관성 치매로 2종류가 전체 치매환자의 90%를 차지한다. 그 밖에도 알코올성 치매(코르사코프 증후군), 초로기 치매, 파킨슨병에 의한 치매 등으로 분류한다. 때로는 일차성 치매와 이차성 치매로 나누는데 대표적인 일차성 치매는 알츠하이머형 치매와 픽병에 의한 치매가 있고 이차성 치매는 광우병으로 알려진 크로이츠펠트 야곱병이 있다.

치매의 조기발견을 위해서는 한국판 간이정신상태검사(MMSE-K), 하세가와 치매척도, 삼성연구소의 치매척도 등을 이용할 수 있으나 정확한 진단을 위해서는 의학적 검사가 필요하다.

3) 치매 증상

치매는 어떤 하나의 질병이 아니라, 특정한 조건에서 여러 증상들이 함께 나타나는 증상들의 묶음이다. 치매의 대표적인 초기 증상은 인지장애 중 기억력의 저하가 가장 흔하며, 이는 정상적인 노화에 따른 변화와는 다르다. 인지기능이란 인간이 외부세계의 정보를 이해하고 판단하여 행동하는 과정에서 필요한 모든 기능을 말한다. 치매와 관련된 기능은 기억력, 언어 능력, 시공간능력, 실행기능, 주의

집중력, 지남력 등이다.

치매는 기억장애 외에도 사고력, 추리력 및 언어능력 등의 영역에서도 장애를 보이며 치매가 점차 진행됨에 따라 인격 장애, 성격의 변화와 배회와 같은 비정상적인 행동이 나타날 수 있고 일상생활을 혼자하기 어려울 정도로 심한 상태에 이른다.

정신행동 증상으로는 우울증과 망상, 타인을 의심하고 환청, 환시와 같은 정신증 그리고 초조 및 공격성과 같은 성격의 변화, 수집벽, 석양증후군, 수면장애, 문제행동, 섭식장애, 반복행동 등이 나타날 수 있다.

(1) 치매의 진행 단계별 특징에 따른 증상

치매의 진행은 초기, 중기 말기에 따른 특징과 증상은 〈표 9-1〉과 같다.

〈표 9-1〉 치매 단계별 특징 및 증상

단계	특징	증상
초기	가족이나 동료들이 문제를 알아차리기 시작하나 혼자서 지낼 수 있는 수준	• 물건을 둔 장소를 기억하지 못하며 물건을 자주 잃어버린다. • 전화 통화 내용을 기억하지 못하고 반복해서 질문한다. • 자기 물건을 잃어버리고는 남이 훔쳐 갔다고 의심한다. • 공휴일, 납기일 등 연, 월, 일을 잊어버린다. • 요리, 빨래, 청소, 은행가기 등 하던 일의 수행기능이 저하된다.
중기	최근 기억과 과거 기억의 부분적 상실, 시간 및 장소 지남력 장애, 언어이해 및 표현력 장애, 실행증, 판단력 및 수행기능 저하, 정신행동 증상이 나타나며, 도움 없이는 혼자 지낼 수 없는 수준	• 주소, 전화번호, 가까운 가족의 이름 등을 잊어버린다. • 집 주변에서도 길을 잃거나 날짜와 시간개념이 저하된다. • 엉뚱한 대답을 하거나 말수가 줄어든다. • 옷을 입거나 외모를 가꾸는 위생 상태를 유지하지 못한다. • 쓸모없는 물건을 모아두거나 샀다 풀었다 하며 배회행동과 안절부절못하는 모습을 보인다. • 혼자서는 집안일과 외출을 하지 못한다.
말기	독립적 생활 불가능한 수준	• 의사소통이 거의 불가능하다. • 판단을 하거나 지시를 따르지 못한다. • 소리를 지르거나 심하게 화를 내는 등의 증세와 대변을 만지는 등의 심한 문제행동이 나타난다. • 보행 장애와 대소변 실금, 욕창, 낙상 등이 반복되면서 와상 상태가 된다.

출처: 보건복지부. 요양보호사 양성표준교재. pp.190-191 재구성.

(2) 치매유형에 따른 증상

① 알츠하이머형 치매(Alzheimer's disease: AD)

알츠하이머형 치매는 가장 흔한 퇴행성 뇌질환으로, 1907년 독일의 정신과 의사인 알로이스 알츠하이머(Alois Alzheimer) 박사에 의해 최초로 보고되었다. 알츠하이머형 치매는 가장 흔한 형태이며 75%의 치매 환자가 이에 속한다. 이는 서서히 발병하여 점진적으로 진행되는 것이 특징이다.

초기에는 주로 최근 일에 대한 기억력에서 문제를 보이다가 진행하면서 언어기능이나 판단력 등 다른 여러 인지기능의 이상을 동반하게 되고 결국에는 모든 일상생활 기능을 상실하게 된다. 진행과정으로는 인지기능의 저하뿐만 아니라 성격변화, 초조행동, 우울증, 망상, 환각, 공격성 증가, 수면장애 등의 정신행동 증상이 흔히 동반되며 말기에 이르면 경직, 보행이상 등의 신경학적 장애 또는 대소변 실금, 감염, 욕창 등 신체적인 합병증까지 나타나게 된다.

뇌조직 검사에서는 특징적인 신경반(neuritic plaque)과 신경섬유다발(neurofibrillary tangle) 등이 관찰되고, 신경세포 소실로 인해 전반적인 뇌의 위축 소견이 보인다. 이러한 뇌의 병리적 소견은 질병 초기에는 주로 기억력을 담당하는 해마와 내후각 뇌피질 부위에 국한되어 나타나지만 점차 두정엽, 전두엽 등을 거쳐 뇌 전체로 퍼져나간다. 뇌의 침범 부위에 따라 초기에는 주로 기억력 저하가 나타나며 점차 진행됨에 따라 점진적인 경과를 보이면서 임상증상은 다양해지고 더욱 심각해진다.

② 혈관성 치매(Vascular dementia)

혈관성 치매는 뇌의 혈관장애에 의해 나타나는 모든 종류의 치매를 말하며 혈관성 치매는 뇌의 혈전 또는 색전증, 뇌허혈 등과 관련된 뇌의 혈액공급 문제로 뇌혈관이 터지거나 막혀 산소와 영양분 공급의 차단으로 뇌세포가 손상되어 생기는 치매이다. 특히, 혈관성 치매는 갑작스러운 발병, 점차적인 악화 등이 특징으로 나타나는데 이는 혈관에 대한 병소의 위치와 뇌의 부피 및 백질의 침범 등과 관련이 있다.

혈관성 치매와 관련된 인지기능의 이상은 주의력 결핍, 자기조절 능력 쇠퇴, 정신행동조절 이상 등과 같은 전두엽기능과 관련된 것이 대부분으로 혈관의 허혈 정도와 위치에 따라 다양한 소견을 보인다. 혈관성 치매는 초기 발병부터 사지에 편마비, 안면마비, 시야 이상 결손, 연하곤란, 경직, 보행이상, 자세 불안정, 실금 등 신경학적 이상 증상이 동반되는 것이 특징이다.

③ 루이소체 치매(Lewy's body dementia)

루이소체(Lewy's body)는 신경세포 내에서 발달하는 비정상적인 단백질 집합체로 1912년 프레데릭 루이에 의해 최초로 발견되었다.

망가져 가는 신경세포 안에서 발견되는 비정상적인 단백질의 집합체는 민첩성의 변화, 시각 환각, 느린 동작, 보행장애와 경직 및 수면 중에도 무의식증, 지나친 동작과 우울증 같은 기분변화가 오며 잦은 인지기능의 심한 변화 및 의식장애도 있다. 이는 원인이 불분명한 파킨슨 증상, 명확한 환시가 특징이다. 근본적인 치료는 어렵고 대증요법으로 약물 치료를 하지만 항정신성 약물은 부작용이 있어 피하도록 하고 있다.

루이소체 치매는 파킨슨병 치매와는 다르다. 특히, 루이소체 치매는 인지 증상이 시작되거나 파킨슨 증상이 시작된 일년 안에 진단이 나오나 파킨슨병 치매는 파킨슨병의 증상이 시작된 후 일년 이상의 시간이 경과한 후에 진단되는 것이 서로 다르다.

④ 전두측두엽 치매(Frontal-temporal dementia)

전두엽과 측두엽의 위축이 특징적으로 나타나며 성격의 변화와 행동 문제가 초기에 주로 나타나는 행동변이형과 언어 능력의 저하가 초기에 주로 나타나는 언어변이형이 있다.

⑤ 기타

◉ **헌팅턴병에 의한 치매** 헌팅턴병(Huntington disease)은 유전되는 진행성 신경질환

으로 신경이 파괴되면서 불수의적이고 빠른 움직임을 보이는 운동장애가 핵심 증상이다. 헌팅턴병은 일반적으로 30대 중반에서 40대 초반에 발병하고 14~17년 후에 사망한다고 하나 70대 이후에 나타나는 경우도 있다. 또한 우울증, 편집형 망상, 반사회적 행동 양상의 점진적인 성격의 변화 등도 흔히 동반되며 신경심리학적 기능 저하도 나타난다. 특히 주의력, 전두엽 기능, 시공간 처리 능력의 저하가 두드러지며 기억력의 경우 주의집중력, 효율적인 정보 조직화의 어려움으로 자발적인 회상에 어려움을 보이지만 재인(recognition)은 대체로 가능하다는 점에서 알츠하이머형 치매와는 차이가 있다고 할 수 있다.

◉ **파킨슨병에 의한 치매** 파킨슨병(PD: Parkinson's Disease)을 앓고 있는 환자의 경우 30~40% 정도는 말기에 치매 증상이 나타난다. 이는 도파민성 뉴런을 생성하는 흑질과 청반의 이상으로 인해 기저핵과 전두엽으로 이어지는 도파민성 투사에 문제가 초래되는 신경학적 장애로 운동서행, 사지의 진전, 근경직, 보행장애 등이 특징이다. 이와 같은 운동 기능의 이상뿐만 아니라 정보 처리 속도의 저하, 실행기능의 저하, 기억 인출의 장애 등 인지기능의 저하가 나타난다.

◉ **가성치매** 실제의 지능 저하가 없음에도 불구하고 마치 치매와 유사한 인지기능 저하 및 일상생활기능 저하를 보이는 경우를 가성치매라고 하며, 히스테리성 가성치매와 우울성 가성치매가 대표적이다. 뇌의 구조적·기능적 손상과 관련성은 적으면서 정신적 원인에 의해 생기는 것으로 치매와 유사하다.

히스테리성 가성치매는 명확히 확인되는 신경학적, 의학적 원인 없이 갑작스럽게 현저한 기억력 및 인지기능의 저하가 나타난다. 일반적으로 사별, 결별, 파산, 법적 분쟁과 같이 급격한 스트레스 상황에서 이와 같은 인지기능 저하가 나타난다. 이들은 급격한 인지기능 저하를 크게 걱정하지 않고 자신의 증상에 무관심할 때가 많으며, 인지기능검사에서 정답에 가까운 오류를 범하는 간서증후군(Ganser's syndrome)을 보이기도 하여 법적인 문제에 연루되어 있을 경우 꾀병과의 감별이 필요하다.

우울성 가성치매는 노인성 우울증의 경우 나타나는 슬프고 우울한 기분보다는 의욕 감퇴, 활동량 감소, 무기력, 피로감, 불면, 정신-운동 속도의 저하, 정신-운동 초조, 주의집중력 저하 및 기억력 저하와 같은 신체적 · 인지적 양상이 많이 보고되며, 이로 인해 치매로 잘못 진단하는 경우가 있다. 우울증으로 인한 기억력 및 인지기능 저하는 우울 증상의 호전에 따라 회복이 가능하다. 그러나 우울증의 치료 후에도 인지기능 저하가 지속된다면 치매일 가능성이 높다.

2. 치매의 경과 및 예후

일반적으로 치매는 서서히 진행하며 예후가 좋지 않다. 병의 초기에는 주로 인지기능의 장애를 보이지만 점차 신체기능의 변화가 나타난다. 예컨대, 보행장애로 인해 주로 의자나 침대에서 지내며 대 · 소변을 가리지 못하는 상태로 진행되기도 한다.

치매는 여러 가지 원인 질환에 의해 발병하므로 임상 양상과 증상의 진행이 다양하며 때로는 같은 진단을 받은 환자일지라도 서로 다르게 나타나기도 한다. 또한 인지기능의 장애에 따라 어떤 증상은 빨리 악화되기도 하나 일정한 양상으로 진행되지는 않는다. 즉, 치매증상이라고 할 수 있는 인지기능, 행동증상, 일상생활기능 등의 양상이 서로 다르게 나타난다.

보통 추체외로 증상이 있거나 망상 증상이 있는 경우 예후가 나쁘고 보다 빨리 악화되는 경향이 있으며 공격적인 행동과 수면장애, 언어기능의 장애가 있는 경우에도 증상의 진행이 빠르다. 또한 전두엽 부위의 뇌혈류량이 감소한 경우에도 병의 진행이 빠르다.

위생상태가 좋지 않고 배뇨기능 조절이 안 되는 경우 이미 치매가 상당히 진행된 것을 의미하며 마치 인간의 출생 후 발달 단계를 거꾸로 진행하는 것처럼 기능의 장애가 일어나 주변인들의 돌봄이 필요하다. 즉 일상생활능력 중에서 언어, 보행능력, 대 · 소변 가리기, 앉아있기, 미소 짓기, 식사하기 순으로 진행되면서 기능을 점차 상실하게 된다.

일반적으로 치매진단 전 병의 진행 속도를 살펴보면 향후 진행도 예측할 수가 있다. 치매환자의 행동이나 인지기능에 갑자기 변화가 있을 때에는 철저한 재검사가 필요하다.

일반적으로 치매환자의 사망률은 일반인들에 비해 높다. 성별에 따른 예후의 차이를 보면 여성이 남성보다 좀 더 오래 생존하는데, 이는 여성이 남성보다 기대수명이 길기 때문이며 여성은 기능의 장애가 있을 때 남성에 비해 집안일 등을 통해 쉽게 노출되므로 일찍 치매진단을 받고 치료를 하는 경향이 있다.

원인질환에 따라 알츠하이머병 치매의 경우 혈관성 치매보다 좀 더 오래 살며 일찍 치매가 발병한 경우 인지기능의 악화가 더욱 빨리 진행되는 것으로도 알려져 있다.

3. 치매의 치료

1) 약물치료

(1) 알츠하이머병

① 인지기능 항진제

병의 진행을 막을 수는 없으나 약 6개월에서 2년 정도 늦출 수가 있고 특히 치매 초기와 중기에 매우 효과적인 약으로는 도네페질, 리바스티그민, 갈란타민, 메만틴이 대표적이며 간독성이나 천식 등의 부작용이 드물어 비교적 안심하고 사용할 수 있다.

② 항정신성 약물

병이 경과하면서 다양한 정신 이상행동이 나타나며 이에 대한 항정신성 약물로는 할리페리돌, 페르페나진, 티오리다진, 리스페리돌, 올란자핀, 쿠에티아핀 등이 있고, 항우울제로는 아미트립틸린, 시탈로프람, 플로옥세틴이 있으며, 항경련제로는 카르마바제핀, 벨프로에이트와 항불안제로 부스피론, 프로프라놀롤이 매우 효과적이라고 한다.

(2) 혈관성 치매

① 뇌혈관 질환의 위험요인을 치료하고 꾸준히 관리를 하는 것이 중요하다. 고혈압, 당뇨, 고지혈증 등의 위험인자가 있는 경우 투약 및 생활습관 교정을 통해 위험요소를 조절 및 관리와 제거가 필요하다.

② 아스피린 또는 와파린과 같은 혈소판응집억제제나 항응고제, 혈류순환 개선제 등을 이용하여 뇌혈관 질환이 다시 발생하거나 악화되는 것을 방지하여야 한다.

③ 인지기능 저하에 대해서는 인지기능 개선제를 사용하며, 은행잎제제와 같은 혈액순환 개선제를 사용하기도 한다. 그 밖에도 기억력 증진을 포함한 인지훈련, 독서, 단어쓰기, 계산연습 등의 인지자극을 생활화하도록 한다.

④ 심하게 화를 내는 증상이나 폭력성 등의 문제행동에 대해서도 증상이 심한 경우 약물로 증상을 완화시킬 수 있다.

2) 정신사회적 치료

① 인지행동치료는 환자의 정서적인 상태가 본인과 주위 환경에 대한 정보가 왜곡되어 기분과 행동에 영향을 준다.

② 대인관계치료는 모든 연령에서 위약보다 우울증의 급성기 치료에 효과적이라고 하는데, 장기간의 유지 요법이 재발 방지에 효과가 있다고도 한다(유승호, 2010). 특히, 노인의 청력이나 시력의 저하, 인지기능의 나이에 따른 변화, 교육수준, 과거의 다양한 경험 등을 고려하여 예의, 태도 등을 갖추고 지지적이며 부드럽고 온화하며 염려하는 듯한 태도, 자상한 태도를 지속적으로

보여야 한다.

③ 개인정신치료에는 지지적 정신치료와 역동적인 정신치료가 있다. 지지적 정신치료로는 안심시키기, 암시, 환기, 설득, 충고, 설명, 위로, 지도, 격려, 교육, 중재 등의 기법이 사용된다. 역동적인 정신치료로는 환자 스스로 자신의 내면, 심리상태에 대해 알고자 하는 동기에 의한 것이라고 한다.

④ 인지기반 치료로는 인지훈련, 인지재활, 현실확인, 인정치료, 회상치료, 다감각자극 및 신체활동 등을 들 수 있다.

02 치매노인의 케어

치매노인 돌봄의 목표와 원칙은 다음과 같다.

첫째, 치매는 자연스런 노화의 과정이 아닌 질병임을 인식하도록 한다.

둘째, 치매노인의 쉽게 피곤해 하므로 중요한 신체활동은 오후보다는 오전에 하도록 한다.

셋째, 치매노인의 활동 영역은 단순하게 하도록 계획하고 실행한다.

넷째, 치매노인이 엉뚱한 주장을 하더라도 일단 이에 반응하고 경청하도록 한다.

다섯째, 주변 환경을 안전하고 안락하게 유지하고 의사소통 시 눈높이에 맞춰 소통하도록 한다.

여섯째, 치매노인의 인지기능을 최대한 유지할 수 있도록 케어계획을 수립하고 실행하도록 한다.

일곱째, 케어자의 경우 치매노인을 돌볼 때 배려하고 세심한 관찰과 함께 케어하도록 해야 한다.

치매노인의 케어 시 가장 중요한 것은 치매노인 케어자는 치매노인을 '환자'가 아닌 '사람'으로 돌보는 것을 핵심철학으로 가져야 한다. 즉, 철저한 인권의식을 함양하고 대상자의 상태를 올바르게 이해하고 이에 알맞은 케어를 실행해야 한다.

기본케어로는 ① 치매노인을 위한 위험과 사고로부터 보호하기 위한 보호적인 환경을 조성하여야 하며, ② 대상자의 기본적인 욕구 즉, 식사, 배설, 수면, 청결 등과 같은 욕구를 충족시킬 수 있도록 최선의 배려를 다할 것과, ③ 치매를 앓고 있지만 치매노인의 하는 말을 경청하고 자존심을 지켜줄 것, ④ 잔존기능을 최대한 유지시킬 수 있도록 하여 와상 상태가 되지 않도록 사전에 예방하는 것이 매우 중요하며 초기 증상 시 의료진에게 의뢰하여 조기치료 및 재활훈련을 할 수 있도록 도와야 할 것이다. ⑤ 치매노인에게 어떤 문제발생 시 케어자 혼자 판단하지 말고 꼭 전문가와 상의할 것을 적극 권유하며, ⑥ 그 밖에도 고독감을 느끼지 않도록 혼자 두지 않도록 할 것, ⑦ 익숙한 환경에서 노인 중심의 규칙적이고 계획적인 생활을 할 수 있도록 돕는 것이 바람직하다.

1. 일상생활 지원

인간은 누구나 일상생활을 영위할 기본적인 욕구와 권리가 있다. 일상생활 지원의 목적은 질환 및 장애로 일상생활이 어려운 대상자에게 생활의 불편함을 최소화하고 가능한 한 대상자 스스로 일상생활을 할 수 있도록 지원하는 것이다. 치매는 생각, 기억, 판단력과 같은 기능이 서서히 쇠퇴하여 일상생활이 어렵고 말기에는 일상생활 지원의 확대가 필요하다.

기본원칙으로는 따뜻하게 응대하고 치매대상자를 존중하는 것과 규칙적인 생활을 하도록 하는 것이 최우선이다.

첫째, 대상자의 질환 및 특성과 상황을 이해하고 대상자의 욕구를 충분히 파악하여 지원할 것과 둘째, 대상자의 생활방식과 가치관을 존중하고, 셋째, 신뢰관계 및 대상자의 안전을 최우선으로 배려할 것, 넷째, 대상자의 잔존 능력을 최대한 활용하고 다섯째, 일상생활 지원 전에 반드시 설명 및 동의를 구해야 하며, 인지능력이 없을 경우에는 보호자에게 설명 및 동의를 구할 것, 여섯째, 항상 안전에 주의할 것 등이다. 특히, 신체활동 지원은 세면 도움, 머리 감기기, 몸 단장, 배설 도움, 식사 도움, 목욕 도움, 체위변경 도움 등이 있으며 이를 제대로 수행할 수 없을 때 지원을 함으로써 일상생활의 안정이 유지될 것이다.

2. 문제행동 케어

1) 문제행동에 대한 예방 전략

① 일정한 일상생활 패턴을 제공한다.
② 일상생활의 참여기회를 제공한다.
③ 치매노인에 대한 돌봄정보에 대해 가족 또는 시설의 케어자들과 공유한다.
④ 치매노인의 존엄성을 존중하고 지켜주어야 한다.
⑤ 케어자는 다른 업무가 있을 시 반드시 대체자를 두고 응급 상황에 대비하여야 한다.

2) 문제행동에 대한 대응 전략

① 치매노인이 통증, 갈증, 배고픔, 배변, 배뇨 등의 욕구로 불안과 초조감을 느끼지 않도록 규칙적인 케어 제공과 관찰이 필요하다.
② 대화 시에는 저음의 차분한 목소리로 안정감을 주도록 한다.
③ 치매노인이 과도한 자극을 받지 않도록 한다.
④ 치매노인이 말하는 현실과는 맞지 않는 경우 치매노인의 감정을 잘 살펴야 하며 나무라지 않도록 한다.
⑤ 치매노인에게 어떤 행동을 물리적으로 강요하지 말아야 한다.
⑥ 치매노인의 문제행동(예: 이식증 등)을 자세히 관찰하고 케어중재 후 기록으로 남겨 가족 또는 시설의 케어자들과 공유하도록 한다.
⑦ 심각한 문제행동의 경우 의료진과 상의하여 약물치료를 할 수 있도록 한다.

⑧ 문제행동으로 인하여 본인 및 타인을 해칠 경우가 염려될 경우나 억제를 해야 할 경우에는 반드시 보호자의 동의서를 받아야 한다.

3) 문제행동

① 반복적인 질문이나 행동의 경우 주의 환기시키기(손뼉, 함께 노래하기, 회상치료 등)
② 과식(준비 중이니 기다려 달라고 부탁하기) 또는 이식증(다른 간식과 교환하기)
③ 수면장애(낮잠을 피하고 산책 등의 가벼운 운동, 적정 실내온도 유지)
④ 배회(신분증 소지, 출입문의 벨 설치, 함께 산책하기, 안전 환경 조성 및 소음차단)
⑤ 의심, 망상, 환각(감정을 이해하고 수용, 부정하거나 다투지 말 것, 현실확인 치료 또는 인정치료 기법 적용)
⑥ 파괴적 행동(자극을 유발하는 사건이나 상황을 사전 예방, 진정된 후 문제행동에 대한 이유 묻지 않기 및 상기시키는 말은 하지 않기, 위협적인 신체행동하지 않기)
⑦ 석양증후군(집안에 불 켜두기, 인형 또는 애완동물과 함께 즐거운 시간 갖기)
⑧ 부적절한 성적 행동(당황하지 말고 옷 입혀주기, 방문객 제한 및 사고 예방)

3. 치매대상자와의 의사소통

치매노인과의 대화를 위해서는 우선적으로 긍정적인 분위기 조성을 하고, 상대방을 존중하는 태도와 단어를 사용하여 올바른 대화를 해야 한다.

1) 치매노인과의 올바른 대화방법

① 목소리를 잘 들을 수 있는지 확인하고 조용하게 말한다.
② 눈을 맞추고 고개를 끄덕이는 등의 반응을 보이도록 한다.
③ 치매노인에게 감정이나 자존심을 상하게 하는 질문을 하지 않는다.
④ '예' 또는 '아니오'로 답할 수 있도록 한 번에 하나씩 단순하게 질문하도록

한다.

⑤ 간단한 단어와 문장을 사용하여 천천히, 확실하게, 편안한 어투로 말한다.

⑥ 명령어가 아닌 '~해 주세요' 또는 '~하시죠' 등으로 청유어로 말한다.

⑦ 치매노인의 대답을 재촉하지 말고 답을 할 때까지 충분히 기다려 준다.

⑧ 치매노인의 비언어적 단서, 신체언어, 감정 등을 잘 관찰하여 응하도록 한다.

⑨ 치매노인이 혼란스럽거나 불안해 할 때 편안함과 안도감을 제공하도록 한다.

⑩ 최근 기억에 대해 시험하듯 질문하지 않도록 한다.

2) 언어적인 의사소통

① 대상자의 신체적 상태를 파악한다.

② 대상자를 존중하는 태도와 관심을 갖는다.

③ 대상자가 이해할 수 있도록 말한다.

④ 대상자의 속도에 맞춘다.

⑤ 어린 아이처럼 대하지 않는다.

⑥ 반복적으로 설명한다.

⑦ 대상자를 인격적으로 대한다.

⑧ 간단한 단어 및 이해할 수 있는 단어를 사용한다.

⑨ 대상자에게 한 번에 한 가지씩 설명한다.

⑩ 가까운 곳에서 얼굴을 마주보고 말한다.

⑪ 현실을 자각할 수 있도록 한다.

⑫ 일상적인 어휘를 사용한다.

⑬ 과거를 회상하게 유도한다.

3) 비언어적인 의사소통

① 손짓, 발짓 또는 소리를 이용한다.

② 언어적 표현과 비언어적 표현을 적절하게 사용한다.
③ 신체적인 접촉을 사용한다.
④ 대상자의 비언어적 표현을 관찰한다.
⑤ 필요 시 글을 써서 소통한다.
⑥ 언어 이외의 다른 신호를 말과 함께 사용한다.
⑦ 대상자의 행동을 복잡하게 해석하지 않는다.

4. 인지자극 훈련

최근 진행된 미국, 캐나다 등과 같은 선진국가에서 도입하여 치매노인에게 적용하는 케어방법으로는 보고, 듣고, 만지고, 느끼는 등의 비약물적 치료를 실시하여 실제 효과가 있는 회상치료, 현실확인치료, 인정치료, 작업치료, 원예치료, 음악치료, 미술치료, 운동치료 등이 있다. 이는 어느 한 가지만이 아닌 복합적인 방법으로 적용할 수 있다.

회상치료는 과거의 의미 있는 사건이나 기억을 중심으로 고찰하도록 함으로써 인지를 자극하여 자신의 독자성을 찾고 나아가 자존감을 일부 회복하는 기능이 있으며 세부 프로그램으로는 추억 속으로의 여행과 같은 예전의 사진 또는 물품, 낱말카드 등을 매개로 언제 어디서든지 손쉽게 활용할 수 있는 치료법이다.

현실확인치료는 주로 치매 초기에 실시하며 '오늘은 몇 월 며칠입니까?' 또는 '현재 계절은 봄, 여름, 가을, 겨울 중 어느 계절입니까?'하고 물었을 때 제대로 답하지 못할 경우 정확하게 알려주고 시간이 지났을 때 다시 또 재질문 시 모르면 또 알려주는 방법으로 현실을 알아차릴 수 있도록 자극하는 방법이라면 인정치료의 경우는 치매의 중기 또는 말기에 해당되는 치매노인에게 질문을 했을 때 엉뚱한 답변을 했을 때 그 답이 틀렸다고 수정해주면 화를 내거나 문제행동을 할 수 있기 때문에 치료자는 '네~~ 그렇군요'하면서 그대로 인정해 주는 방법으로 치매노인을 자극하지 않고 정서적 안정을 유지할 수 있도록 음악 또는 작업치료 등으로 인지기능이 더 이상 악화되지 않도록 하고 일상생활수행능력의 증진, 우울 감소, 삶의 질을 높이는 데 효과적인 치료법이다.

작업치료는 신체적 · 정신적 기능이 저하된 사람에게 의미 있는 치료적 활동(작업)을 통해 최대한 독립적으로 일상생활을 수행하고 능동적으로 사회생활에 참여함으로써 행복한 삶을 영위할 수 있도록 치료, 교육하는 보건의료의 한 전문 분야로 세부 프로그램으로는 컴퓨터 인지재활, 회상치료, 신체기능 증진 활동, 기억력 및 현실인식훈련 등이 있다.

원예치료는 식물을 통한 원예활동에 의해서 사회적, 교육적, 심리적 혹은 신체적 적응력을 기르고, 이로 말미암아 육체적 재활과 정신 회복을 추구하여 삶의 질을 향상시키기 위한 것으로 세부 프로그램으로는 모종심기, 누름꽃 공예, 수경식물 재배 등이 있다.

음악치료는 심신의 피로감을 회복시키고 위로하고 개선시키는 치료하는 데 도움을 주며 특히, 파킨슨 환자의 운동 기능을 향상시킨다고도 하며 치매노인들의 경우에는 그들이 살아오면서 익숙한 동 시대 음악들을 이용하여 흥이 나는 시간으로써 세부 프로그램으로는 감상 후 느낌 나누기, 함께 손뼉 치며 따라 부르기, 악기연주, 리듬이나 템포의 변화에 따라 몸동작하기 등이 있다.

미술치료는 미술활동을 통해 감정이나 내면세계를 표현하고 기분의 이완과 감정적 스트레스를 완화시켜 공간지각 및 감퇴된 기억력 향상에 효과적인 치료로 개별적 또는 합동으로 작품 만들기 시간으로 종이접기, 색칠하기, 점토공예, 수채화 그리기, 만들기 등이 있다.

운동치료로는 개인의 신체적 상태에 적합한 신체활동을 근력과 균형능력 향상 또는 유지시킴으로써 낙상 예방 및 정서적 안정에 도움을 주는 치료로써 하루를 시작하는 몸 풀기 운동, 실버요가, 실외 운동(활동) 등이 있다.

〈표 9-2〉 예시: 두근두근 뇌운동 인지강화교실 교육 커리큘럼

회기	1교시	2교시	시간(분)
사전 준비: 프로그램 참여자 모집, 면담, 사전검사(MMSE-DS, SGDS-K, SMCQ 등)			
1	프로그램 소개 및 안내 치매조기진단 및 예방의 필요성 치매예방수칙 333 소개	치매예방운동 치매체크 사용법(치매예방실천지수)	90
2	치매체크 사용법/치매예방운동	두근두근 뇌운동(지남력, 주의력/작업기억)	90
3	원예치료/치매예방운동	두근두근 뇌운동(지남력, 집행기능/억제력/전환능력/순서결정)	90
4	음악치료/치매예방운동	두근두근 뇌운동(지남력, 기억력/언어능력)	90
5	미술치료/치매예방운동	두근두근 뇌운동(지남력, 주의력/작업기억)	90
6	작업치료/치매예방운동	두근두근 뇌운동(지남력, 집행기능/억제력/전환능력/순서결정)	90
7	치매예방실천지수확인/치매예방운동	두근두근 뇌운동(지남력, 소근육운동기능)	90
8	인지치료/치매예방운동	두근두근 뇌운동(지남력, 주의력/작업기억)	90
9	미술치료/치매예방운동	두근두근 뇌운동(지남력, 기억력/언어능력)	90
10	원예치료/치매예방운동	두근두근 뇌운동(지남력, 시공간능력)	90
11	음악치료/치매예방운동	두근두근 뇌운동(지남력, 주의력/작업기억)	90
12	작업치료/치매예방운동	두근두근 뇌운동(지남력, 집행기능/억제력/전환능력/순서결정)	90
13	치매예방실천지수 확인/치매예방운동	두근두근 뇌운동(지남력, 시각-운동협응기능)	90
사후관리: 사후검사(MMSE-DS, SGDS-K, SMCQ 등), 만족도 평가, 면담, 프로그램 재참여 의사확인			

출처: 보건복지부, p.47

참고: • MMSE-DS(Mini Mental State Examination-Dementia Screening)
• SGDS-K(Short form of Geriatric Depression Scale-Korean version)
• SMCQ(Subjective Memory complaints Questionnaires)
• PBL(문제중심학습)에 의한 인지자극훈련 프로그램 찾아보기: 현실확인치료와 인정치료의 차이점에 대해 알아보고 각각 적용하는 시기가 다른 이유에 대해 의견 말하기
• FL(플립 러닝)에 의한 치매예방 체조 동영상 찾아보기: 두근두근 뇌운동(치매예방 인지훈련활동), 반짝반짝 뇌운동(치매예방활동)과 반짝활짝 뇌 운동(중앙치매센터)을 찾아보고 공통점과 차이점에 대해 간단하게 설명하기

03 치매정책

1. 치매국가책임제

우리나라의 경우는 그 유례를 찾아보기 힘들 정도로 빠르게 고령화 사회로 진입하는 것을 감안할 때, 의료계에서는 2030년에는 대략 127만 명, 2050년에 이르면 치매노인은 271만 명으로 예상하고 있다. 이와 같이 고령사회와 치매 인구의 증가는 치매 가족들에게 정서적 · 신체적 부담, 가족관계의 부정적 변화, 경제적 부담 등과 같은 다양한 부담으로 고통이 심화된다. 때로는 가족해체, 극단적 선택과 같은 사회문제 등이 발생하기도 하므로 이는 단순한 가족의 문제가 아닌 같은 국가적 난제이므로 이를 해결하고자 치매관리를 위한 '치매국가책임제'라는 적극적 정책을 도입하였으며 이는 매우 큰 의의가 있다.

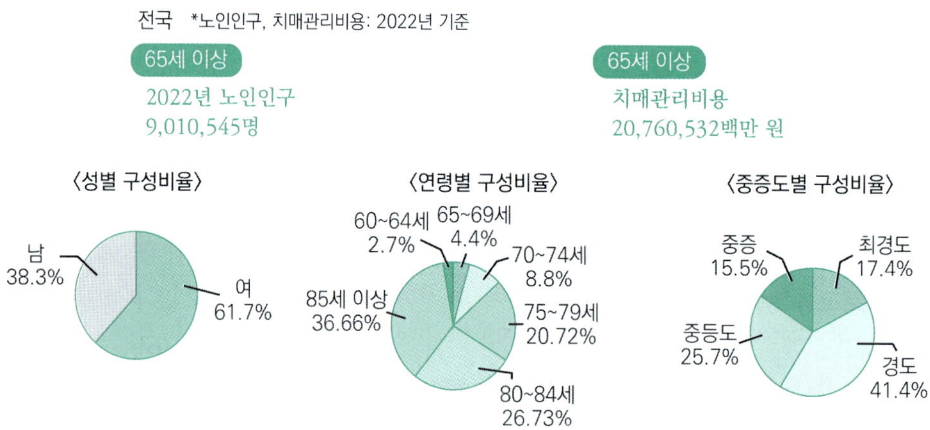

출처: 중앙치매센터. 치매 오늘은.

[그림 9-1] 2022년 전국 치매 현황

치매국가책임제의 주요 내용으로는 치매환자와 가족에 대한 정보 제공, 1:1 맞춤형 사례관리, 치매환자 모두에게 장기요양 서비스 제공, 안심하고 이용할 수 있는 장기요양서비스 확충, 치매 환자에 대한 의료지원 강화, 치매 요양비 및 의료비 대폭 완화, 치매 친화적 환경 조성. 치매 연구 개발, 치매정책 행정체계의 정비이다.

지역마다 치매관련 인프라의 차이가 크기 때문에 이를 위한 맞춤형 세분화 전략이 필요하며 지역 맞춤형 특화관리사업이 필요하다. 예컨대, 우리나라에서 치매 유병률이 가장 높은 지역은 충청남도 및 전라남도이며 가장 낮은 지역은 울산으로 이에 적절한 맞춤형 특화관리사업이 필요하다는 것이다. 또한 치매국가책임제의 실제적인 효과를 기대하기 위해 가장 중요한 것은 예방과 관리이나 현재는 주로 치매 환자발굴에 치우쳐 있다. 즉, 인지기능의 이상을 보이는 환자 선별에 치중했을 뿐, 예방이 가능한 경도인지장애 여부를 판단할 수 있는 인력과 제도적 뒷받침은 결코 충분하지 않다. 예컨대, 치매예방을 위한(emission tomography) 검사를 통해 치매 유무 및 원인이 무엇인지 진단하고 조기발견 및 조기치료가 가능한 적극적인 진찰 및 치료가 필요하나 건강보험의 혜택이 미치지 못하기 때문에 개선이 필요하다. 그 밖에도 치매예방 UCC(User Created Contents: 사용자가 직접 제작한 콘텐츠) 제작, 치매 예방을 위한 공원 조성, 예방수칙 안내판 배치, 인지디자인 배치, 대중교통 등을 통한 예방 홍보와 AI(Artificial Intelligence: 인공지능) 및 VR(Virtual Reality: 가상현실) 기기 이용, 퇴직 의료인력의 활용, 커뮤니티 케어 플렛폼 등의 인프라 구축이 필요하다.

1) 치매안심센터

치매안심센터는 시장 · 군수 · 구청장이 통합형, 거점형, 방문형, 소규모형 중 한 가지를 선택하여 현재 전국 256개 보건소에 치매안심센터를 설치하였다. 운영은 지역사회 치매관리사업의 전문적 수행을 위해 「지역보건법」에 따른 보건소에 설치하여 치매 전담조직으로써 운영하고 있으며 치매안심센터를 이용 시 주소지 제한 완화로 주소지와는 상관없이 거주하는 곳에서 가까운 근처 치매안심센터를 이용할 수 있도록 하고 있다.

치매안심센터의 설립목적은 맞춤형 사례관리를 위한 치매예방, 상담, 조기진단, 보건·복지 자원 연계 및 교육 등 유기적인 「치매 통합관리서비스」의 제공으로 치매 중증화 억제 및 사회적 비용을 경감시키고, 궁극적으로는 치매환자와 그 가족, 일반시민의 삶의 질 향상에 있다. 특히, 치매환자 맞춤형 사례관리의 경우에는 집중관리와 응급관리를 요하는 대상자들에게 돌봄의 사각지대를 해소하고, 신체, 심리, 사회, 환경적 요구와 관련된 문제에 집중개입하여 그들 삶의 질을 향상시키고자 한다.

치매안심센터의 주요사업으로는 ① 치매환자의 초기상담 및 치매조기검진, ② 1:1 사례관리, ③ 치매단기쉼터 및 치매카페 운영, ④ 관련 서비스 안내 및 각종 서비스 제공기관과의 연계 등이며 치매안심통합관리시스템에 의한 '치매노인등록관리시스템'을 통해 전국 어디서든 유기적·연속적 관리가 가능하며 촘촘한 치매관리를 하고자 하는 것이다.

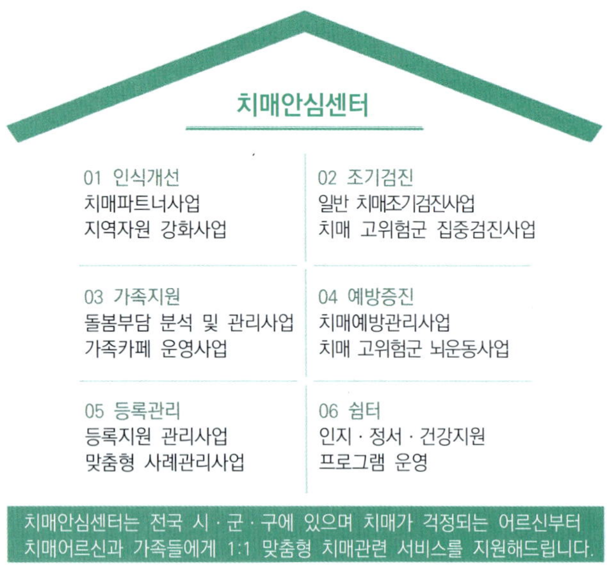

출처: 중앙치매센터

[그림 9-2] 치매안심센터

2) 노인장기요양서비스의 치매지원서비스

인지지원등급인 치매는 신체 기능 유지와 증상 악화 방지를 위한 인지활동 프로그램 이용이 가능하며 방문간호로 복약지도, 돌봄 관련 정보 제공과 치매 전담형 시설을 확충하여 경증 치매환자는 '치매안심형 주·야간보호시설' 이용과 중증 치매환자는 '치매안심형 입소시설' 이용이 가능하며 향후 단계적으로 시설을 확충할 예정에 있다.

노인장기요양제도의 장기요양서비스를 대폭 확대하여 기존의 장기요양등급 판정 기준인 1~5등급에서 2018년부터 신체기능에 관계없이 치매환자라면 누구나 장기요양보험등급을 부여하는 선정기준이 조정된 인지지원등급(45점 미만)을 신설하였다. 이들 대상자의 경우 치매증상 악화의 지연을 위한 주·야간보호 인지기능 개선 프로그램 등의 인지서비스를 제공하도록 하는 것이다.

3) 노인맞춤돌봄서비스

혼자서 일상생활을 영위하는 데 어려움이 있는 노인에게 적절한 예방적 돌봄서비스를 제공하여 장기요양 진입 예방 및 노후 삶의 질을 향상시키기 위해 기존의 6개 사업(노인돌봄기본서비스, 노인돌봄종합서비스, 단기가사서비스, 초기독거노인 자립지원사업, 독거노인 사회관계 활성화사업, 지역사회 자원연계사업)을 2020년 1월 노인맞춤돌봄서비스로 통합 개편을 하였다.

노인맞춤돌봄서비스는 시·군·구에서 사회복지법인 및 비영리법인 내 운영시설을 서비스 제공기관으로 선정·위탁(총 647개소)하여 수행인력으로 전담사회복지사·생활지원사를 파견하여 서비스를 실시하고 있다. 서비스 내용으로는 안전지원, 사회참여, 생활교육, 일상생활 분야의 다양한 서비스를 서비스제공 계획에 따라 직접 또는 연계 제공하며 이용자 부담금은 무료이다. 구체적으로 살펴보면, 첫째, 안전지원을 위해서는 안전, 전화, ICT 등을 통하여 안전·안부 확인, 생활안전 점검(안전관리 점검, 위생관리 점검), 정보 제공(사회·재난안전, 보건·복지 정보 제공), 말벗(정서 지원) 등

둘째, 사회참여를 위해서는 사회관계향상 프로그램으로 문화여가 활동, 평생교육 활동, 체험여행 활동과 자조모임 셋째, 생활교육으로는 신체건강 분야에 관련하여 영양교육, 보건교육, 건강운동교육과 정신건강 분야로는 우울예방 프로그램과 인지활동 프로그램 실시 넷째, 일상생활 지원은 이동·활동지원을 위해 외출동행지원을 하고 가사지원으로는 식사 관리 및 청소관리를 실시하고 있다. 그 밖에도 은둔형·우울형 노인에 대한 특화서비스를 별도로 실시하고 있다.

4) 배회가능 어르신 인식표 보급

실종 위험이 있는 치매환자 및 만 60세 이상 노인을 대상으로 상시적으로 배회증상으로 실종의 우려가 있는 경우에는 실종예방인식표를 보급하여 실종 시 조기발견과 복귀를 지원함으로써 치매환자를 안전하게 보호뿐만 아니라 치매환자 가족의 복지 증진을 꾀할 수 있도록 하고 있다.

5) 치매조기검진, 치매치료 관리비 지원 및 의료비, 요양비 부담 완화, 치매예방 관리사업

치매의 위험이 높은 만 60세 이상 지역사회 거주 노인을 대상으로 치매조기검진을 실시함으로써 치매 및 고위험 노인을 조기 발견·관리함으로써 치매를 예방하고 치매환자와 그 가족들의 삶의 질을 제고하며 치매조기검진사업을 통해 등록된 치매 고위험군과 집중검진 대상자에게 정기검진을 실시하고 치매를 조기 발견하여 치매 유병률을 감소시키는 목적으로 실시하는 선별검사, 진단검사, 감별검사가 있다.

저소득층 치매환자에 대한 치매치료관리비 지원을 통해 환자가족의 경제적 부담완화 목적으로 치매치료관리비를 지원하고 의료비, 요양비 부담 완화를 위해 중증 치매환자의 의료비 본인 부담률, 종합 신경인지검사 건강보험료, 치매의심환자 MRI(Magnetic Resonance Imaging, 자기공명영상)검사 건강보험료의 인하 및 장기요양 본인

부담금 경감과 복지용구 지원 등이 있다.

치매예방관리사업은 건강생활 실천과 치매 발생 위험요인의 지속적 관리가 가능하도록 개발된 치매예방수칙 3·3·3, 치매예방운동법, 모바일 앱 '치매체크' 등 콘텐츠 보급 등이 있다.

6) 치매 고위험군 인지 강화

치매조기검진사업을 통해 발굴된 치매 고위험군에게 치매예방 콘텐츠 제공 및 실천 강화와 인지훈련 프로그램 집체교육을 실시하여 인지 훈련의 필요성을 인식하도록 하고 직접 인지훈련을 받을 수 있는 기회를 제공하도록 하는 것이다. 이는 대상자의 치매 발병의 감소와 발병 시기를 늦추기 위하여 인지강화교실 등을 실시하고 있다.

7) 조호물품 제공

치매환자의 상태에 따라 돌봄에 필요한 물품을 무상공급 또는 대여하여 가족의 경제적 부담을 경감할 수 있도록 하기 위함으로써 치매진단을 받은 환자 중 보건소장이 치매 관리를 위하여 조호물품 제공이 필요하다고 인정하는 자를 시·군·구(보건소)별로 소득기준 등 자체기준을 정하여 시행한다. 특히, 재가 치매환자 및 소득기준에 따라 국민기초생활수급권자 및 차상위계층에게 우선적으로 제공한다.

8) 치매가족 및 보호자 지원사업

치매노인을 돌보는 일은 정신적으로나 육체적으로 매우 힘이 들고 가족은 정서적 부담, 신체적 부담, 가족관계의 부정적 변화, 경제적 부담 등 다양한 부담을 느낄 수 있다.

정서적 부담으로는 분노, 죄책감, 우울, 소외감 등을 느낄 수 있다는 것이다. 특히, 초기에 부모나 가족이 치매진단을 받을 때 이를 받아들이기는 매우 어렵고

'왜 하필이면 나에게 또는 우리 가족에게 이런 일이 일어났지'라는 생각이 들 수가 있다. 또한 장기간에 걸쳐 대상자를 돌보는 일로 인해 소진하여 무기력해지고 심한 경우 불안하고 신경쇠약에 시달리기도 하고 불면증과 식욕저하 등을 겪을 수도 있다. 또는 다른 가족 구성원들이 도움을 주지 않는 경우 분노로 갈등을 빚기도 한다. 또한 케어 중에 치매를 앓고 있는 가족에게 화를 냈다든지 충분히 잘해 주지 못했다고 느낄 때, 또는 과거에 잘못한 일을 되새길 경우 죄책감을 느끼기도 하고 치매환자를 돌보는 일로 인해 사회활동을 점차 하지 않게 되고 친구나 의지할 만한 사람이 줄어들어 외롭고 혼자인 것 같은 느낌의 소외감과 우울함으로 극단적인 결심을 할 수도 있음을 결코 간과해서는 안 될 것이다.

치매환자 가족 및 보호자에게 환자돌봄에 대한 지원을 통하여 치매에 대한 이해를 높이고 환자의 돌봄부담을 경감시키기 위한 사업으로 지원 내용으로는 치매환자가족 및 보호자 상담 및 돌봄부담 분석, 가족교실 운영, 치매환자가족 간의 정서 및 정보 교류를 통해 심리적 부담 경감과 사회적 고립을 방지할 수 있도록 정기적 모임을 지원하기 위한 자조모임 지원, 다양한 프로그램을 통해, 상호 간의 스트레스를 해소하고 정서적 교류와 심리적 부담을 경감시키고자 하는 힐링 프로그램, 치매환자와 가족이 함께 편안하게 방문하여, 휴식을 취하고 다른 치매환자 및 가족과 교류할 수 있는 장소 제공 및 치매관련 정보 제공을 통해 치매에 관심이 있는 지역주민의 치매에 대한 인식개선 및 올바른 지식 함양을 도모하기 위한 치매가족 카페 운영, 치매환자 가족이 안심센터 가족프로그램을 참여하는 동안 동반한 치매환자를 보호하여 가족의 프로그램 참여 독려 및 지원을 위한 동반 치매환자보호서비스를 지원한다. 그 밖에도 야간의 경우 치매상담을 위한 콜센터 1899-9988 이용과 24시간 상담이 가능한 치매 핫라인 구축 치매노인 대상 공공후견인 지원, 자기의사결정권 보호를 위한 치매 파트너즈 양성, 치매 인식 개선, 지역사회 내의 의료·복지서비스로 치매환자 돌봄기관, 치매관련 의료기관, 치매예방 프로그램 제공기관에 대한 정보 안내 등이 있다.

참고문헌 REFERENCES

김영호, 장우심(2005) **케어복지실천기술론**. 창지사.

김철호(2006). **대한내과학회지**, 71, 부록 2호, 841-847.

박경원(2017), 치매국가책임제 공약의 사회적 가치와 지속 가능성 모색 이슈&진단. **의료정책포럼**, 51-56.

박이균, 구민경, 김선희(2020). **치매노인돌봄**. 은하출판사.

보건복지부(2019). 요양보호사 양성표준교재.

보건복지부(2020). 2020년 치매정책 사업안내.

보건복지부. 중앙치매센터, 국민건강보험(2020). 치매전문교육 교재(기본과목).

유승호(2010). 노인정신질환 정신사회적 치료. **한국의학협회지**, 53(11), 984-992.

이근홍(2019). **노인복지론**. 지식공동체.

이재홍(2017). **정책동향** 11(4). 건강보험심사평가원.

장우심, 길태영, 이미란, 임재옥, 정명환, 성기옥(2021). **노인복지론**. 창지사.

조추용 김양이, 윤은경(2017). **노인복지론**. 창지사.

조추용, 이채식(2003). **케어복지실천기술론**. 현학사.

조추용, 최현자(2002). **치매예방과 케어**. 창지사.

중앙치매센터(2020.2.13). 치매 현황정보-"치매 오늘은".

Gruttert, T., Huchzermeier, C., & Aldenhoff, J.(2002). Interpersonal psychotherapy (IPT) of depression: an overview of the psychiatric historical background and clinical practice of IPT. *Fortschr Neurol Psychiatric 70*, 155-163.

Kontis, V., Bennett, J. E., Mathers, C. D., Li, G., Foreman, K., & Ezzati, M.(2017). Future life expectancy in 35 industrialised countries: projections with a Bayesian model ensemble. *Lancet*, 2017 Apr 1389(10076), 1323-1335.

Miller, M. D., Frank, E., Cornes, C., Houck, P. R., & Reynolds, C. F.(2003). The value of maintenance interpersonal psychotherapy (IPT) in older adults with different IPT foci. *Am J Geriatr Psychiatry 11*, 97-102.

디멘시아뉴스(DementiaNews) http://www.dementianews.co.kr

http://www.mohw.go.kr

https://www.dementia.or.kr

https://www.nid.or.kr/info/today_list.aspx

[동영상 시청 및 토론] "그대를 사랑합니다." 영화 감상 후 토론

Chapter 10

제10장

임종 케어

죽음은 삶 이상으로 중요한 부분이며 죽음을 통하여 삶의 가치가 완성된다고 할 수 있다. 석가모니 부처도 "태어난 모든 것들은 죽음을 피할 길이 없고 늙음이 오면 죽음은 찾아온다"라고 하였다. 죽음은 삶의 한 과정이면서도 공포의 대상이다. 그 이유로는 모든 관계의 단절을 의미하기 때문이다. 대부분의 사람들이 죽음을 두려워하는 이유는 첫째, 죽음은 살아있는 사람에게는 미지의 세계이다. 둘째, 죽음은 영원한 고독을 의미한다. 셋째, 가족과 친인척들과의 영원한 이별을 의미한다. 넷째, 육체의 상실을 의미한다. 다섯째, 사후 세계에 대한 막연한 두려움이 있다. 여섯째, 고통스러움에 대한 두려움을 생각하기 때문이다. 즉, 죽음은 생명의 종말이며 체험하고 재학습은 어렵다는 것이다. 이처럼 생명체에 있어 죽음은 불가피하며 인간은 누구나 죽음을 맞이하게 된다. 이를 받아들이는 데 있어서는 역사적 · 철학적 · 문화적 배경에 따라 긍정적 또는 부정적으로 다를 수 있다.

임종 케어의 목표는 임종하는 마지막 그 순간까지 인간의 존엄성을 갖고 살아갈 수 있도록 하는 것으로 삶의 질을 높이는 것이다. 즉, 대상자의 삶을 인위적으로 연장시키거나 단축시키지 않고 남은 생을 아름답고 긍정적으로 마무리할 수 있도록 최선을 다해 돕는 것이다.

최근에는 전 세계적인 고령화 현상과 함께 임종 케어에 대한 개인적 · 사회적 관심과 요구가 증가하고 있다. 특히, 좋은 죽음(Good Death), 성숙한 임종문화(Mature culture of dying), 웰다잉(well-dying)을 위한 사회적 관심과 요구의 증가와 함께 임종 케어(End of Life Care)에 대한 보다 전문적이고 체계적인 접근의 필요성이 강조되고 있다(WHO: World Health Organization, 2011). 그러므로 케어복지실천 현장에서도 임종 케어에 대한 전문가인 케어자로서 관심과 함께 올바른 이해와 역할이 필요하다.

우리나라의 경우 서양에 비해 죽음을 앞둔 노인의 경우 유교사상으로 인한 관습적, 규범적인 이유로 노인에 대한 공경을 가족들에게 강요함으로써 죽음을 지연시키기 위한 연명치료와 함께 노인의 임종 케어를 가족이 책임져 왔다. 그러나 최근에는 죽음도 삶의 연속선상에 있는 한 과정으로 보고 있으며 편안한 죽음을 위한 통증완화 및 심리적 안정감에 초점을 둔 완화의료 및 무의미한 연명치료의 중단에 대한 논의들이 일어났고 이에 대한 많은 정보와 지식과 함께 변화를 가져왔다.

일반적으로 임종 케어는 대형병원이나 노인복지시설 등의 독립된 전문기관에서 의사, 간호사, 사례관리자 등이 임종 대상자와 그의 가족들을 위해 체계적이고 지속적인 케어를 제공하고 있다. 특히, 심리적인 측면에서의 대변자, 상담자, 조력자 등의 역할을 담당하는 사회복지사 및 케어복지사로서의 전문가적 역량을 펼칠 수 있도록 임종 케어에 대해 자세히 살펴보고자 한다.

01 생전계약과 장례문화

1. 삶과 죽음에 대한 이해

사전상의 의미로 '삶'이란 '사는 일', '살아있는 현상'을 말하며 생명, 목숨, 생(生)으로 죽음과는 서로 상반되는 것으로의 사전적 의미는 있으나 삶에 대해 정확한 정의를 내리기는 어렵다. 의학적, 법학적, 철학적, 주관적, 사회적, 종교적 의미에 따라 다르기 때문이다.

'죽음'이란 세계보건기구(World Health Organization)의 정의로는 '소생할 수 없는 삶의 영원한 종말'이라고 하였으며 인생에서 중요한 사건으로 출생과 동시에 시작되며 심리학적 측면, 사회·문화적 측면, 종교적 측면, 윤리적 측면, 의학적 측면에 따라 다르며 연령에 따라서도 죽음의 개념은 다르다.

1) 심리적 측면

'모든 인간은 죽는다'라는 공리와 '난 결코 죽지 않는다'라는 무의식적 신념으로부터 나오는 임종환자의 심리적인 현상을 살펴보면 동·서양 모두 죽음은 미지의 것이기 때문에 죽음에 대한 두려움과 피할 수 없음을 모두가 알고 있으나 결코 이를 인정하지 않으려고 하는 경향이 있다.

2) 사회문화적 측면

동양 문화권에서는 죽은 후 선조의 세계로 들어간다고 믿고 우리 문화에서는 죽음의 현실을 완화시키거나 숨기려고 하는 경향이 있으며 조상숭배 의식이 문화의 중요 문화의 일부이기도 하다.

서양 문화권에서는 죽음은 지상의 생명이 사후에 신과 만나는 다리라고 생각하면서 육체는 멸할지라도 영혼은 불멸하다고 믿고 있다. 고대 이집트나 바이킹의 후손들은 음식과 의복 등을 고인이 다음 세계에서 필요하다고 생각하여 함께 묻는 관습이 있다.

우리나라에서도 전통적인 생사관에 의하면 '돌아가셨다'는 표현을 하며 단순한 생물학적인 죽음이 아닌 새로운 출발을 의미하기도 한다.

3) 종교적 측면

(1) 유교의 사생관

영혼의 불사불멸은 없으며 최후 심판도 없다고 하며 육신이 죽으면 흙으로 돌아가고 영혼은 우주의 큰 기운으로 돌아간다고 하였다. 「주역」에서는 '하늘이 만물을 살아 움직이도록 하는 주재자'라고 보았고 맹자는 '일찍 죽거나 오래 살거나 서로 다르지 않으며 덕을 닦아 기다리는 것이 천명을 정립하는 것'이라고 하였다.

(2) 기독교의 사생관

구약에서는 하나님께 대한 불순종으로 인간의 원죄로 죽는 것이라고 하였고, 신약에서는 하나님으로부터 '이 세상에 왔다가 죽음은 하나님께로 돌아가는 것'이며 '영원한 삶을 사는 것'이라고 하였다.

(3) 불교의 사생관

자신의 본성을 깨닫게 되면 부처가 되고 윤회의 과정을 거친다고 하였다. 윤회사상은 자비와 용서의 개념으로 전생과 후생을 통해 완전한 삶을 추구하는 면에서는 기독교와 상통하기도 한다. 윤회사상은 지옥(가장 고통받는 삶)-아귀(배고픔의 고통)-축생(짐승의 세계)-수라(=아수라: 살육의 세계)-사람(생로병사의 고통이 있음)-극락세계(헤어짐의 아픔은 있음)라고 하였다.

(4) 무속의 사생관

모든 물체에는 정령이 있다고 믿는 자연숭배를 중심으로 영감을 받은 중매자의 역할인 무당에 의해 초자연적인 세계와의 관계를 맺는 것으로 이승과 저승으로 구분하였다.

죽음을 맞게 되면 이승에서 삶에서 저승으로 떠나게 되는데 험한 길과 헹기못인 초군문을 지나 저승에 진입하며 삼혼의 상정과 초혼의식(숨을 거두면 몸에서 떠나간 망인의 혼을 부르는 의식), 떠도는 혼령의 상정과 윤회적 삶에 대한 인식을 가지고 있다. 특히, 한국 무속의 죽음관을 살펴보려면 제주도의 시왕맞이제, 중부지방의 진오기굿, 남부지방의 씻김굿, 오구굿 등이 대표적이다.

4) 의학적 측면

심장과 폐혈관기능의 정지, 호흡기능의 정지, 뇌기능의 정지로 한 생명체의 모든 기능이 완전히 정지되어 원래대로 회복할 수 없는 상태를 이른다. 두뇌손상 가능성에 따라 임상적 사망과 생물학적 사망으로 나누며 두뇌손상이 없을 경우를 임상적 사망이라고 하며 두뇌 손상으로 뇌의 반사가 없는 경우를 생물학적 사망이라고 한다. 뇌사상태는 뇌가 완전히 파괴되어 다른 장기의 모든 기능이 중지될 절박한 상태 또는 불가피한 상태를 말한다.

5) 기타

연령에 따른 죽음의 개념이 달라지는데, 영유아기는 죽음 자체보다는 부모와의 결별과 죽음을 돌이킬 수 있는 일시적인 것으로 생각한다. 취학 전 아동은 죽음을 추상적인 의미로 인지하고 주변 사람들과의 단절을 두려워하며 본인의 잘못으로 죽음이 생겼다고 생각하거나 의인화 하여 주로 도깨비, 귀신 또는 무서운 동물이 데려가는 것으로 표현을 하기도 한다.

학동기에는 죽음이란 단어에 공포를 느끼며 막연하게나마 돌이킬 수 없다는 것을 받아들이며 청소년기는 죽음 자체를 인생의 패배라고 생각하며 이를 받아들이지 않는 경향이 있다고 한다. 청·장년기의 경우는 현재까지 이룬 것을 일시에 잃어버린다는 허무감과 허탈감, 좌절감에 빠지며, 중년기는 주로 이 땅에 남겨놓는 사람, 물건, 재산 등에 대한 모든 것들에 대해 걱정을 한다. 그리고 노년기에는 죽음을 받아들일 수용적인 태도를 가지거나 반면, 아직 준비가 되어 있지 않은 상태에서 억울함과 삶에 대한 애착을 갖기도 하며 죽음 자체보다 임종과정에 대한 관심을 갖는 경우가 더 많다고 한다.

2. 안락사, 존엄사, 자연사 등

안락사는 수단에 따라 '적극적 안락사(積極的安樂死, active euthanasia)'와 '소극적 안락(消極的安樂死, passive euthanasia)로 나눈다.

적극적 안락사(active euthanasia)는 불치병의 환자나 아주 심한 고통을 호소하는 환자, 의식이 없는 환자의 삶을 단축시킬 것을 의도하여 구체적인 행위를 능동적으로 행하는 안락사의 한 형태이다. 예를 들어, 치사량의 약물이나 독극물을 직접적으로 주사하여 환자를 죽음으로 이끄는 경우이다. 이는 종교적·의학적으로 허용되지 않으며 법률적으로도 위법에 해당된다. 이러한 경우에 환자의 명시적인 청탁이나 촉탁이 있었다면 촉탁 또는, 승낙에 의한 살인죄가 적용되며 없었다면 일반 살인죄가 성립된다.

소극적 안락사(passive euthanasia)는 환자가 겪고 있던 질병 등의 원인으로 인해, 질병에 대한 치료가 불가능한 과정에 들어섰을 때 안락사를 수행하는 사람이 죽음의 진행과정을 일시적으로 저지하거나, 연명시킬 수 있는 능력이 있음에도 회복이 불가능한 과정에 이를 방치함으로써 죽음에 이르게 하는 경우이다.

적극적 안락사와 소극적 안락사의 차이점은 어떤 적극적인 행위에 의해서 생명을 끝내는 것과 연명치료를 제공하지 않음으로써 생명을 끝내는 것이다.

존엄사의 경우는 무의미한 치료를 중단하거나 연명치료장치를 제거하는 것이며 자연사는 말 그대로 생을 다하고 죽음을 맞이하는 것이다.

3. 생전 준비와 생전 계약(사전연명의료의향서 제도 등)

의학의 눈부신 발전은 인간을 각종 질병의 위협으로부터 보호하고 인간의 수명을 연장시켰지만 누구나 삶의 마지막 단계인 죽음은 결코 피할 수가 없다. 우리나라 총 사망자 중 병원에서 사망하는 경우는 3/4이 넘는다고 한다. 이 중에서도 의학적으로 소생할 가능성이 희박한 상황에서도 생명연장을 위한 시술과 처치를 받으며 남은 시간을 보내고 있다는 것이다.

마지막 순간을 어떻게 보내야 할지에 대한 결정은 죽음의 문제가 아닌 삶의 문제이고 삶을 어떻게 마무리할 것인지에 대한 생각은 저마다 다를 수 있겠지만 언젠가는 맞이할 삶의 마지막을 미리 생각해보는 것은 매우 의미 있는 일이고 이에 대한 자기결정권도 매우 중요하다(국립연명의료기관, 홈페이지).

무의미한 연명의료에 관한 사회적 공감대가 점차 확산되면서, 2013년 대통령 소속 국가생명윤리심의위원회가 특별위원회를 구성하여 연명의료중단에 대한 구체적 절차와 방법을 논의하였고, 연명의료에 관한 특별법 제정의 필요성이 제기되었고 2016년 2월 「호스피스 · 완화의료 및 임종 단계에 있는 환자의 연명의료결정에 관한 법률」(이하 "연명의료결정법")이 제정되었으며 이 법에 따라 연명 의료결정제도가 2018년 2월 4일부터 시행되었다.

특히, 의사가 의학적으로 무의미한 연명의료를 받고 있다고 판단한 경우라면, 환자의 의향을 존중하여 연명의료를 시행하지 않거나 중단할 수 있는 제도적 장치가 비로소 마련되었다. 그동안 환자에 대한 연명의료를 결정할 책임이 가족에게 있었기 때문에 가족들은 심리적·사회적·경제적 부담과 고통을 덜어주는 계기가 되었다고도 할 수 있을 것이다.

연명치료는 임종과정에 있는 환자에게 하는 심폐소생술, 혈액 투석, 항암제 투여, 인공호흡기 착용 및 그 밖에 대통령령으로 정하는 의학적 시술로서 치료 효과 없이 임종과정의 기간만을 연장하는 것이며 대통령령으로 정하는 의학적 시술이란 체외생명유지술, 수혈, 혈압상승제 투여 그 밖의 의학적 시술로서 치료효과 없이 임종과정의 기간만을 연장하는 것을 말한다. 무의미한 연명치료의 중단과 환자의 자기결정권, 행복추구권은 매우 중요하다.

일본에서는 최근 '생전계약(生前契約)'이란 단어를 많이 언급하고 있다. 이는 자신의 사후에 필요한 수속, 절차 등을 살아있을 때 미리 계약해 두는 것으로 무연고(無緣孤) 독거노인이 장례업체에 비용을 지불하고 자신의 장례식을 예탁하는 것이 대표적이라고 할 수 있다.

생전계약자들의 연령대는 주로 70·80대였으나 최근에는 50·60대 중장년층뿐만 아니라 부부가 함께 장례회사를 찾는 사례가 늘고 있다고 한다. 이러한 변화의 배경에는 자신의 죽음을 자녀에게 의탁하기보다 스스로 준비하는 사회 분위기가 확산되고 있기 때문이다.

주로 생전계약의 내용으로는 장례는 기본이고 신원보증이나 재산관리부터 안부 확인이나 간병과 같은 일상생활 서포트까지 계약의 범위가 매우 넓고 심지어 반려견 케어, 성묘대행 등과 같은 서비스를 해준다고 한다.

1) 사전연명의료의향서 및 연명의료계획서

말기환자의 경우 자기결정권을 존중하기 위하여 치료 및 돌봄에 관하여 직접 참여하여 자신에 대한 현재 상태에 대한 정보를 제공받고 본인의 가치관을 반영하는 것은 매우 바람직하다. 또한 "함께하는 의사결정"의 경우에는 의료진이 환자

■ 호스피스 · 완화의료 및 임종과정에 있는 환자의 연명의료결정에 관한 법률 시행규칙 [별지 제1호 서식]

연명의료계획서

※ 색상이 어두운 부분은 작성하지 않으며, [ ]에는 해당되는 곳에 √표를 합니다.

<table>
<tr><td>등록번호</td><td></td><td colspan="2">※ 등록번호는 의료기관에서 부여합니다.</td></tr>
<tr><td rowspan="4">환자</td><td colspan="2">성 명</td><td>주민등록번호</td></tr>
<tr><td colspan="3">주 소</td></tr>
<tr><td colspan="3">전화번호</td></tr>
<tr><td colspan="2">환자 상태 [ ] 말기환자</td><td>[ ] 임종과정에 있는 환자</td></tr>
<tr><td rowspan="2">담당의사</td><td colspan="2">성 명</td><td>면허번호</td></tr>
<tr><td colspan="3">소속 의료기관</td></tr>
<tr><td>호스피스 이용</td><td colspan="2">[ ] 이용 의향이 있음</td><td>[ ] 이용 의향이 없음</td></tr>
<tr><td rowspan="2">담당의사
설명사항
확인</td><td>설명
사항</td><td colspan="2">[ ] 환자의 질병 상태와 치료방법에 관한 사항
[ ] 연명의료의 시행방법 및 연명의료중단 등 결정에 관한 사항
[ ] 호스피스의 선택 및 이용에 관한 사항
[ ] 연명의료계획서의 작성 · 등록 · 보관 및 통보에 관한 사항
[ ] 연명의료계획서의 변경 · 철회 및 그에 따른 조치에 관한 사항
[ ] 의료기관윤리위원회의 이용에 관한 사항</td></tr>
<tr><td>확인
방법</td><td colspan="2">위의 사항을 설명 받고 이해했음을 확인하며, 임종과정에 있다는 의학적 판단을 받은 경우 연명의료를 시행하지 않거나 중단하는 것에 동의합니다.
[ ] 서명 또는 기명날인 년 월 일 성명 (서명 또는 인)
[ ] 녹화
[ ] 녹취
※ 법정대리인 년 월 일 성명 (서명 또는 인)
(환자가 미성년자인 경우에만 해당합니다)</td></tr>
<tr><td>환자 사망 전
열람허용 여부</td><td colspan="3">[ ] 열람 가능 [ ] 열람 거부 [ ] 그 밖의 의견</td></tr>
<tr><td colspan="4">「호스피스 · 완화의료 및 임종과정에 있는 환자의 연명의료결정에 관한 법률」 제10조 및 같은 법 시행규칙 제3조에 따라 위와 같이 연명의료계획서를 작성합니다.

년 월 일

담당의사 (서명 또는 인)</td></tr>
</table>

가 이해할 수 있도록 현재의 질병상태를 정확하게 설명하고 선택 가능한 치료방법에 대해 장단점 및 기대효과를 설명할 것과 환자가 선호하는 방식을 의논하고 환자가 선택한 방법에 대한 반영을 하는 것을 말한다. 특히, 사전연명의료의향서는 19세 이상이면 건강한 사람도 작성할 수 있으며 보건복지부가 지정한 사전연명의료의향서 등록기관을 찾아가 충분한 설명을 듣고 작성하여야 법적으로 유효하다.

사전연명의료의향서 등록기관은 사전연명의료의향서에 관한상담, 사전연명의료의향서의 작성 및 등록 등을 실시하는 기관으로 「연명의료결정법」 제11조에 따라 보건소 등 지역보건의료기관, 의료기관, 사전연명의료의향서에 관한 사업을 수행하는 비영리법인(단체), 공공기관이 보건복지부의 지정을 통해 그 역할을 수행한다.

연명의료계획서는 의료기관윤리위원회가 설치되어 있는 의료기관에서 담당의사 및 전문의 1인에 의해 말기환자나 임종과정에 있는 환자로 진단 또는 판단을 받은 환자에 대해 담당의사가 작성하는 서식이다. 또한 이미 사전연명의료의향서나 연명의료계획서를 작성했더라도 본인 의사에 따라 언제든지 변경하거나 철회할 수도 있다.

4. 종교별 장례문화

우리나라에는 현재 많은 종교가 있으나 주로 유교, 불교, 천주교, 기독교 등이 있으며 종교에 따라 장례 절차는 각각 다르다.

1) 유교식 장례문화

고려 충렬왕 16년(1290)에 성리학과 함께 들어온 주희의 가례로 흔히 '주자가례'라고 부르며 우리나라 실정에 맞게 재해석하여 '가례증해' 또는 '가례집람' 등이 있다. 유교의 장례 절차로는 초종(初終: 위중한 상태를 감지하고 정침으로 옮기고 절명 시곡을 한 후 북망산천 가는 혼을 부르는 초혼을 함)-습(襲: 시신을 씻기고 수의를 입히는 정화절차)-소렴(小殮: 운명 다음날

일로 시신을 베로 싼 후 입관 준비)-대렴(大殮: 입관절차)-성복(成服: 상주들이 상복으로 갈아입음)-조상(弔喪: 상주를 위로하고 망자에게 인사함)-문상(問喪: 절차로 상주로서 행해야 하는 일)-치장(治粧: 묘터 및 지석 새김, 상여 준비 등)-천구(관을 옮김, 조상님께 하직인사)-발인(발인: 관을 장지로 옮김)-급묘(장지 도착 후 장사를 지내기 위함)-반곡-우제-졸곡-부제-소상-대상-담제-길제와 같은 19개의 절차로 진행된다.

2) 불교 장례문화

개식(開式)-삼귀의례(三歸依禮)-약력보고(略歷報告: 친지에 의한 고인추모)-착어(着語: 고인의 영혼을 안정시킴)-창혼(唱魂: 극락에 가서 고이 잠들라는 뜻)-헌화(獻花: 영혼에 꽃을 바침)-독경(讀經: 주례승과 모든 참례자가 고인의 혼을 안정시키고 생존 시의 모든 인연을 잊고 극락세계에 고이 잠들라는 경문 소리 내어 읽기)-추도사(追悼辭: 조사)-소향(燒香: 향을 피우며 고인을 추도하고 애도)-사홍서원(四弘誓願: 모든 부처와 보살에게 공통된 네 가지의 서원)-폐식(영결식이 끝났음을 선언) 순으로 영결식을 거행한 후 장지로 가서 화장을 한다. 이후 법주가 있는 절에 봉안 후 제사를 지내고 봉안한 절에서 49제와 백일제를 하고 3년 제사를 모신다.

3) 천주교 장례문화

갑작스런 죽음을 맞이하기도 하지만 병환으로 인한 임종의 경우 작별인사를 할 시간이 주어진다면 병자성사(病者聖事)를 위해 신부와 만나 고해성사 시간을 가지고 의식이 없어 불가능한 경우에는 참회의 예절을 행한다. 이후 노자성체(路資聖體)라고 하여 인류의 죄를 대신 씻어 구원한 그리스도의 희생을 기념하는 의식으로 그리스도와 하나가 되는 은총을 받게 되는 의식을 행한다. 그리고 임종 전대사(全大赦)를 통하여 속죄를 함에 있어서는 죄를 용서하는 신부에 의해 전대사를 하고 이후 평상을 마련하고(촛불, 성수 등) 고인을 위한 위령기도(연도, 煉禱)를 한다. 장례식은 주로 성당에서 하나 사정에 따라 장례식장에서 이뤄지기도 한다.

4) 기독교의 장례문화

고인의 임종 후 임종예배-입관예배-조문 맞이-발인예배 순으로 진행하며 처음부터 마지막까지 목사의 집례 하에 진행이 된다. 문상 시는 오른손으로 꽃을 들고 왼손은 오른손을 받치고 영정 앞에 꽃을 올릴 뿐 향을 피워 올리거나 절은 하지 않고 묵념과 기도로 애도하는 것을 원칙으로 한다.

02 임종 케어

임종 케어는 임종하는 순간까지 인간의 존엄성을 가지고 생을 마무리할 수 있도록 하는 것으로 생명의 연장을 위한 치료에 의존하기보다는 대상자의 개인적 요구와 안위에 초점을 맞추어야 한다. 즉, 인위적으로 생을 연장 또는 단축시키는 것이 아닌 자연스럽게 남은 삶을 긍정적으로 마칠 수 있도록 최선을 다해 돕는 것을 말한다.

임종 케어 대상자는 다음과 같다.

첫째, 암판정을 받고 수술 및 항암치료 등으로 최선의 치료를 시행하였으나 전혀 효과를 기대할 수 없는 경우, 둘째, 의사에 의한 판단으로 생존기간이 6개월 미만이거나 셋째, 가족이나 다른 부양자가 없어 임종 말기의 도움이 필요하나 받을 수 없는 경우와 그 밖에도 환자 및 가족의 동의하에 치료보다는 완화의학 및 비치료적 케어를 받기로 한 경우이다.

임종 케어를 호스피스 케어라고도 하며 호스피스(hospice)는 라틴어 'hospes'에서 어원을 찾아볼 수 있으며 '접대하는 사람(host)'과 '손님(guest)'의 두 가지 의미를 포함한다.

고대와 중세에는 여행자들을 위한 숙소 또는 병자나 가난한 사람들을 위한 집이라는 의미였으며, 십자군 전쟁에 참여한 많은 병사들이 호스피스에서 임종을 맞으면서 임종 케어의 의미를 가지게 되었다.

호스피스의 철학은 환자의 삶을 연장시키거나 혹은 단축시키는 것이 아니라 자연스런 생의 마감을 돌보는 것이며 더 고통일 수 있는 치료보다 보살핌에 역점을 둔다.

호스피스 대상자의 증상과 통증을 조절해 줌으로써 정신은 깨어 있고 몸은 편안한 상태로 유지시켜 주며 죽음을 삶의 한 과정으로 보고 이를 긍정적으로 수용하도록 돕는 것이다.

오늘날은 불치의 병으로 죽어가고 있는 사람들에게 죽을 때까지 할 수 있는 가능한 방법을 모두 동원하여 돌보아준다는 케어(care)의 개념으로 사용되고 있다.

현대 호스피스의 시초로는 간호사이자 의사이며 사회복지사인 영국의 '시실리 손더슨(Cicely Saunders)'에 의해 성 크리스토퍼 호스피스병원의 건립과 함께 시작되었으며 현대의학을 말기 암 환자에게 접목시켰다. 그는 "사람은 혼자 살 수 없으며 가족이 죽어가는 모습은 계속 살아가야 하는 남은 자들의 기억 속에 영원히 남아있게 된다"라는 신념을 바탕으로 현대 호스피스 케어의 중요성과 그 목적성을 확립한 인물이다.

우리나라에서도 1963년 '마리아의 작은 자매회' 수녀들에 의해 강원도 강릉의 갈바리 의원이 세워졌고 매우 가난한 말기 환자들을 위해 심리 · 정서적으로 돕는 것에서부터 시작되었다.

호스피스의 유형으로는 독립된 시설 또는 기관, 병원 내의 부속형 호스피스 병동이나 병원 내 각 병실에 흩어져 있는 산재형 호스피스 및 가정 내에 머무르는 가정호스피스가 있다.

임종 케어는 종말기 전의 휴식이며 남아있는 생을 정리하고 치유의 개념을 뛰어넘어 보살핌, 돌봄의 개념이다. 주로 말기의 암환자와 적극적 치료로도 호전되지 않는 환자 등이 호스피스 케어의 대상이며 케어자의 역할은 죽어가는 대상자를 한 사람의 인간으로서 대해주며, 위엄을 유지하면서 평화스러운 마음으로 내세에 대한 믿음과 소망을 갖고 죽을 수 있도록 도와주는 것이다. 즉, 죽기 전까지 대상자의 신체적 · 정신적 · 사회적 · 영적인 욕구를 충족시켜주고 아울러 대상자의 가족도 격려하고 지지해 주는 것이다. 즉, 죽음을 정상적인 생의 한 과정으로, 받아들이도록 돕고 말기 환자가 인간으로서 최대한의 품위와 인격을 가지고 남은 생을 보낼 수 있도록 돕는 것이다.

호스피스 팀구성원은 일반적으로 의사, 간호사, 약사, 임상심리사, 사회복지사, 종교인, 영양사, 물리치료사, 케어복지사, 요양보호사, 자원봉사자 등으로 구성되어 있다.

그 밖에도 케어의 중요한 요소는 증상을 완화하는 보호(palliative care)라는 사실을 유념해야 하며 물리적 환경과 장소가 대상자에게 영향을 미친다는 사실을 잊지 말아야 한다. 또한 가족들에 대한 도움은 대상자의 죽음 이후에도 지속되어야 한다.

1. 신체적 케어

신체적인 변화를 세심하게 보살펴야 하는데 이는 체온, 맥박, 호흡, 혈압 등의 기본적인 활력 증상과 개인위생 및 환기, 온도, 습도와 같은 주변 환경에도 주의를 기울여야 한다.

허약한 상태에서 거동곤란은 물론 식욕부진, 변비, 욕창, 호흡곤란, 관절의 구축, 정신상태의 변화 등에도 많은 문제를 수반하므로 주의 깊게 관찰하여야 한다.

의료진과 상의 후 음식은 소량씩 자주 먹도록 하고 본인이 선호하고 먹기 쉽고 열량이 높고 고단백의 음식을 섭취하는 것이 좋으며 탈수가 되지 않도록 소량의 물을 자주 주고 입술이나 혀가 말랐는지 등을 살피도록 하여야 한다. 음식물을 삼키기 어려운 연하곤란의 경우에는 부드러운 음식과 유동식 또는 액체 형태로 섭취하도록 한다.

수면에 문제가 있을 경우에는 조용한 환경 또는 선호하는 음악을 틀어주고 등을 문질러주거나 가벼운 마사지를 해준다. 침상에 오래 누워 있을 경우에는 매 2시간마다 자세를 바꾸어 주도록 하여 욕창이 생기지 않도록 해야 한다.

신체적 문제에서 가장 큰 문제는 말기 대상자들의 경우 통증이다. 의사의 처방에 따라 통증완화를 위한 약물을 사용하기도 한다. 즉, 암진단 시 25~50%, 진행암환자의 경우 75%의 환자가 통증을 느끼고 매우 고통스러워한다. 현대의학으로는 97% 정도 통증 조절이 가능하며 이를 완화의학(Palliative Cure)이라고 한다. 마약성 진통제로 85%는 통증 조절이 되며, 12%는 방사선, 마취, 신경차단으로 조절할 수가 있다고 한다.

호흡곤란, 고열, 출혈 등 응급상황의 경우에는 곧바로 의료진에게 알려야 한다. 그러나 임종 전 2~3일 전부터 몸이 스스로 모든 신체적 작동을 정지하려고 준비하는 정상적이고 자연스러운 과정이므로 편안하고 조용한 상태에서 케어에 임해야 한다.

2. 심리적 케어

정서적인 면의 해결은 부정, 분노, 타협, 우울, 포기, 애통, 외로움, 격리, 절망 등과 같은 부정적 감정은 의지와 용기, 수용의 감정으로 변화될 수 있도록 지지하여야 한다. 특히, 호스피스 케어 대상자의 경우에는 대부분 얼마 있지 않으면 죽게 될지 모른다는 공포감 속에서 많은 정서적 변화를 겪게 되므로 이를 완화시킬 수 있는 케어의 필요성이 대두되었다.

정신과 의사인 큐블러 로스(Kubler Ross)에 의하면 죽음을 앞두고 있는 환자들의 경우는 부정-분노-타협-우울-수용과 같은 심리적 단계를 겪는다고 하였다.

- 부정: 의사로부터 죽음을 진단받게 되면 대부분 강하게 부정을 하게 되고 다른 병원들을 전전하는 단계
- 분노: "그 많은 사람 중에 하필이면 왜 내가~"라고 하는 생각과 함께 신을 저주하고 화를 주체할 수 없는 가장 어려운 단계
- 타협: "아들이 장가갈 때까지만이라도 살 수 있게 해준다면~"하는 등의 신 또는 의사와 타협을 시도하는 단계

- 우울: 절망과 비탄의 상태로 상실감 등이 나타나는 단계
- 수용: 자신의 죽음을 받아들이는 단계
- 그 밖에도 알폰소 데켄 신부의 경우 수용의 다음 단계로 종교적 의미의 하늘나라로 감("희망" 단계)을 제시하기도 하였다. 경제적인 문제와 가족관계, 사회적 다양한 문제들을 동반할 수 있으므로 대상자뿐만 아니라 그 가족들에게도 상담과 함께 정신적 지지케어가 필요하다. 특히, 가족 중 환자에 대한 부정적 감정이 있는 경우 관계회복을 위해 도움으로써 상호 간의 심리적 불편감, 죄책감 등을 덜어줄 수 있도록 한다.

3. 영적 케어

영적 케어(spiritual care)는 쇠락해진 육체적 상황 속에서도 환자는 자신이 사랑받을 가치가 있는 고귀하고 존엄한 존재임을 자각하고 자신의 근원적 존재성을 발견하게 된다.

영적인 면은 사람의 가장 깊은 내면의 문제이기 때문에 케어자와 임종을 앞두고 있는 대상자의 만남은 상호 동등하고 인격적인 만남이 되어야 한다. 케어자는 도움을 줄 수 있는 조력자일 뿐 결코 해결사가 될 수는 없다. 무엇보다 중요한 것은, "누군가가 함께 있어주고, 들어주고, 이해해주고, 지지해주길 바란다"는 영적 케어를 통해 이루어지는 대상자-케어자(caregiver) 사이의 진정한 인격적 만남이며 이때 케어자에게 필요한 것은 바로 인내와 진실한 태도라고 할 수 있다. 구체적으로는 옆에 있어 주는 것, 환자의 말에 귀를 기울이는 것, 감정에 초점을 맞춰 공감적으로 이해하려고 노력하는 것, 판단하지 않고 조용하게 그리고 적극적으로 듣는 것, 무슨 말을 해줘야 하는지 걱정하지 말고 집중해서 듣고, 상대방의 느낌과 생각을 공유하는 것이 가장 효과적이다. 적극적으로 듣는다는 것은 단순히 귀로만 듣는 것을 의미하지 않고 귀로도 듣고, 눈으로도 마음으로도 듣는 것을 말한다. 공감과 동정은 다르다. 우는 사람이 있다면 공감은 자신의 처지를 벗어나지 않으

면서 우는 사람의 처지를 이해한다는 것이고 동정은 함께 우는 것이다.

4. 임종 직전의 케어

임종 단계는 몸에서 영혼이 빠져나가는 단계로 대개 2~3일 소요된다고 하며 신체적 변화는 몸이 스스로 정지하려는 것을 준비하는 자연스러운 과정이므로 편안하게 그 과정을 받아들이며, 의학적인 응급조치가 필요하지는 않은 조용한 과정을 거치게 한다.

사망 징후로는 먼저 손발이 차가워지며 팔, 다리 순으로 점차 체온이 내려가고 피부색도 창백하거나 파랗게 보일 수 있다. 혈액순환의 저하가 사지로부터 점차 몸의 중요한 기관으로 이행되는 것은 정상적인 순서이다. 이때 담요를 덮어주고 따뜻하게 해주면 된다.

수면은 점차 잠자는 시간이 많아지고 의사소통이 어렵고 반응하지 못하게 된다. 이러한 변화는 정상적인 변화 상태이다. 또한 시간, 장소, 사람에 대한 혼동상태가 오기도 하며 정서적 불안정감으로 같은 동작을 반복하기도 하고 누구인지 묻기도 한다. 그 밖에도 위축, 환상과 같은 경험, 파노라마, 죄책감, 불안감, 신음, 의식상실 등이 나타나기도 한다.

이때 대상자 옆에서 손을 잡고 흔들거나 큰소리로 말하지 말고 부드럽고 자연스럽게 이야기하는 것이 바람직하다. 이러한 현상은 뇌에 산소공급이 부족해지고 신진대사가 변화하면서 발생하므로 이때 억지로 그런 동작을 하지 못하도록 방해하거나 억제하기보다 환자의 이마를 가볍게 문질러 주거나 책을 읽어 주던가, 혹은 진정시킬 수 있는 음악을 들려주는 것이 환자를 차분하게 만드는 데 효과적이다.

근육의 강약조절이 잘되지 않아 대・소변의 실변 또는 실금을 하기도 한다. 그리고 가래가 많이 끓고 분비물을 밖으로 내보내지 못하여 가슴 또는 목에서 가르렁 가르렁 소리가 심하게 나기도 한다. 이때 미리 거즈나 곡반, 수건, 기저귀 등을 깔아두어 분비물을 처리하고 기도가 막히지 않도록 고개를 옆으로 돌려 분비물이 배출될 수 있도록 한다.

수분 및 음식의 섭취는 급격히 감소하고 소변량도 줄어들며 호흡곤란으로 무호흡 상태나 체인스톡 호흡을 하기도 한다.

정서적으로는 위축, 환상과 같은 경험, 파노라마, 죄책감, 불안감 등이 나타날 수 있다.

대상자의 상태가 급변하는 경우 곧바로 의사, 대상자의 가족에게 연락하여야 한다. 임종 직후에는 가족, 친지, 친구들과 함께 할 수 있는 시간을 잠시 마련해주도록 한다.

청각은 마지막까지 남아있는 감각으로 이때 마지막 인사를 나눌 수 있도록 가족과 친지들을 배려하고 사후에는 고인의 생전 종교, 습관 등을 존중하여 경건한 마음으로 예를 갖추어 케어를 하여야 한다.

가장 쉽게 인지할 수 있는 임종 증상은 숨을 쉬지 않고 심장이 뛰지 않으므로 맥박과 호흡을 측정할 수가 없다. 항문이 열려 있으며 대·소변이 나오기도 하고, 반응이 없으며, 눈꺼풀은 약간 열려 있고 눈은 어떤 한 점에 고정되어 있고, 턱은 늘어지고, 입은 약간 벌어져 있다. 일련의 임종과정이 시작되면, 응급실이나 중환자실에 입원하기보다는 임종과정을 자연스럽게 겪어나갈 수 있도록 가족들과 함께 지켜보며 도와주는 것이 필요하다.

사후 2~4시간이 경과하면 사후경직이 진행되므로 이전에 눈을 감기고 베개를 고여주고 두 손을 가지런히 모아 가슴 위로 올려놓고 얼굴은 흰 천으로 가려준다. 그 밖에도 대소변을 쏟았을 경우 배를 살짝 눌러 복강 내에 남아 있는 배설물을 처리하고 몸을 깨끗이 닦고 욕창 또는 상처가 있으면 새 거즈로 간단하게 드레싱을 해주도록 한다. 이후 주변 환경을 깨끗하게 소독하고 전염병 환자의 경우에는 관련법에 따라 장례 절차를 진행하도록 가족들에게도 미리 알려준다.

03 사후 가족 케어

1. 가족의 심리상태 이해

가족의 정서 변화로는 부정→분노→죄책감→우울증→산만→정상화→죽은 이와 남은 이의 의미에 대해 많은 생각하는 과정을 주로 갖게 된다. 가족의 경우 사랑하는 가족을 잃게 되면 매우 큰 슬픔을 빠지게 된다. 이때 슬픔을 제대로 해결하지 못하면 향후 치명적인 심리적 고통과 함께 정신질병이나 극단적인 결정 등으로 문제를 유발할 수 있으므로 사후 가족 케어는 최소한 1년 정도는 지속하는 것이 좋다.

초기 사별 단계에서는 '함께 있어주기' '경청', '식사 및 수면 등의 건강 살피기', 갑작스런 변화(이사, 재산처분, 망자의 물건 없애기 등)에 대해서는 결정 보류와 같은 진심어린 조언 등이 필요하며 주로 가족, 친척, 친구들이 함께 함으로써 심리적 고통을 덜어줄 수가 있다. 특별한 케어가 아니더라도 함께 있어 준다는 것만으로도 큰 위로가 되고 안정감을 회복하는 데 도움이 되기 때문이다. 이와 같이 함께 있어 주는 것이 부득이 어려울 경우에는 가정방문, 전화 안부, 편지쓰기, 유가족 자조모임 등의 다양한 방법들을 활용할 수 있다.

2. 가족의 일반적인 단계

1) 애도의 단계

충격과 무감각, 멍한 단계→그리워하고 찾는 단계→혼란한 단계→재조정의 단계→애도기간으로 나눌 수 있으며 애도가 끝난 것을 알 수 있는 것은 고통없이 사망한 사람을 회상하거나 새로운 환경에 적응하는 잘 적응하는 것이다.

초기 충격과 무감각, 멍한 단계에서는 갑작스런 충격에 황망해하고 사망에 대해 부정하고 화를 내며 절망하는 상태로 약 2주 정도 가장 심하게 나타난다고 한다. 잘 극복했다고 생각하는 경우에도 때때로 고인과 관련된 제삿날이나 기념일에 다시 나타나기도 한다.

그리워하고 찾는 단계에서는 고인의 체취, 목소리, 모습 등을 찾는 것에 집중하게 되고 문소리가 나거나 발자국 소리가 난다고 하며 이는 약 2주~4개월 사이에 가장 심하게 나타난다고 한다.

혼란한 단계에서는 인생의 의미를 잃어버리고 삶이 위축되고 실망하여 다소 흐트러진 생활을 하게 되며 입맛도 없고 피로도가 심하고 건강을 해치기 쉬운 단계이다. 일반적으로 4~8개월 사이에 나타나며 이때 보살핌과 지원이 가장 필요한 시기이다.

재조정의 단계에는 고인에 대한 기억이 추억으로 다가오고 죽음과 삶에 대한 이미지가 내재화되고 삶을 재구성하게 된다.

애도기간으로는 슬픔이 진정되는 시간은 사람에 따라 다르지만 일반적으로 1~2년 정도 소요가 되지만 경우에 따라서는 더 길어지기도 한다. 애도 중인 사람을 돕는 방법으로는 어떻게 할 것을 조언하지 말고 애도자의 감정 즉, 죄책감, 분노, 불안을 포함한 애도자의 감정표현을 수용하고 경청할 것과 애도과정이 길어질 수 있다는 것과 감정의 기복이 심할 수 있음을 알고 있어야 하며 애도자에게 "돌아가신 분은 더 행복할 거야" 등의 말은 삼가는 것이 바람직하며 자신의 경험을 이야기하는 것과 울지 말 것을 종용하는 것도 삼가하고 충분히 함께했던 기억과 추억을 나눌 수 있도록 옆을 지켜주는 것이 중요하다. 애도가 끝났음을 알 수 있는 것은 고인을 기억하는데 고통 없이 떠올리며 현실로 돌아가 충실하게 역할을 다하는 것으로써 알 수가 있다.

그 밖에도 급사에 대한 가족의 반응으로는 부정 → 죄의식 → 애통 → 적의 단계가 있다. 부정 단계는 "일어날 수 없는 일이다", "그는 결코 죽지 않았어"라고 하며, 죄의식 단계에서는 "그에게 오토바이를 사준 것이 실수다", "오늘 집에 머물러 있게 했어야 하는 건데~"라고 한다. 애통 단계에서는 히스테리적으로 흐느껴 울거나 손을 비트는 행동 등이 있으며 적의 단계에서는 “너 때문에 그가 죽었다. 왜 너는 그곳에 갔느냐” 등의 반응을 나타낸다고 한다. 성별, 문화적 차이를 이해하고 명상, 심호흡 등을 하여 안정을 찾을 수 있도록 격려하는 것은 도움이 된다.

2) 정상적인 슬픔의 증상과 반응

볼비(Bowlby)는 정상적인 사별반응을 항의와 부정-절망과 붕괴-정서적인 재조정 과정의 3단계로 제시하였다. 항의와 부정은 개인이 느끼는 분노는 고인에 대한 상극감정과 자신에 대한 상극감정이 함께 하기 때문이다. 절망과 붕괴는 개인이 스스로 환경을 재조직하기 위해 새로운 관심의 치환 과정이며 마지막 과정인 정서적 재조직을 거치게 된다.

사별을 경험한 가족의 경우 개개인의 느낌과 신체증상, 행동방식 및 사고방식에 따라 각각의 변화를 살펴볼 수 있으며, 케어자는 가족이 빠른 시간 내에 해결단계에 이를 수 있도록 위로와 지지를 보내야 할 것이다. 그러나 가족들이 남은 감정 등을 정리할 수 있도록 충분한 시간과 배려를 해야 한다.

〈표 10-1〉 슬픔의 단계별 반응

구분	충격 단계	고통 · 갈망 단계	해결 단계
느낌	무망감, 무감각 무력감, 공포심	분노, 슬픔, 불안, 우울, 심한 외로움, 죄의식	심적 해방감
신체증상	입마름, 맥박 빨라짐 목이 타는 느낌 가슴 답답함 호흡곤란, 혼절	움직이는 것이 귀찮음 무기력, 피로감	예전으로 회복됨
행동방식	우울, 불안, 한숨	불면증, 식욕저하, 사회적 위축감, 고인의 꿈을 꾸거나 이상행동	새로운 대인관계 및 일상생활의 적응
사고방식	부정, 불신 현실감 결여	고인에게 집착, 환상, 혼돈상황, 집중의 어려움	고인에 대한 기억을 현실적으로 생각함

출처: 이혜영(2000). 케어복지론. p.154 재구성.

3) 비정상적인 경우

비탄은 정상적인 반응이나 적개심, 죄책감, 불안, 우울 정도가 심각하고 지속일 경우는 비정상적이라고 할 수 있으며 적절한 영양섭취 및 휴식의 거절, 사회적 접촉 단절 등과 함께 고립되며 사소한 일에도 지나치게 강한 반응을 하기도 하고 자기 파괴적인 행동을 하는 경우는 비정상적이다. 예컨대, 충격에서 벗어나지 못하고 큰 공포를 느껴 정신적인 문제를 유발하기도 하며 고인의 물건에 집착하고 삶의 방식도 이전과는 달리 매우 큰 변화를 가져오는 경우가 있다. 이런 경우에는 더욱 세심한 관찰과 배려 및 케어가 필요하다.

특히, 유가족에 대한 실제적인 케어는 본인의 감정을 숨기지 말고 자연스럽게 표현할 것과 본인의 상태를 남들에게 보이는 것은 자연스러운 일임을 알려주고 격려하도록 한다. 그리고 사별의 충격을 완화시킬 수 있도록 상실을 현실로 받아들일 수 있도록 하고, 슬픔과 함께 상실로 수반되는 신체적·정신적 고통은 감내하고 견딜 수 있도록 격려하여야 한다. 만약 이를 회피할 경우에는 오히려 고통은 연장되고 정신적인 문제를 초래하기도 하고 술, 담배, 약물 등에 의존할 수도 있기 때문이다.

죽음 준비 교육

- **나의 버킷 리스트 작성해 보기**
  - "나의 버킷리스트 10" 작성해 보기

- **자신의 사망기사(부고장) 작성, 유언장 작성해 보기, 묘비명 쓰기(AL)**
  - 본인의 죽음을 알리는 신문에 게재할 부고장 작성해 보기
  - 자필증서에 의한 유언은 유언자가 그 전문과 연월일, 주소, 성명을 직접 쓰고(自書) 날인(捺印)해야 함(「민법」 제1066조 제1항).
  - 녹음유언, 공증증서 유언, 비밀증서 유언. 비밀증서 유언, 구수증서 유언
  - 나의 묘비명은 어떻게 쓸까?

● **AL에 의한 장사시설 견학 또는 입관체험 프로그램 참여**

- 죽음에 대한 생각 나누기(본인이 생각하는 복된 죽음은 어떤 것인가?)
- 입관체험 후 본인의 느낌과 생각 나누기

● **PBL에 의한 안락사, 존엄사 및 연명치료에 대한 의견토론**

① 안락사와 관련된 국가들은 어떤 나라(스위스, 벨기에, 네덜란드, 룩셈부르크, 프랑스 등)에서는 제한적인 안락사 도입 및 그에 대한 토론(DBL)

② 호주의 모험가인 크리스티앙 로시터 case에 대한 토론

③ 한국의 안락사 case에 대한 법적 상황에 대한 토론

1997년 12월 4일 오후 술에 취해 화장실에 가다 넘어져 머리를 다친 김모씨가 서울시립 보라매병원에서 응급 뇌수술을 받고 인공호흡기에 의존해 생명을 유지하고 있었다. 부인 이모씨는 병원비를 감당하기 어렵다면서 퇴원을 요구했다.

의사 양모씨는 김씨의 의식이 돌아오고 있지만, 퇴원을 해서 인공호흡을 중단하면 죽는다는 사실을 설명해 극구 만류했지만, 부인의 주장을 꺾지 못했고, 사망하더라도 이의를 제기하지 않겠다는 서약서를 받은 뒤 퇴원시켰다. 구급차를 이용해 김씨를 집으로 옮겨 인공호흡장치를 제거하자 5분쯤 뒤 환자는 호흡곤란으로 죽었다.

검찰은 1998년 1월 의사 양씨 등에 대해 "의학적 판단에 따라 치료해야 할 중환자를 보호자의 퇴원 요구만으로 집에 돌려보내 죽게 한 것은 살인행위"라 하여 사법사상 처음으로 이모씨에게 살인죄를 적용해 불구속 기소했다. 환자를 계속 치료했으면 회복할 가능성이 있었는지, 또 회복 가능성이 있는 환자를 퇴원시켰다면 의사의 행위가 살인죄에 해당하는지 7년 여 동안 검찰과 변호인 측 사이에 치열한 법리논쟁이 벌어졌다.

1심을 맡은 서울지법 남부지법은 환자의 부인뿐 아니라 의료진에게도 살인죄를 적용했고, 서울고법은 의료진에게는 살인방치죄를 인정했고, 대법원에서는 원심의 판결을 지난 6월 29일 확정했다. 1심의 판결이 알려진 이후, 전국의 병원에서는 살인 방치죄 기소를 면하기 위해 지금까지 관례적으로 퇴원시켜 왔던 회생가능성이 없는 환자를 퇴원시키기를 거부했다.

● **이에 대한 의견 나누기**

참고문헌 REFERENCES

권중돈(2008). 노인복지론. 학지사.
김영호, 장우심(2005). 케어복지실천기술론. 창지사.
김준환, 김혜경(2017). 노인케어의 이론과 실제. 어가.
김현숙, 권용정(2013). 케어기술. 학지사.
박차상, 정산양, 임희경, 유용식, 이현주(2006). 케어복지론. 학지사.
이혜영(2000). 케어복지론. 양서원.
장우심(2002). 호스피스. 순천향대학교 평생교육원 인쇄소.
조추용, 이채식(2003). 케어복지실천기술론. 현학사.
국립연명의료관리기관 https://lst.go.kr/images/sub/img_medicalplan_doc_n.png
보은신문(2020.11.19.). http://www.boeuni.com
https://lst.go.kr/decn/establish.do
https://www.pharmnews.com/헬스케어전문지

Chapter 11

제11장

케어복지의 동향과 인력

본 장에서는 케어복지 동향과 전문인력에 대하여 설명하려고 한다. 먼저 케어복지교육에 대하여 그 필요성, 교육내용, 심화학습 방법과 현장을 설명하고, 케어복지의 전문인력에 대하여 개괄적으로 설명하고, 구체적이고 핵심인력이 요양보호사에 대하여 설명하려고 한다.

01 케어복지교육(조추용 외, 2016 참조)

1. 케어복지교육의 필요성

우리나라는 2000년에 전체인구에서 65세 이상의 노인인구 비율이 7%를 넘어서서 고령화사회가 된 이래 2016년에는 14%가 되어 고령사회로, 2026년에는 20%를 넘어 초고령사회가 될 전망(통계청, 2022)이다. 이는 세계에서 그 유래가 없는 빠른 속도이며 급증하는 케어서비스 수요 인력에 대한 케어인력 및 그들에 대한 교육 문제와도 직결된다. 우리나라에 앞서 급속한 고령사회를 맞이한 독일과 일본에서는 노인케어를 담당할 인력으로 비교적 완만한 고령화 진전을 보인 다른 선험국들과는 다른 전문인력을 양성하여 전담하게 하는 제도를 시행하고 있다. 특히 일본은 1987년에 '사회복지사 및 개호복지사법'을 단독법으로 제정하여 사회복지사의 일종인 개호복지사로 하여금 노인케어서비스를 제공하도록 하여 전문성 및 서비스의 질 향상에 노력하고 있다(保住芳美, 2009; 高木剛, 2012).

우리나라는 급속한 고령화 및 저출산의 진전과 더불어 여성의 사회진출, 핵가족화, 가족의 부양의식 약화, 건강하고 성공적인 노인의 자립성 등으로 과거의 가족 중심 형태가 급속하게 변화하고 있으며, 이러한 사회적 제반 현상과 더불어 노인복지서비스 제공 현장의 패러다임에 커다란 변화가 일어나고 있는 가운데, 케어서비스의 질 문제를 어떻게 풀어갈 것인가가 커다란 과제로 대두되고 있다. 또한 케어서비스 대상자들은 고령에 의한 신체기능저하 및 각종 생활습관병(lifestyle disease, 성인병)으로 일상생활수행능력(ADL: Activities of Daily Living)에 문제가 발생하여 생활지원서비스를 중심으로 복지 · 보건 · 의료서비스를 종합적으로 제공받아야 한다. 또한, 이들이 가족 또는 관련 전문가로부터 전문적인 서비스를 제공받아야 하는 기간이 점차 길어지고 있다.

이러한 고령사회의 노인케어문제를 안고 있는 우리나라의 현실은 그 문제를 감당하기 위한 사회적 제반 준비가 부족한 상태에서 맞이하고 있다는 점에서 독일이나 일본을 타산지석으로 삼을 수 있다. 특히 그중에서도 가장 심각한 점은 노인의 삶의 질을 결정하는 케어서비스의 주요담당 인력의 전문성에 대한 것이라고 할 수 있다.

특히 1급 사회복지사를 양성하고 있는 4년제 주요 대학들에서 케어복지의 중요성을 인식하지 못하고 오히려 케어복지서비스를 "급이 낮은 직업" 정도로 여기고 있지는 않은지 염려된다. 이러한 인식을 가진 사회복지사들이 케어서비스 현장에 취직했을 때, 그 현장이 생활시설(특히 장기요양시설)이라고 가정한다면, 그 사회복지사는 노인케어서비스에 대한 전반적 지식이나 인식 등의 전문성이 결여된 가운데, 사회복지사의 주요 업무인 프로그램 및 사례관리 업무를 진행하고, 노인 및 가족들을 상담하며, 요양보호사들과 협업하고 때로는 그들을 관리해야 하는 일들을 지극히 비전문가적으로 실시할 수밖에 없다. 앞으로 노인케어서비스 제공 현장은 다른 사회복지서비스 현장보다도 양적으로 크게 증가할 것이며, 자연스럽게 케어현장에 취직하게 되는 사회복지사의 숫자도 늘어나게 될 것이다. 따라서 사회복지사를 양성하는 대학에서는 케어서비스 관련 업무를 경시하는 문제를 빨리 극복하지 않으면 안될 것이다. 그러면 현재 실시되고 있는 사회복지사 교육과 관련하여 케어복지론이 어떤 식으로 교육되고 전개되어야 할 필요성이 있는지를 살펴보면 다음과 같다.

첫째, 각 대학의 사회복지사를 양성하는 학과에서는 현장방문과 실기교육을 통하여 노인의 케어서비스를 직접 경험해 보는 교육이 필요하다. 우리 사회의 급속한 고령사회로의 이행과 동시에 동반되는 케어서비스의 양적 · 질적 문제 중 특히 질적 문제에 적극적으로 대처하기 위해서는 케어관련 교육과정을 실무 중심으로 경험할 수 있는 기회를 제공해야 할 것이다. 케어에 대한 전문지식을 가진 사회복지사는 케어

사례관리, 본인 및 가족 상담, 지역사회의 자원연계 등의 문제에 대처할 수 있다. 현실적으로 전문가 집단이 제도권을 선도해 나가야 하며, 사회복지 교육과정에서 좀 더 체계적인 전문케어사회복지사를 양성할 수 있도록 교육과정의 변화가 필요하다.

둘째, 사회복지사는 노인케어서비스 제공현장에서 요양보호사, 간호사, 물리치료사, 영양사, 촉탁의사 등의 전문직과 협업할 수 있어야 한다. 즉 사회복지사는 노인의 입장에서 대변하고, 옹호하고, 지지하는 애드보케이터(advocator)의 역할을 수행하기 위하여 다른 전문직을 이해하고 협력을 얻을 수 있도록 교육체계가 마련되어야 할 것이다. 뿐만 아니라 직접케어를 담당하는 요양보호사를 관리하고 서비스를 조정 연계하기 위해서는 기본적인 케어지식이 필요하다.

셋째, 이를 위해 우선 사회복지사를 양성하는 대학교에서는 노인케어서비스와 관련된 기본적이면서도 전문적인 지식을 가르쳐서, 케어 영역에서 사회복지사의 역할을 확대하고 장기요양서비스의 질을 향상시키는 데 주요 인력이 될 수 있도록 해야 할 것이다. 사회복지사의 주요 업무인 프로그램 개발과 평가, 사례관리를 장기요양 영역에서 적극 활용하여 서비스의 질을 높이고, 케어서비스의 중심인 요양보호, 간호, 복지 등의 서비스를 매니지먼트할 수 있는 케어복지 전문가로의 능력을 갖추도록 하는 것이 사회복지교육에 케어복지론 교과목 도입을 필요로 하는 이유라고 할 수 있다.

2. 케어복지교육 과정과 내용

1) 케어복지교육의 과정

우리나라 대학에서의 케어복지 관련 교육은 2000년 전후로 시작되었다. 2000년에 케어서비스의 전문성 및 질 향상에 초점을 맞추어 영산원불교대학교(현, 영산선학대학교)에서 윤금희에 의해 일본의 카나이(金井一薫)가 개발한 케어이론과 사례관리 툴(tool)의 조합인 'KOMI케어(KOMI이론과 KOMI차트시스템)'가 소개되었다. 그 후에 KOMI케어 관련 교육은 관련과목(노인복지론 등)의 특강 형식과 계절학기 교과목으로 주로 교육되고, 관련서비스 제공 현장(노인의료복지시설, 노인 및 장애인의 주간보호센터, 노인재가 요양서비스 제공 현장 등)에 적용되어 케어관련 실천이론교육의 토대가 되었다.

한편 1998년 9월 경남종합사회복지관에서 케어복지사 양성교육을 우리나라에서 처음으로 시작하였고, 1999년에는 전문대학 사회복지과 교수들이 중심이 되어 한국케어복지협회를 창설하였으며, 협회 차원의 케어복지사 교육과정이 개발되었다. 이후 대학에서 본격적인 케어복지사 양성교육이 시작되었으며, 2004년에는 50개 대학과 131개 양성기관이 교육에 동참하였다. 한편, 학계에서는 2004년 11월 대한케어복지학회가 창설되어 케어복지학의 이론적 구축을 위한 체계적 연구와 발전에 박차를 가하게 되었다. 이러한 케어교육과 전문인력 양성에 대한 열망은 「노인장기요양보험법」 제정 당시 전문대학과 협회를 중심으로 요양전문인력으로 요양복지사제도의 도입을 적극 요청하였으나, 결국 장기간 교육에 따른 질 높은 케어인력을 양성하면 높은 급여책정 등의 재정문제를 이유로 요양복지사는 제외되고 현재의 요양보호사제도가 탄생하게 되었다.

2007년 「노인장기요양보험법」의 제정으로 요양보호사가 장기요양 분야의 국가자격이 됨으로써 그동안 실시되었던 양성기관에서의 케어복지사(2급) 교육은 중단되었다. 한편 대학은 한국케어복지협회에서 독립하여 한국케어복지대학협의회(이후 한국케어사회복지대학협의회로 변경)를 설립, 대학에서의 케어복지교육을 계속 진행하여 왔으나 케어사회복지사의 자격불인정, 타 자격의 교육과정 변경 등으로 현재 케어복지교육은 오히려 후퇴되고 있는 현실이다. 점점 확대되고 있는 케어복지 영역에서의 사회복지사의 역할 확대 및 노인장기요양서비스의 질적 향상을 위해 케어복지 교과목을 사회복지사 교육과목에 편입하는 것이 보다 시급하다고 할 수 있다.

2) 케어복지교육의 내용

케어복지론의 교과목에서는 사회복지사로 하여금 케어복지서비스(요양서비스, 돌봄서비스, 간병서비스 등) 영역에 대해 이해하고, 노화나 질병, 장애로 인하여 일상생활을 영위하는 데 도움을 받아야 하는 케어복지대상자에게 적절한 서비스를 제공할 수 있는 전문적인 지식과 기술 및 관련 지식을 포괄적으로 이해한다. 이를 위하여 먼저 케어복지의 개념과 구성 및 기본이념 등을 이해하고, 케어복지실천과정, 실천과 관련하여 의사소통 · 관찰 · 일상생활동작 등의 케어기술에 대해 배운다. 또한 치매노인 케어, 임종기 케어, 주거환경 및 복지용구, 타 전문직과의 연계 등에 대한 이해를 넓히는 것이다. 케어복지론의 구체적인 교과목 목표는 다음과 같다.

첫째, 인구고령화와 노인장기요양보험제도의 실시로 노인케어가 주요 복지 영역으로 대두되고, 그 중요성이 강조됨에 따라 관련된 지식을 파악하고 이해하고자 한다.

둘째, 케어복지 영역에서의 사회복지사의 활동을 보다 확대하기 위하여 케어의 기본지식과 기술을 이해하고 배우고자 한다.

셋째, 노인과 장애인을 둘러싼 다양한 영역의 연계 · 통합을 위하여 케어 영역의 업무와 현장을 충분히 이해하고, 조정할 수 있는 능력을 함양하고자 한다.

사회복지사 자격인증 교과목 중 하나인 케어복지론의 교과목 분류체계는 다음과 같다.

〈표 11-1〉 케어복지론의 교과목 분류체계

대분류	중분류	소분류
총론	케어복지의 개요	1) 역사(배경) 2) 개념 3) 구성
	케어복지의 이념, 인권, 윤리, 실천원칙	1) 정상화, 자립지원, 자기결정 등 케어이념 2) 인권 · 윤리 3) 실천원칙
	케어복지의 대상자 이해	1) 대상자의 신체적 건강과 질병, 장애 이해 2) 대상자의 심리사회적 특성 이해 3) 대상자의 생활 · 사회적 특성 이해
	케어복지현장의 이해	1) 시설 2) 재가

대분류	중분류	소분류
실천 기초	노인장기요양보험제도와 관련서비스	1) 노인장기요양보험제도 2) 노인 및 장애인 관련 법, 행·재정, 전달체계 등 3) 케어관련 사회서비스 등
	케어복지실천과정 및 타 전문직과의 연계	1) 케어복지실천과정 2) 타 전문직과 연계
	주거환경과 복지용구	1) 케어대상자의 주거환경 2) 복지용구의 종류 및 사용
실천 기술	의사소통	1) 의사소통의 방법 2) 의사소통의 기술
	관찰	1) 관찰의 대상과 내용 2) 관찰의 방법
	기록과 평가	1) 기록과 보고 2) 평가
	일상생활동작 케어	1) 식사 2) 배설 3) 청결(세면, 목욕) 4) 옷 갈아입기
	이동케어	1) 일상생활을 위한 이동 2) 외출동행 3) 여가 활동
	치매노인의 케어	1) 치매의 이해 2) 치매노인의 케어 3) 치매가족지원
	임종기 케어	1) 생전계약, 장례문화 2) 임종기 케어 3) 사후 가족 케어
동향과 과제	케어복지의 동향 및 과제	1) 케어복지 정책, 인력, 서비스, 환경 2) 세계적 동향과 과제

출처: 한국사회복지교육협의회(2015). 사회복지학 교과목 지침서 참고.

3. 케어복지의 심화학습방법과 현장

1) 심화학습방법

케어복지교육과정에서 이 과목을 더욱 심화하여 학습하는 방법은 다양하겠지만 대체로 다음과 같은 방법을 제시한다.

첫째, 케어에 대한 실제적 이해를 돕기 위해 과제로써 1일 이상 케어복지시설이나 재가복지센터에서 직접 케어대상자에 대한 봉사활동이나 케어직원의 보조활동 또는 실습 등의 체험을 통해 보고서를 작성하게 하여 수업의 효과를 높일 수 있다.

둘째, 케어기술에 관한 수업은 케어기술과 관련된 비디오, 그림, 사진, 노인체험 도구 등의 다양한 자료와 도구를 활용하여 수업의 이해를 높이고, 가능하면 학생들을 서로 케어대상자와 케어자가 되게 하여 체위교환, 휠체어 이동보조 등의 활동을 실시함으로써 보다 이해도를 높일 수 있다. 특히 휠체어를 이용한 계단오르내리기, 급경사의 이동, 엘리베이터 등의 이용하기 등을 실습해 본다.

셋째, 실습도구 준비가 용이하지 않다면 지역사회의 노인장기요양시설이나 장애인시설과 연계하여 케어기술을 실습해 보는 것도 수업의 효과를 높일 수 있다.

2) 케어복지 실천현장

케어복지가 이루어지는 곳은 크게 가정과 시설로 나눌 수 있다. 가정에서의 케어와 시설케어의 특징과 장단점을 알고 케어할 때 주의해야 할 점을 충분히 인식한다(이해영, 2012).

가정은 나름대로의 고유한 생활습관과 생활리듬이 있는 곳으로 케어자가 가정의 습관과 리듬에 맞추면서 케어를 해야 하며, 정비되지 않은 환경에서 올 수 있는 위험이 있고, 타전문직의 도움을 받기 어려운 공간에서의 활동이므로 보다 안전한 케어방법을 강구하여야 한다. 또한, 케어과정에서 가족과의 신뢰관계가 무엇보다 중요함을 인식해야 한다.

시설케어의 경우 집단생활로 인해 무시될 수 있는 개인의 생활습관, 가치관 등을 가능한 한 존중해 줄 수 있는 케어의 배려가 필요하다. 집단생활의 장점이라 할 수 있는 동료 간의 어울림을 통한 기쁨과 자극을 갖게 하는 다양한 프로그램의 중요성을 인식하고 최대한 가정과 같은 평안함을 가질 수 있도록 배려해야 함을 교육한다. 실제 주변에 있는 주간보호시설, 요양시설, 노인요양공동생활가정, 장애인시설 등을 방문하여 실제적인 이해를 도모하도록 한다.

02 케어복지인력 개요

1. 케어복지인력

케어복지 영역에서 활동하는 전문직종으로서는 케어복지사, 의사, 약사, 간호사, 작업치료사, 물리치료사, 언어치료사, 심리치료사, 의지보장구기사, 영양사, 복지주거환경 설계사, 자원봉사자 등 케어욕구를 가진 모든 사람을 대상으로 전문적인 케어복지서비스를 제공한다. 케어문제는 다양한 학문적 접근과 실천을 바탕으로 한다. 그러나 대부분의 케어복지를 담당하는 전문직은 장애가 있는 노인이나 장애인에 대해 일상생활상의 신체적 또는 정신적 케어업무에 국한되어 있다.

우리 사회가 발전하고 사람들의 삶의 질이 높아지면서 다양한 욕구를 충족시키기에 단일 직종으로는 어렵기 때문에 다양한 직종의 전문직이 케어 업무에 종사하게 될 것이다. 따라서 대상자들의 다양하고 복합적인 욕구를 효과적으로 대응하기 위해서는 케어복지종사자와 관련 직종 간의 긴밀한 연계가 필요하다.

연계라는 것은 대상자에 대해 서비스를 제공함에 있어서 좁은 의미로는 케어복지종사자들만의 연계도 있지만 넓은 의미에서는 케어복지, 의료, 보건 분야가 한 팀으로 구성되어 움직이는 경우도 많다. 아무튼 연계를 효과적으로 행하기 위해서는 다음과 같은 조건들을 충족시키는 것이 중요하다.

첫째, 정보의 공유이다. 이는 케어복지서비스 대상자가 처한 환경(가족관계, 이웃관계, 케어정도, 경제문제, 심리적 문제, 기타)에 대한 정보공유이다.

둘째, 관련 직종 업무에 대한 이해이다. 케어복지 대상자에 대한 정보수집 및 평가와 케어실천과정에 있어서 관련 직종의 전문가와 정확한 역할분담을 위해 필요하다. 이를 위해서는 우선 관련 직종의 업무 내용과 가치, 그리고 그 직종이 가지고 있는 목표에 대한 이해 등이 중요하다.

셋째, 목적 공유와 명확화이다. 관련 직종 역할에 대한 이해를 바탕으로 공유하고자 하는 사례에 대한 평가와 케어플랜을 공유하고 명확히 하는 것이 중요하다.

다음의 표는 세계 각국의 케어복지 전문인력에 대하여 설명을 하고 있다. 세계 각국이 자국의 형편이나 사정에 따라서 다르게 규정하고 있지만 앞으로 돌봄 현장은 매우 중요할 것이라고 생각하고, 다른 나라의 상황을 연구할 필요가 있다.

〈표 11-2〉 각국의 케어워커 자격제도

국명	일 본	독 일	영 국	스웨덴	미 국
자격 명칭	• 개호복지사	• Altenpfleger (노인케어자)	• CSS(certificate in social service) • PCSC(preliminary social care) • ICSC(in-service courses in social care)	• hemvardarinna • homesamarit • 홈헬퍼어시스턴트 • 헬퍼리더	• 없음 • social service aide • nursingaide • homemaker
법적 지위 내용	• 국가자격제도 (양성시설 수료, 국가시험)	• 주단위의 국가자격 시험	• CSS, PCSC, ICSC는 국가자격 • CCETSW(사회사업교육훈련중앙 협의회가 인정한 코스 수료에 의한 자격인정)	• 없음 (hemvardarinna는 통칭)	• 없음 • NASW에 의한 구체적 기준은 없음 • 뉴욕주에서는 120시간분의 교육, 훈련과 인정시험
자격 취득 방법	• 고졸+양성시설 2년 • 고졸+복지계재학 +양성시설 1년, • 고졸+보모양성시설 + 양성시설 1년, • 실무 3년 +국가시험	• 2년간의 개호양성 시설 • 실가학교 졸업 + 양성 2년 + 1년 연수 • 기간학교 졸업+양성 2년+1년 연수	• CSS는 현재 종사자를 대상으로 한 연수 코스 • PCSC는 학생만의 전일제 2년 과정 • ICSC는 종사자를 위한 파트타임 연수 인정코스 수료 후 자격 부여	• hemvardarinna는 6개월의 의무코스 • homesamarit는 160시간 연수 (20세 이상 무자격의 경험자의 경우 지역이 실시하는 성인교육 18주) 고교일반 케어와는 3년제, 헬퍼리더는 140시간의 의무 연수	불명

국명	일 본	독 일	영 국	스웨덴	미 국
주요 활동 분야	• 사회복지시설의 요모 • 노인보건시설의 개호직원 • 공사의 홈헬퍼 • 재택개호지원센터의 상담원	• 시설, 재택에서 고령자의 수발과 간호를 전문적으로 행함	• CSS는 홈헬퍼 조정자, 케어서비스의 매니저, PCSC는 아동복지시설의 보육사, 성인 시설의 케어워커, ICSC는 주거시설과 데이서비스의 케어워커	• hemvardarinna는 아동을 중심으로 가정 전반을 대행 • homesamarit는 노인, 장애인의 재택케어	
비고		• 주마다 약간 차이가 있음		• 홈헬퍼어시스턴트는 홈헬퍼의 조정역, 고교+대학 2년간의 교육	

출처: 厚生省社會局, 社會保障統計年報(1998); 이해영(1999) 재인용.

2. 케어복지의 연계

다양한 조건을 전제로 하여 관련 직종간의 정기적인 사례회의나 다양한 발표회 등을 통하여 의사소통 구조를 원활히 가지는 것이 대상자의 욕구파악과 실천서비스에 효과적이다. 구체적인 연계 현장을 살펴보면 다음과 같다.

1) 의료진과의 연계

케어복지서비스 대상자는 어떠한 장애나 질병을 가진 허약한 사람들이 많기 때문에 신체적인 상태가 좋지 않다. 따라서 케어복지사는 대상자의 신체적인 징후를 정확하게 관찰할 수 있는 능력이 요구되지만 한계가 있기 때문에 의료관계자와 긴밀한 연계가 필요하다.

2) 케어복지사와 간호직과의 연계

케어복지활동은 서비스 대상자에 대해 '생활'에 시점을 두고 생활기능의 유지 향상을 목적으로 하고 있다. 케어복지사의 자격은 민간자격증으로서 명칭 독점이다. 이에 반해 간호 영역에서는 간호사가 아니면 안 되는 업무 독점의 영역이다. 간호직의 업무에는 건강에 시점을 두고, 질병 예방, 건강의 유지 증진, 질병 회복, 진료보조업무 등이 있다. 따라서 간호직과 케어복지종사자의 협력과 연계를 하는 것이 대상자의 QOL을 높여나가는 데 중요하다. 그러나 케어실천과정에서는 간호직과 케어복지직과의 연계만으로는 한계가 있기 때문에 의사, 이학요법사, 작업치료사 등의 지원을 받아 일상생활상의 케어의 질을 높여나가야 할 것이다.

3) 사회복지관련 직종과의 연계

케어복지종사자가 케어활동을 영위함에 있어서 사회복지 분야에서 활동하는 전문가와의 연계는 매우 중요하다. 같은 시설 내에서 일하는 직원과는 케어 방법이나 목표 등에 대하여 일치된 방침으로 협력하는 것이 기본 전제가 된다. 사회복지사나 영양사, 사무직원, 이송 담당자 및 시설의 안전정비 담당자, 자원봉사 관리자 등과의 연계도 빼놓을 수 없다.

〈표 11-3〉 간호 · 케어 · 사회복지 간의 관계

구 분	영역	대상	욕구	기능	특징
간호사	의료	건강문제 대상자	질병의 안정적 처치 및 정신적 안정	진료보조, 요양케어, 의료기기 취급	치료회복을 통한 자립 지원
케어복지사	복지	복지서비스 대상자	케어, 가사상담 및 조언, 복지기기 이용 요망	케어지원, 가사지원, 심리 · 정신 · 사회적 지원	신체적 케어를 통한 자립 지원
사회복지사	복지	복지서비스 대상자	상담 · 지원의 요망	직접적 · 간접적 지원기술에 의한 상담과 지원활동	심리적 · 정신적 상담과 지원

출처: 成清美治(2003) 재구성.

최근 케어복지시설이 주간보호센터나 단기보호센터 등 재가케어 프로그램을 점차 도입하고 있는 추세이기 때문에 지역사회와 시설의 서비스를 동시에 이용하고자 하는 사람들이 증가할 것이다. 따라서 지역사회에 어떠한 사회복지관련 자원이 있는지, 또는 그 자원이 가진 서비스의 기능을 잘 이해해 둘 필요가 있다.

4) 케어 현장에서 각 전문 영역의 역할

(1) 의사

모든 의사는 케어 전문가이다. 물론 의사의 본 임무는 치료이지만, 경우에 따라서는 케어서비스를 제공해야 한다. 치료가 불가능할 경우, 질병이나 장애가 더 이상 악화하지 않도록 환자를 돕거나 그 가족을 케어하는 역할을 수행한다. 거의 모든 사회복지시설, 특히 노인요양원에서 의사의 지원을 받게 하는 이유도 여기에서 찾을 수 있다.

(2) 사회복지가

사회복지사 혹은 케이스워커(case worker)는 주로 건강센터, 병원 및 가정보건센터 등에서 일하며, 이들은 케어를 제공하는 사람들의 욕구를 사정하고 케어를 필요로 하는 사람들을 평가한다. 또 때로는 필요한 케어서비스를 어떻게 획득하는가 하는 방법에 대한 안내를 하는 한편 케어계획(care plan)을 수립하기도 한다. 경우에 따라서 제공되는 케어를 조정하고 모니터하는 역할을 수행한다.

(3) 간호사

케어서비스의 중추적인 역할을 차지하는 전문인으로서 광범위한 현장에서 다양한 역할을 수행한다. 아마도 가장 두드러진 현장은 건강센터와 병원일 것이다. 때로는 의사를 도와서, 때로는 독자적으로 각각의 전문 영역에 따라 활동하고 있다. 일반 환자 모두에게 간호사의 케어서비스가 요청되지만, 노인복지 분야와 연관하여서는 노인병전문의, 때로는 장기입원자, 만성질환자, 그리고 요양원 등에서 활동한다. 간호사는 사회복지사, 임상심리사 및 물리치료사 등과 함께 팀워크를 이루어 활동하는 경우가 많다.

(4) 물리치료사

물리치료사는 건강을 회복하는 과정이나 현상을 유지하는 경우에 흔히 도움을 필요로 하는 전문인이다. 거의 모든 종합병원에는 물리치료사가 있는데, 특히 노인복지와 관련해서는 요양원 등에서 물리치료사가 필수적인 인원으로 활동하고 있다. 이들은 신체부위와 문제에 따라 다양한 운동요법을 실천하여 케어서비스를 제공한다.

(5) 작업치료사

작업치료사는 일상적인 동작이나 활동을 통해 건강을 유지하고 회복하기 위해 필요한 서비스를 제공한다. 평범한 생활에서 만나는 활동과 동작을 체계적으로 반복함으로써 재활을 돕거나 현상을 유지하도록 한다.

03 요양보호사 제도

1. 요양보호사 제도의 개념과 내용

노인장기요양보험제도는 고령이나 노인성 질병 등의 사유로 일상생활을 혼자서 수행하기 어려운 노인 등에게 제공하는 신체활동 또는 가사활동 지원 등의 장기요양급여를 제공하여 노후의 건강증진 및 생활안정을 도모하고 그 가족의 부담을 덜어줌으로써 국민의 삶의 질을 향상하는 것이 제도의 목적이다(보건복지부, 2022).

노인장기요양보험제도의 핵심적인 임무를 수행하는 요양보호사는 2008년 7월에 노인장기요양보험제도가 도입되면서 신설된 국가전문자격증 제도이다. 요양보호사란 일정기간 교육을 이수하고 합격하여 국가자격을 취득한 자로서 치매, 중풍 등 노인성 질환으로 독립적인 일상생활을 수행하기 어려운 노인들을 위해 노인요양 및 재가시설에서 신체 및 가사지원 서비스를 제공하는 전문인력이다(보건복지부, 2022).

2021년 요양보호사의 개념에 2022년에는 "일정 기간 교육을 이수하고 합격하여 국가자격을 취득한 자"를 추가하여 요양보호사가 전문인력임을 명시하고 있다. 요양보호사가 되려는 사람은 「노인복지법」 제39조의3에 따라 요양보호사를 교육하는 기관(이하 "요양보호사 교육기관")에서 교육과정을 마치고 시도지사가 실시하는 요양보호사 자격시험에 합격하여야 한다. 교육신청 자격으로 학력과 나이 제한이 없으며 신규 교육자는 총 240시간의 교육과정으로서 이론 80시간과 실기 80시간, 실습 80시간을 수료하여야 한다. 국가 자격(면허) 소지자로 사회복지사, 간호사, 물리치료사, 작업치료사, 간호조무사는 노인요양시설, 재가노인복지시설, 장기요양기관 또는 재가장기요양기관에서 국가자격(면허) 소지자로서 종사하여 1년(1,200시간) 이상의 경력이 인정되는 경우 현장실습 시간이 전체 면제된다(요양보호사양성 지침, 2022). 또 경력자로서 생활지도원, 유급가정봉사원, 간병인 등 간병요양관련 종사로서의 경력이 1년(1,200시간 이상) 인정되는 자는 실기 및 실습 시간 각각 50% 감면 또는 시설 및 재가 경력인정에 따라 실습이 전체 면제된다. 필기시험은 요양보호론(요양보호개론, 요양 보호 관련 기초지식, 기본요양보호 각론, 특수요양보호 각론) 35문항과 요양 보호에 관한 실기 45문항으로 객관식 5지선다 필기형으로 구성되어 있다. 필기 및 실기시험 각각 만점의 60% 이상 득점한 자에게 자격이 주어진다(요양보호사양성 지침, 2022).

또한 「노인장기요양보험법」 제28조 제2항에서는 "급여 외 행위의 제공금지에서 수급자 또는 장기요양기관은 장기요양급여를 제공받거나 제공할 경우 다음 1, 2, 3호 급여 외 행위를 요구하거나 제공해서는 안 된다"고 명시하고 있다. 1. 수급자의 가족만을 위한 행위 2. 수급자 또는 그 가족의 생업을 지원하는 행위 3. 그 밖에 수급자의 일상생활에 지장이 없는 행위(보건복지부, 2022).

이러한 요양보호서비스는 65세 이상의 노인 또는 노인성 질병을 가지고 있는 65세 미만인 사람에게 전문적이고 또한 계획적인 요양보호서비스를 제공함으로써 장기요양 대상자들의 삶의 질 향상 및 신체기능 증진에 기여하는 것을 목적으로 한다. 구체적인 요양보호 업무의 유형과 내용은 다음 〈표 11-4〉와 같다.

〈표 11-4〉 노인장기요양보험의 표준서비스 분류

유 형	표준서비스 내용
신체활동지원서비스	① 세면도움 ② 체위 변경 ③ 이동 도움 ④ 식사 도움 ⑤ 목욕 도움 ⑥ 옷 갈아입히기 ⑦ 몸단장 ⑧ 구강 관리 ⑨ 머리 감기기 ⑩ 화장실 이용 돕기 ⑪ 신체 기능 유지증진
일상생활지원서비스	① 청소 ② 세탁 ③ 취사 ④ 주변 정돈
개인활동지원서비스	① 일상업무 대행 ② 외출 시 동행
정서지원서비스	① 의사소통 도움 ② 말벗, 격려, 위로 ③ 생활상담
방문목욕	① 방문목욕
기능회복훈련서비스	① 물리치료 ② 일상생활 동작 훈련 ③ 인지 · 정서기능 훈련 ④ 작업치료 ⑤ 언어치료 ⑥ 기타 재활치료 ⑦ 신체 · 인지향상프로그램 ⑧ 기본동작 훈련
치매관리지원서비스	① 행동변화 대처
응급서비스	① 응급 상황 대처
시설환경관리서비스	① 환경 관리 ② 물품 관리 ③ 세탁물 관리 ④ 침구 린넨 교환 및 정리
간호처치서비스	① 투약 및 주사 ② 피부간호 ③ 호흡기간호 ④ 배설간호 ⑤ 영양간호 ⑥ 통증간호 ⑦ 그 밖의 처치 ⑧ 의사 진료 보조 ⑨ 관찰 및 측정

출처: 보건복지부(2020). 요양보호사 양성 지침.

요양보호사 업무가 노인에게 실질적으로 도움이 될 수 있도록 인간 욕구에 대한 기본적인 이해를 바탕으로 생리적인 욕구를 충족하는 것부터 도와주어야 한다. 요양보호서비스를 제공받는 노인은 노화와 질병으로 인한 신체적 · 정신적 불편을 겪고 있다. 따라서 노인의 현재 기능수준을 향상 · 유지하여 필요한 일상생활지원 및 심리·정서적 지원을 통한 안정된 노후생활을 영위할 수 있는 도움을 주어야 하며 요양보호사의 역할은 〈표 11-5〉와 같다.

〈표 11-5〉 요양보호사의 역할

분 류	내 용
정보전달자	대상자의 신체 및 심리에 관한 정보를 가족과 관리책임자, 의료진에게 전달 급여서비스 제공 계획서 내용을 숙지하여 서비스의 내용 변경이 필요할 때에 기관에 보고하는 역할 수행
관찰자	맥박과 체온, 호흡과 혈압 등의 변화와 투약의 여부, 질병의 변화에 대한 증상과 심리적인 변화까지도 관찰
숙련된 수발자	숙련된 요양보호서비스에 대한 기술과 지식으로, 대상자의 불편함을 최소화하기 위해, 필요한 서비스를 지원하여 대상자를 도움
말벗과 상담자 역할	효율적인 의사소통 기술을 활용하여 대상자와의 관계를 형성하고, 필요한 서비스를 제공해서 대상자의 신체·정신적, 심리·정서적 안위를 도모
동기 유발자	대상자의 잔존 능력을 최대한 발휘할 수 있도록 동기를 유발하고 지지하는 역할
옹호자	가정, 시설, 지역사회에서 학대를 당하거나 소외, 차별받은 대상자의 입장에서 대상자를 지지, 옹호

출처: 보건복지부(2022). 요양보호사 양성 표준 교재.

또한 요양보호서비스를 제공함에 있어 대상자 노인 삶의 존중, 노인의 잔존 능력을 최대한 활용, 서비스 제공 전 충분한 설명과 노인의 동의 후 서비스 제공, 개인정보 및 서비스 제공 중 알게 된 비밀 엄수 등의 원칙을 준수하여야 한다.

2. 요양보호사의 지원과 과제(정윤태, 2022 참조)

1) 권리 침해에 관한 상담 및 지원

국민건강보험공단에서는 장기요양 종사자의 근로보호 및 환경 개선을 위하여 장기요양서비스 제공 중에 발생하는 고충을 상담해주는 전용 전화를 2013년 7월 1일부터 운영하고 있다. 이는 장기요양서비스를 제공 중인 요양보호사를 대상으로 하며, 대표자와 시설장은 제외한다. 전화상담 내용은 근로환경, 임금, 성희롱 등과 관련된 내용으로 평일(9~18시)에 진행 가능하다. 또한 2021년부터는 단순한 상담에서 벗어나 공인노무사와 직접 상담을 진행할 수 있도록 전문상담을 진행하고 있으며, 매주 수요일(10~12시) 전화 상담과 실시간 오픈채팅을 병행하여 장기요양요원의 접근성을 높이기 위해 노력하고 있다. 전문상담 내용은 임금체불, 부당해고, 산재, 성희롱, 노무, 인사 등이다(국민건강보험공단 홈페이지, 2013.6.26. 게시).

2) 요양보호사 직무교육

국민건강보험공단에서는 2013년부터 요양보호사의 역량강화를 위해 요양보호사 직무교육을 별도로 실시하고 있다. 교육대상은 직전년도 기간 중 동일기관에서 방문요양 또는 방문목욕서비스 합산 월 60시간 이상을 1회 이상 제공한 요양보호사로 현재 재직 중(고용보험 가입자)인 요양보호사이다. 요양보호사 직무교육은 고용노동부의 직업능력개발훈련 과정으로 인정받은 교육기관이 건강보험공단으로부터 직무교육기관으로 지정받아서 실시한다.

따라서 해당 교육은 '고용보험 훈련비용 환급과정'으로 운영되기 때문에 요양보호사는 추가적인 비용부담 없이 교육을 받을 수 있다. 또한 '장기요양급여 제공기준 및 급여비용 산정방법 등에 관한 고시'에 따라 교육시간은 서비스 제공시간으로 인정받게 된다. 즉, 고용보험 가입 근로자에 한해 8시간의 교육을 이수한 경우 교육 참여자는 요양보호사는 별도의 교육비는 지급하지 않으며, 이를 근로시간으로 인정하여 사업주는 장기요양보험공단에 직무급여를 따로 청구하며, 4대 보험 공제 후 수가가 지급된다. 교육내용은 노인장기요양보험제도의 이해, 요양보호사의 직업윤리와 업무, 급여제공기술, 안전 및 자기관리, 치매관리 등 총 5개 과목 8시간으로 구성되어 있다.

호스피스 요양보호 기술 교과목에 대한 교과목명이 수정되어야 한다. 현재 「호스피스·완화의료 및 임종과정에 있는 환자의 연명의료결정에 관한 법률」에 전문인력으로 의사, 간호사, 사회복지사만이 포함되어 있다. 이에 호스피스 교과목을 임종으로 변경할 필요가 있다.

3) 치매전문교육

2014년 치매특별등급의 신설과 2016년 치매전담형 장기요양기관이 운영되기 시작하면서, 해당 서비스 종사자를 위한 치매전문교육이 실시되었다. 즉, 5등급을 대상으로 방문요양서비스를 제공하기 위해서는 치매전문교육을 수료해야 하며, 치매전담형 장기요양기관(① 요양원 내 치매전담실, ② 치매전담형 노인요양공동생활가정, ③ 주 · 야간 보호 내 치매전담실) 종사자도 필수적으로 치매전문교육을 받아야 한다. 치매전담형 기관의 경우 시설장, 프로그램 관리자(사회복지사, 간호(조무)사, 물리(작업)치료사 중 1명), 요양보호사 모두가 해당 교육을 받아야 한다. 해당 교육은 장기요양기관에 소속된 종사자만 가능하며, 기관별로 각 과정별(방문요양, 시설, 프로그램관리자)로 회당 4명만 교육을 신청할 수 있다.

코로나19로 인하여 온라인교육으로 교육방법이 변화되면서 이론과 실습을 모두 온라인으로 진행하며, 2022년 2차수 교육부터는 시험은 집합으로 진행하고 있다. 교육비는 유료이며, 방문요양과정과 시설과정은 기본과목을 포함할 시 40,000원이며, 기본과목을 제외하면 14,000원, 프로그램관리자 과목은 9,000원을 별도로 지급하여야 한다.

치매전문교육은 현재의 교육과정으로 주보호대상자의 80%인 치매노인을 이해하기에 역부족인 상황이다. 국민건강보험공단에서 진행되고 있는 요양보호사 자격이 있는 사람에게 치매전문교육(사례 중심의 치매전문교육)이 표준교육과정 안에 포함이 되는 것이 필요하다. 치매 환자 문제 행동 분석 및 인지 자극 훈련 교육과정이 구체화하여 교육과정에 늘려야 한다.

3. 요양보호사 제도의 과제

세종시 장기요양요원지원센터를 운영모형 연구(정윤태, 2022)에서 요양보호사에게서 가장 많이 나타나는 질병은 근골격계 질환(27.1%)의 경험률이 높았다. 또한 경력에 많은 집단에서 질환이나 사고 경험이 많았으며, 근골격계 질환의 경우 경력이 많을수록 발생률이 높게 나타났다. 직종별로는 요양보호사와 간호(조무)사에서 근골격계 질환을 많이 경험한 것으로 나타났다. 이러한 상황에 대해 장기요양요원은 50%가 개인비용으로 처리하였으며, 기관의 지원을 받거나(9.6%), 산재보험 처리(1.3%)를 한 비율은 10.7%로 매우 낮았다.

장기요양 업무 수행시 경험한 부당한 대우는 언어적 폭력이 36.9%로 가장 많았으며, 언어·신체적 성희롱의 비율도 24.1%로 높았다. 특히나 여성종사자의 경우 남성에 비해 언어·신체적 성희롱 경험 비율이 약 10% 높았다. 또한 업무 이외의 활동 요구도 14.9%로 나타났으며, 요양보호사와 물리(작업)치료사인 경우, 방문형 재가기관 종사자인 경우 타 집단에 비해 경험률이 높았다. 이러한 부당한 대우에 대한 대응방법으로 소속기관에 보호 후 대응을 요구한 비율은 47.7%였으며, 이에 대해 기관에서는 50.0%는 수급자 또는 수급자 가족과의 상담, 26.0%는 수급자 또는 업무를 변경하는 방법으로 대응을 한 것으로 나타났다. 또한 부당한 상황에 별다른 대응을 하지 않은 경우는 32.3%로 높게 나타났다. 별다른 대응을 하지 않은 이유에 대해 대응방법을 모른다는 비율이 9.7% 높지 않았으나, 방문형 재가기관 종사자의 경우 대응방법을 모르는 비율이 41.2%로 높아 이 부분에 대한 교육 등이 필요할 것으로 보인다.

또한 한국장기요양기관지역협회연합(2023)에 의하면 전국 장기요양기관마다 요양보호사 등 종사자를 구하지 못해 아우성이다. 보건복지부 기준과 현장의 엇박자라는 지적 속에 양질의 인력을 안정적으로 유입될 수 있도록 하려면 적정임금(사회복지시설 인건비 가이드라인)을 지급하여야만 노인장기요양기관 특히 시설에 유입될 수 있고 서비스 질을 보장할 수 있다.

고용보험 등 국고 지원으로 양성한 요양보호사들이 자격증 취득 대비 장기요양기관들의 현장 근무를 회피하는 등 낮은 현장 취업률을 보이고 있다. 또한 각종 생활정보지나 구인정보를 보면 장년주부 고용이 많은 식당 등의 경우 월임금 300만 원은 쉽게 찾아볼 수 있다. 그러나 요양보호사로서 월 300만 원을 받을 수 있는 기관은 거의 찾기 어렵다. 장기요양보험제도에 대한 인식 개선은 종사자의 적정급여가 기본(국가 및 지자체 의무)이 되어야 한다. 장기요양보험제도를 위해 만들어진 요양보호사제도는 타 분야(요양병원, 장애인시설 및 장애인 도우미, 기타)로 진입하여 정작 원래 목적으로 두었던 장기요양기관은 구인난이 갈수록 심화되고 있으니 요양보호사 제도운영의 실패(정부정책)를 의심하지 않을 수 없다.

따라서 요양보호사 직업의 사회적 인식 개선으로 현장 취업률을 높이고, 현재 시행하고 있는 건보의 종사자 근속수당 지급의 규모와 대상자 확대 등으로 장기근속 유도, 인건비가 대부분인 장기요양 수가체계를 적정임금과 현실적 근무시간을 기반한 수가모형 완전개편, 유연근무제 및 근무인원수 산정방법 개선 등을 제안한다. 한편, 독일과 일본 사례처럼 외국인력을 돌봄종사자로 유입한 경우, 핵심적으로 정서지원이 어려워 성공적 제도로 볼 수만은 없을 것이다.

참고문헌 REFERENCES

강용규(2002). 한국케어복지교육 확립 방안. **노인복지연구**, 16, 85-127.

보건복지부(2022). 요양보호사 양성표준교재.

유재응(2009). 요양보호사 교육내용의 개선방안에 관한 연구. **복지행정논총**, 19(1), 139-165.

이해영(1999). 고령화 사회와 케어복지의 구축. **노인복지연구**, 가을호.

이해영(2012). **케어복지개론**. 양서원.

정윤태(2022). 세종시 장기요양요원센터 운영모형 개발 연구. 연구보고서, 세종특별자치시 사회서비스원.

조추용(2008). 노인장기요양보험에서 요양보호사 양성의 현황과 과제. **대한케어복지학**, 10, 83-109.

조추용(2014). 일본 대학의 사회복지교육 동향. **한국사회복지교육**, 24, 1-24

조추용, 이해영, 김병순(2016). 사회복지 교육과정에서 케어복지론의 교육방안에 관한 연구. **한국케어복지연구**, 11(1), 143-166.

통계청(2022). 장래인구추계: 2010~2060년.

한국사회복지교육협의회(2015). 사회복지학 교과목지침서 참고.

현외성 외(2001). **노인케어론**. 양서원.

高木剛(2012). ドイツにおけるAltenpflegehelferの養成教育. **社会事業研究**, 51, 101-107.

保住芳美(2009). 川崎医療福祉学会誌. **ドイツの老人介護士養成教育およびその教員養成システムについて**, 8(2), 337-346.

成清美治(2003). **新 介護福祉概論**. 學文社.

中島紀恵子(1999). **介護概論**. 中央法規.

VNAA(1998). *Caregiver's Handbook*. N.Y.: DK Publishing Book.

찾아보기

기타

저자약력

조추용 chocy@kkot.ac.kr
대구대학교 사회복지학과 졸업
(일본) 佛敎大學大學院 사회학연구과 졸업(사회학 석사 및 박사)
현, 가톨릭꽃동네대학교 사회복지학과 교수

〈저서 및 논문〉
마을공동체와 사회적 경제 살리기(2021, 역서), 노인복지실천기록(2020)
요양시설 요양보호사의 안전사고 발생요인과 대응지식의 관계에서 인식수준과 노인돌봄태도의 조절된 매개효과에 관한 연구(2021)
충북노인복지시설 종사자들의 감정노동과 직무스트레스가 심리사회적 안녕감에 미치는 영향(2019)
황혼동거에 나타난 사랑과 생활(2012)

구재관 aging119@yeonsung.ac.kr
강남대학교 사회사업학과 졸업(학사)
한양대학교 사회복지행정대학원 사회복지행정전공(석사)
서울여자대학교 대학원 임상사회사업전공(박사수료)
현, 연성대학교 사회복지과 교수

〈저서 및 논문〉
노인복지론(2018), 지역사회복지론(2016), 사회복지프로그램 개발과 평가(2011)
도·농 복합 지역사회 복지관의 서비스 확충방안에 관한 연구(2020)
학령기 이후 성인장애인의 지역사회 생활을 위한 보호방안(2019)
치매데이케어센터의 발전방안에 관한 연구(2018) 등 다수

이채식 csleeyh@hanmail.net
대구대학교 사회복지학과 졸업
(일본) 同志社大學大學院 사회복지학과 졸업(석사)
경기대학교 대학원 사회복지학과 졸업(박사)
현, 우송정보대학 사회복지과 교수

〈저서 및 논문〉
사회복지정책론(2019), 장애인복지론(2018), 사회복지개론(2015)

장우심 cws5501@u1.ac.kr
국군간호사관학교 졸업
고려대학교 인문정보대학원 사회복지학과 졸업(석사)
대구가톨릭대학교 사회복지학과 졸업(박사)
현, 유원대학교 사회복지학부 교수

〈저서 및 논문〉
노인복지론(2022), (대학생을 위한) 인성교육의 이해와 실제(2021), 노인복지론(2021)
가족복지론(2020), 사회복지정책론(2020)
북한이탈 어머니의 양육스트레스가 유아기 자녀의자아존중감 및 자기조절능력에 미치는 영향(2023)
일대학교 대학생의 불안, 스트레스, 우울이 자살생각에 미치는 영향(2023)
팬데믹 상황(COVID-19)에서 우울, 불안, 스트레스가 자살생각에 미치는 영향(2021)
간호대학생의 두뇌 우성 사고유형과 공감 능력 간의 관계(2021)
충북 영동군 결혼이주여성들의 문제점 및 대응방안(2020)
영아교사의 교사효능감이 교사-영아 상호작용에 미치는 영향에서 정서조절 책략의 매개효과(2020)

정미경 yamujin68@hanmail.net
건국대학교 사회과학대학원 사회복지학과 졸업(석사)
충북대학교 대학원 행정학과 졸업(박사)
증평노인전문요양원 원장
현, 강동대학교 사회복지학과 겸임교수
가톨릭꽃동네대학교 사회복지학과 외래강사

〈저서 및 논문〉
노인복지실천기록(2020)
노인의 일상적 스트레스와 고독감 간의 관계에서 여가만족의 매개효과에 관한 연구(2018)
농촌 노인의 일상생활수행능력과 생활의 어려움이 정신건강에 미치는 영향 요인에 관한 연구
- 사회적지지 매개효과 중심으로(2016)
농촌노인들의 정신건강에 미치는 영향 요인 연구(2015)

▌케어복지론▐

1판 1쇄 발행 2023년 5월 30일
1판 2쇄 발행 2025년 2월 28일

저 자 | 조추용 구재관 이채식 장우심 정미경

발 행 인 | 박철용
발 행 처 | 양서원
주 소 | 경기도 파주시 직지길 522 파주출판도시
전 화 | 031-955-8000(代)
팩 스 | 031-955-8005
홈페이지 | www.yswpub.co.kr
이 메 일 | yswgroup@naver.com
출판등록 | 1987년 11월 24일 제 406-2003-037 호

ISBN 978-89-994-1387-2

정가 22,000원